トランスナショナル移民の
ノンフォーマル教育

女性トルコ移民による
内発的な社会参画

丸山英樹

明石書店

まえがき

　大なり小なり「こうあったら、いいな」と、私たちが期待することは多い。本書で扱う内容も、「ベルリンで見られた事例は広がっており、それがもっと広がればいい」と思えるものである。ただし、その期待が強くなり、「これは良いものだから、どこでも導入すべきだ」と強制されるようになることも、恐れる。なぜなら、「誰もが、そうすべき」と規範化されると、それに従わない者をさまざまな形で罰するように作用することが少なくないためである。これは、大きなジレンマである。制度化すれば実現する保証が得られるが、柔軟性を失うと形骸化してしまい、当事者たちの内発的な意欲を削ぐことになる。

　本書は、理性だけでは人は動かないため、感性も重視する必要があるという、極めて当たり前のことを主張する。本研究では、「社会的弱者」とされるトルコ移民の女性たちが母国のように日常生活の相談をする茶話会をわずかに組織化したことが発展して、公的な事業になった点に注目している。移民の社会統合を政策目標としていた受入社会の行政府は、そうした移民たちの動きを統制するのではなく、支援することに徹した。女性移民たちはより組織化し、ドイツ人にはできない言語や風習を、自らが持つ強みとして自覚するようになった。

　人間関係が比較的強い影響力を持ち、女性の社会参画もほとんど評価されないこともあるトルコという文化圏から移住した女性たちにとって、ドイツの都市部は二重の意味で文化的な距離を感じさせるものである。1つはトルコ社会より理性的に振る舞うことが期待されていると映る社会である点、もう1つは都市部における生活様式に気後れし出身地域の習慣などに留まる方が自分の人生にとって有利であると解釈する点である。しかしながら、本書で扱う事例では、自らは弱い立場と信じていた女性たちがドイツ社会から自分の言語や習慣の価値を認められ、そのような状況に驚きながらも自分に自信を持つことになった。ドイツ側行政府は「感情第一」をモットーに、彼女たちの「お喋り」をさらに支援するNGOに委託し、また政治家たちも事業

化したこの動きを政治的に支援した。ベルリン・ノイケルン区で始まったこの事業は、今やベルリン各地だけでなく、ドイツ国内の他都市にも、欧州諸国の他に豪州にまで広がった。

　とかく、イスラームやその信徒（ムスリム）には、否定的かつ異質な印象がつきまとうことは否めない。その典型は今や世界中でニュースを賑わす、爆破事件であろう。2000年以降だけでも観光地や大都市を狙った爆破事件が何度も発生した[1]。ただし、欧米人の犠牲者が出た時には多く報道されたが、日常的といってよいほど犠牲者の出ている地域での爆破事件[2]については、どこか別の世界の出来事のように捉えられる傾向がある。真偽はともかく、そうした爆破事件の後にイスラームの名において声明が出されると、その信徒に対する暴力的な印象が形成されがちである。そうした印象により、たとえば、2016年5月に選出されたロンドン市長はムスリムを代表していたわけでないが、メディアではその宗教的背景に言及した見出しが踊った[3]。

　しかし実際のところ、異質さを感じさせる理由は、私たち自身が当然に感じている事柄を省察できないだけなのかもしれない。報道や映画などで印象に残るムスリムの出で立ちや振る舞いというのは、私たちがイスラームのことを知らないうえに、自らの認識枠の限界に気づいていないために、異質性を感じているのかもしれない。研究上の分析アプローチと矛盾することにもなるが、ムスリムと括る前に、直接話す機会を得て同じ人間として観ると、表現方法やリズム感またはセンスは異なるかもしれないが、本質的には個人と家族、周辺の幸せを願う等身大の人たちであることがわかる。恥ずかしい告白となるが、これは、学部を卒業したばかりの頃の著者がアフリカの僻地で青年海外協力隊隊員として活動していた時に克服できなかったことであった。

　本書で示される女性ムスリムの活動や動機および事業化が、日本社会におけるさまざまな課題に対する解決策を具体的に提案できるなどとは著者は考えていない。だが、近年の日本における閉鎖性、排他性、閉塞性を重苦しく感じる一人として、本研究の知見は、小さな試みの意義について、事業の持続可能性の模索、行政の関与方法など、何らかのヒントにつながると直感している。

なお、本書は、2012（平成24）年11月に上智大学に提出した博士学位請求論文「ノンフォーマル教育による社会参加とエンパワーメント――ベルリン在住トルコ女性移民の社会福祉事業を事例として」をもとにしたものである。平成28年度日本学術振興会科学研究費補助金「研究成果公開促進費（学術図書）」の交付を受け書籍として刊行するにあたり、一部の内容を変更した。

注

1　たとえば、バリ（2002年）、イスタンブル（2003年、2016年）、ニューヨーク（2001年）とワシントンDC（2001年）、マドリッド（2004年）、ロンドン（2005年）、パリ（2015）、アンカラ（2015年、2016年）、ブリュッセル（2016年）など。
2　イラク、アフガニスタン、パキスタン、アフリカ諸国など。
3　たとえば、BBCでも「ムスリム初の市長」と描写している（http://www.bbc.com/news/uk-england-london-36140479 2016/5/8閲覧）。

目次

トランスナショナル移民のノンフォーマル教育
――女性トルコ移民による内発的な社会参画

まえがき ……………………………………………………………… 3

序章　研究の目的と方法 ……………………………………… 15
　1. 問題の所在と研究の目的　16
　　（1）本研究の目的　16
　　（2）「実質的な」統合を扱う重要性の確認　17
　　（3）欧州在住トルコ移民と教育の役割　18
　2. 研究の枠組み　21
　　（1）本研究で用いる概念枠　21
　　（2）本研究の位置づけ　24
　　（3）統合が最も遠いトルコ女性移民の立ち位置に着目　25
　　（4）用語の定義　28
　3. 本研究の構成と方法　29
　　（1）本書の構成　29
　　（2）研究方法と限界　34

第一部　先行研究の批判的考察

第1章　トランスナショナルな移民研究の背景と課題 ……… 41
　1. グローバルな移民と移民研究の動向　43
　　（1）人の移動傾向　43
　　（2）移民の理念型　45
　　（3）学問領域ごとの移民研究の扱い　47
　　（4）移民研究の変遷　49
　　（5）トランスナショナル状況　51
　2. ムスリム移民を対象とした教育研究の留意点　54
　　（1）ムスリム人口の増加と移動　54
　　（2）ムスリム移民を対象とした研究　55

（3）ネットワークの拡大とトランスナショナル化の加速　58
　　（4）教育研究としての扱い　61
　第1章のまとめ：ムスリム移民の教育研究には学際的手法を
　用いた個人と社会の変容を分析する必要がある　63

第2章　ムスリム移民のおかれた環境　………………………… 69
　1. イスラモフォビア：ダイナミックな課題　72
　　（1）イスラモフォビアとは　72
　　（2）欧州におけるイスラモフォビア　73
　　（3）母国トルコにおける宗教ベクトルの増大　73
　　（4）イスラーム実践への支持　75
　2. 移民の教育課題と内発性　76
　　（1）移民の抱える教育課題　76
　　（2）移民の教育研究における学校教育の限界　79
　　（3）成人教育で求められる内発的な動機　81
　3. トルコ女性移民を取り巻く教育環境　82
　　（1）イスラーム教育とは　82
　　（2）女性トルコ移民に関する研究　84
　　（3）トルコ女性移民のシンボル化と役割期待　86
　第2章のまとめ：ムスリム女性移民は外圧の中で
　内発性を捉える対象となる　88

第3章　ノンフォーマル教育および個人と集団におけるその成果 …… 93
　1. ノンフォーマル教育とは　95
　　（1）正規・公式（フォーマル）教育との相違と類似　95
　　（2）境界線の消滅と連続性　98
　　（3）ノンフォーマル教育における認証と動態　99
　2. ノンフォーマル教育からみる学習の成果：個人のエンパワメント　102
　　（1）学習成果とは　102
　　（2）個人としてのノンフォーマル教育の成果　104

（3）参加によってエンパワメントされる　105
　3. ノンフォーマル教育からみる学習の成果：社会関係資本　107
　　（1）集団としての成果：他者との関係性　107
　　（2）社会関係資本とは　109
　　（3）ネットワークとしての社会関係資本　110
　　（4）社会関係資本の認知・文化面：信頼と規範　113
　　（5）社会関係資本の負の側面　114
　第3章のまとめ：NFE によって学習参加者はエンパワーされる　117

第二部　事例と考察

第4章　移民に対する欧州の施策：制度保障の動き ……………　125
　1. 移民の統合と教育政策：移民統合政策指標　129
　　（1）移民統合政策指標（MIPEX）とは　131
　　（2）改善を続けるドイツ　137
　　（3）トップのスウェーデンの指標と特徴　141
　　（4）MIPEX に見られる教育指標　146
　2.『学校へ移民の子どもたちを統合する』に見る教育取り組み　149
　　（1）Eurydice の調査結果　150
　　（2）国別報告書より：ドイツは改善の最中にある　155
　　（3）国別報告書より：スウェーデンは細かな取り組みが多い　156
　3. 欧州における複言語主義と少数派への支援　157
　　（1）欧州言語共通参照枠（CEFR）　157
　　（2）多言語主義から複言語主義への視点の転換と挑戦　158
　第4章のまとめ：欧州受入社会では移民政策と教育の整備が進んできた　161

第5章　トルコ移民の統合・参加：ベルリンの事例 ……………　167
　1. トルコ移民の背景　170

（1）移住の歴史　170
　　（2）ドイツ在住トルコ移民の教育ニーズ　175
　　（3）ベルリンの統合政策の基本戦略　177
　2. ベルリン・ノイケルンにおける取り組み事例　181
　　（1）ノイケルン（Neukölln）の特徴　181
　　（2）行政による取り組み　183
　　（3）イスラーム団体による取り組み　186
　　（4）トルコ系教育NGOによる取り組み　189
　3.「地域の母」事業の詳細と評価　192
　　（1）事業の成り立ちと仕組み　193
　　（2）活動の成果と課題　196
　　（3）ノイケルン区による「母」事業の評価　199
　　（4）評価報告書から　202
　第5章のまとめ：ベルリンでは制度整備が進み、
　自発的集団に支援が見られる　207

第6章　考察：移民の置かれた状況とエンパワメントの構造　……… 211
　1. 移民の置かれた状況　215
　　（1）グローバルな動きとドイツ社会からの影響　215
　　（2）母国トルコおよびトルコ移民社会から　217
　　（3）親族および家庭から　219
　2. ノンフォーマル教育の成果　221
　　（1）参加によるエンパワメントと均衡ダイナミズム　221
　　（2）社会関係資本の蓄積　226
　3. 実質的な統合：多文化社会の構築プロセスの1つとして　232
　　（1）「母」事業の持続性　232
　　（2）世界に展開する「地域の母」モデル　233
　　（3）イスラーム保守化させるのは誰か　235
　第6章のまとめ：トルコ女性移民はノンフォーマル教育で
　エンパワーされる　237

終章　結論と今後の研究課題………………………………………… 243
　1. 各章のまとめ　244
　2. 本研究から得られた示唆　249
　　（1）形式的統合に向けた標準化の動き　249
　　（2）実質的統合に求められる内発性　251
　　（3）多文化社会の構築におけるジレンマと高度な参加形態　252
　3. 今後の研究課題　254

付録 ………………………………………………………………………… 259
　付録1. 移民政策指標（MIPEX）Ⅰ　抜粋訳　260
　付録2. 移民政策指標（MIPEX）Ⅲ　抜粋訳　277

参考文献　319

あとがき ………………………………………………………………… 349

図表・写真一覧

図 1.1　1959 年から 2009 年の間に見られた OECD 加盟諸国における半世紀の人の移動　44
図 1.2　国際的な移民の理念型　46
図 1.3　各学問分野における移民研究の扱い　48
図 1.4　経済、政治、社会文化の各分野における制度レベルによる活動例　53
図 1.5　地域別ムスリム人口の数と比率　54
図 1.6　信者別による人の移動　55
図 2.1　英、仏、独の学校における一般からのイスラーム実践への支持　76
図 3.1　教育のフォーマル性とインフォーマル性を極とする連続体　98
図 3.2　公式性と形式性によるノンフォーマル教育の分類　101
図 4.1　西ヨーロッパにおけるムスリムの人口比　130
図 4.2　MIPEX II の合計指標　136
図 4.3　MIPEX-III と IV の間における総合スコアの変化　139
図 4.4　ドイツ：2014 年　144
図 4.5　ドイツの教育のスコア　144
図 4.6　スウェーデン：2014 年　145
図 4.7　スウェーデンの教育スコア　145
図 4.8　2001 年 1 月 1 日時点の 15 歳以下の外国籍の者の比率　151
図 4.9　外国生まれの親を持つ 15 歳児の割合と家庭の使用言語が教授言語と異なる家の割合　152
図 4.10　学校における教授言語と使用言語の関係　160
図 5.1　ドイツにおける外国籍者　174
図 5.2　2014 年に帰化した者の背景　175
図 5.3　ドイツ人・移民全体・トルコ系移民の教育の修了傾向　176
図 5.4　統一後ベルリンにおける外国籍人口の推移　178
図 5.5　2014 年のベルリン各区における移民背景を持つ者の割合　182
図 5.6　対象者を見つけた契機　204
図 5.7　学校との協力関係　205
図 6.1　トルコ女性移民の環境とノンフォーマル教育の機能　215
図 6.2　支点 P を中心に回転する力で示されるモーメント N1 と N2　224
図 6.3　子育てのための社会関係資本が形成される社会的構造形態　229

表4.1　MIPEX IV 全体指標　134
表4.2　MIPEX の指標とドイツおよびスウェーデンの指標　138
表4.3　MIPEX 教育分野ランキング　148
表4.4　学校等における移民への情報提供の種類　153
表4.5　教育システムにおける移民の子どもに対する支援　153
表5.1　「地域の母」が訪問した家族数　197
表5.2　評価レポートに貢献した関係者　203
写真5.1　IFB で開発した教科書　187
写真5.2　「地域の母」となった女性たち（新市長と）　194
写真5.3　多言語による教材　195
写真5.4　「母」が他の母親を招待し情報交換を行う「母親の朝食」　198
写真5.5　ベルリン・ノイケルン区の NPO 事務所　200

序章

研究の目的と方法

●ベルリンのトルコ式モスク

1. 問題の所在と研究の目的

(1) 本研究の目的

　本研究の目的は、今日の欧州におけるイスラーム教徒（ムスリム）移民の受入社会への統合の過程と構造の一部を、明らかにすることである。本研究においては、その目的のため、ノンフォーマル教育の概念と、その源泉および成果となる社会関係資本論を分析枠組みとして用いる。そして、社会の少数派の人々が社会参加や自己実現を達成できるようになるには、社会制度の整備による権利の保障だけでなく、重層的な社会的圧力下におかれがちな彼ら自身による内発的な人間形成および開かれた集団の形成が重要であることを検証する。

　本研究は、イスラームに対するグローバルな反応の増加、地域における受入社会および移民の出自社会からの影響という移民にかかる多層的な力学を考慮したうえで、部外者によるアクセスが最も困難で、受入社会への統合から最も遠い存在と捉えられる集団の1つであるムスリム女性の移民を主な対象とし、彼女たちの内発的な社会参加を促す仕組みの記述を試みる。これは、受入社会におけるイスラーム嫌悪やムスリム集団内部の閉鎖的傾向も扱い、トランスナショナルな移民に関する教育研究の蓄積を加えるものである。

　本研究で特に扱う事例は、ドイツの首都ベルリンにおいてトルコ女性移民たちが自ら始め、後に公的事業となった「地域の母」と呼ばれる社会福祉事業である。一般的にトルコ女性移民たちは、グローバルな影響を受けたドイツ社会、イスラーム規範を求めるトルコ移民社会、女性・母親としての役割や出身地の習慣を求める親族・家庭環境の3つの影響下にある。だが、事例で見られるように、彼女たちは相互に学び合う場を共有し、その過程で自ら教材開発を行い、その教材を用いて他の女性移民と接することで、相手だけでなく自らもエンパワーしている。これを本研究では、ノンフォーマル教育による人間形成と社会参加が実現する仕組みとして捉え、その背後に社会関係資本の蓄積が見られることを確認する。

(2)「実質的な」統合を扱う重要性の確認

　ここで、トランスナショナル化した人の移動・移住に伴って生じる社会統合には、大きく2つの側面があることを確認しておく。1つは、制度整備による権利の保障などで示される「形式的な」統合である。現在は移民の統合について国際的に一定の方向性が共有され、それに向けた取り組みが増加している。もう1つの統合は、「実質的な」統合である。移民をはじめとする各種の少数派を受入社会における多数派が受容し、同時に少数派が受入社会へ「同化」することによって、実際に当事者たちが互いの違いを認めつつも、一定の条件下で同じ社会を構成し、共有することを意味する。

　本研究では、トルコ移民の側から統合を検証する視点を最も重視し、制度面における環境整備だけでは移民の統合には不十分であると捉え、移民自身が当事者として受入社会に対して積極的に参加することを統合の前提と考える。すなわち統合の実質的側面を扱うことを試みる。なぜならば、制度面を重視する「福祉の充実した社会では、移民の依存と孤立を発生させる」ためであり、「移民の『統合政策』と呼ばれるものの焦点は、今日、社会的統合の政策よりは、はるかに文化的なそれへと向けられているように思われる」ためである。

　第4章や付録の移民統合政策指標（Migrant Integration Policy Index：MIPEX）で示されるように、すでに社会統合のための条件整備に関する方向性は欧州諸国で共有されるに至っており、今後は法の改正など制度およびそれに伴うハード面の取り組みをいかに進めるかが議論の対象となりがちである。しかしこうした動きは、「条件をそろえたのに統合がうまくいかないのは移民に原因がある」という予防線として使われかねない。つまり、移民当事者たちはそれらの決定プロセスに関与できるのか明らかではないのである。

　さらに加えるならば、1990年代後半以降、欧州諸国ではそれまでよく用いられていた公式・非公式の多文化主義に代わって、市民性教育・言語教育や、市民テストなどを手段とする「市民統合（civic integration）」と呼ばれる統合モデルも用いるようになった。これも、「同化」させることを目指し、移民を統治するための手段である。

　グローバリゼーションと国際移民を扱った社会学者、伊豫谷（2002）は、

移民と差別に関して、国家による法的・制度的枠組みの中で行われる差別と、「他者」である外国人に対して社会生活の場で行われる差別とを、一応峻別できるとした。現代の移民あるいは外国人労働者に関わる課題の多くは、この形式的平等と実質的不平等とのズレにあるとするのである[6]。さらに、伊豫谷（2007）は、受入社会という空間を作り上げてきたコストを負担した側は、そこに移民が入り込むということは、その空間を侵食されるという感覚を持ち、自らの労力を投入して作り上げた空間のコストを負担せずに、外から来たものが消費すると捉える[7]。そのため、「実質的な」統合には、社会の多数派による受け入れ態勢、すなわち優勢であり歴史にもとづく自身の文化が、ある程度変容することを認めることが含まれ、少数派とともに新たな文化を創造する機会と捉えることが求められる。移民側にとっての「実質的な」統合では、無意図的なものも含めた多数派による圧倒的な同化圧力の中で自らの文化的遺産を維持しつつも、受入社会におけるより豊かな生活を確保するために文化変容を自ら選ぶことが求められる。

つまり、統合とは、少数派集団が多数派集団の規定に一方的に同化する意味ではなく、二方向性が求められるのである[8]。一般的にそれぞれの文化変容の度合いには偏りが常に存在するものの、少数派と多数派の両者が変わることを受け入れ、新たなものを創りだすことを指す。その過程においては、両者が保有する資源の活用と、公的機関による分配の仕組みが必要となるが、実際にはすでに受入社会の従来の住民であり、そのため優勢な立場にある多数派には少数派に対する寛容性が求められる。他方、少数派には、自らの規定をある程度は維持しつつも受入社会のそれに合わせ、あるいは使い分け、行政からの支援を受けながら自らの居住・文化的領域に引きこもらずに開かれた状態を作る不断の努力が求められる。

(3) 欧州在住トルコ移民と教育の役割

そうした典型例として、欧州社会へ1960年代に出稼ぎ者として移住したトルコ移民、そして1980年代に家族再結合で呼び寄せられた彼らの家族が挙げられる。もっとも、欧州諸国の中でも国によってムスリム移民の出身国には特徴がある。たとえば、インド、パキスタンなどの南アジア出身者が英

国には多く、チュニジアやモロッコなどの北アフリカ出身者がフランスには多いといったように、旧植民地諸国に関係する者が移住している場合が多い。

だが、旧オスマン帝国時代を含め被植民地化の経験はないものの、トルコは1923年の共和国建国後も政治的・経済的に不安定な時期が多く、欧州諸国が労働者不足の時期に国策として出稼ぎを奨励したことから、オーストリア、ベルギー、オランダ、デンマーク、フランス、ドイツ、スイス、スウェーデン、英国など欧州地域へ広く移動が見られた。特にドイツとはオスマン帝国時代から深い外交関係を持っていたことからも、またドイツも第二次大戦以降に旧植民地と呼べる国を持たなかったことから、後述するように、トルコからの出稼ぎ先としてドイツは大きな存在だった[9]。

出稼ぎを受け入れた社会ではしばらく、トルコ移民の統合は、制度上の整備によって解決されるものであるという前提があった。しかし、この10年で何度も繰り返されたテロ行為や暴動に見られるように、欧州域内の安全保障の問題としても取り上げられるようになった[10]。高い失業率、可視化されたムスリムという異質な存在に対する反応は強まることが多く、社会の多数派からムスリム少数派に対する攻撃的な反応が見られることにつながった。

他方、排他的な扱いを受けることになったムスリム移民側では、1990年前後からのイスラーム運動の台頭により多様な意図を持ったいくつものネットワークができ、宗教的保守化の傾向と社会における少数派としての自己防衛の傾向も見せている。たとえば、多数派からの日常的な差別など強い圧力下で、ムスリムの存在が否定されるなどの経験から、若者が自衛団を作ることも見られた。社会の少数派にとって、多数派の持つ無関心な態度や構造的な上下関係が暗黙に共有されていることは、一度気づくと、もはや拭い去ることのできない認識となりがちである。ムスリムがありのまま受け入れられないのであれば、自らの文化を維持・強化することに資源を集中させることがある。

さらに、その原因は、寛容性を前提に受入社会で推し進められる多文化主義によるものであるという捉え方もできる。たとえば、人口動態を中心に移民の特徴を分析した人類学者トッド（1994=1999）は、ドイツ社会がトルコ移民のイスラーム化を促したと指摘する。従来、母国トルコ共和国は、1923

年の建国から欧州諸国のような社会制度および習慣を導入し続けた。その結果、トルコ移民が在住する欧州諸国の制度とは親和性があり、移住したトルコ出身者の多くが受入社会の風習に強い抵抗を持つことが少なかったと述べる。しかし、彼がドイツの特徴として着目した差異主義を持つ家族形態によって、つまりドイツ人とトルコ人の結婚が極めて限られたことから、両者の差異が強調され、他の非ムスリム移民集団と比較すると、トルコ移民はイスラームに依拠するようになったとする。これは移民自身が自らのアイデンティティを保持すべきであると要求する受入社会の態度にも原因があることを示唆するうえに、移民の持つ文化的遺産を保持することがむしろ社会的な隔離を促す危険性さえ示す。

　こうした統合にかかる主張は高い正当性を持ちながらも、実際の現場において現在も、適切な対応について明確な答えを提示できているわけではない。だが、より具体的なアプローチが求められる時期にある今日、実質的な統合に大きく貢献する可能性を持つものの１つに、生涯学習や幅広い学習を含めた教育がある。すでに学校における多文化教育または異文化間教育は欧州各国で実施され、さまざまな成果を挙げており、今後も大きな役割を担う。しかし同時に、教育を受けたのが出身地トルコだったのか、移住先だったのか、あるいは教育を受ける機会があったのか否かなどによって、受けた教育水準が異なる世代間の差異が存在することも事実であり[11]、学童期を過ぎた成人の学習においても取り組みが今日求められているのである。

　ただし、生涯学習が義務でなく希望者のみを対象とする学習機会の提供であるならば、その内容は、子どもを対象とする学校教育以上に、職能開発や日常生活に関係し、有益なものであることが学習者・参加者にとって重要となる。特に移民の場合、機会費用の負担を想定するといった、限られた資源を用いて学習機会を選択する傾向が強いため、なおのことである。成人移民が幅広い学習によっていかに自らの視点・準拠枠を拡張するか、人間形成を行うかは、その家族の中でも子ども、つまり次世代の実質的な統合に大きな影響を与えるものである。そのため、成人移民の教育・学習機会の保障は、二方向性を持つ実質的な統合に向けて重要な役割を持つと言える。

　学校教育に限らない教育あるいは学習機会が、子どもの教育を常に気にか

ける役割が期待される保護者、自分自身も社会の中でいかに生活をするか意識をする保護者の考えに、どのように影響するかを本研究は扱う。そしてそのプロセスを通して、移民の統合には、制度面での整備を充実させることで達成される「形式的」統合に加えて、社会の多数派による少数派の受容と少数派による受入社会への参加によって達成される「実質的」統合が重要であることが示唆される。

2. 研究の枠組み

(1) 本研究で用いる概念枠

　本研究は、外部からのアクセスが困難である女性ムスリム移民の学習行為とその背景を分析するために、先行研究ではあまり扱われてこなかったノンフォーマル教育に着目し、その源泉と成果を検証するため社会関係資本論を用いる。

　ムスリム移民の求める教育では、ムスリムとしての成長を前提とするため、教科教育が主な内容である学校教育だけでなく、広くノンフォーマル教育の範疇であるイスラーム教育が含まれる[12]。ノンフォーマル教育とその成果については第3章で詳説するが、本研究では、学校や成人教育機関などの公教育だけに限定しない幅広い学びの成果を捉えるために、イギリスの教育学者Rogers（2004）の示すノンフォーマル教育の概念、およびそれを発展させた研究成果[13]による分析枠を用いる。

　Rogersの主張するノンフォーマル教育とは、国民国家を形成・維持するための国民教育や、経済資本のための人的資本の蓄積を主とする近代学校、または参加者が意図せずして何かを学んだ行為・結果を指すインフォーマル学習と対比させるものではない。一般的に、学校外で発生する教育として判別されがちなノンフォーマル教育であるが、学校の内側か外側かという二元論ではなく連続体としてまとめられる。すなわち、ノンフォーマル教育とは、特定の場所に限らず、また画一的な学習内容や評価方法ならびに固定された教師・生徒の関係性を必ずしも持たず、しかしながら一定の目的を持った教

育を指す。そして、その中では学習者や学習活動の状況や文脈に合わせることのできる柔軟性があり、主に活動に対する学習者の参加の度合いによって成果が判断される学習とそのプロセスである。また、ここでいう参加とは、与えられた活動や場所に居合わせるという参加ではなく、参加者が自ら学習を企画し、活動を作り上げ、その評価も主体的に行う形態を意味する。

　丸山と太田（2013）は、こうしたノンフォーマル教育の連続性を横軸に、その学習活動や機会を認証するのは誰かという縦軸を設定し、特定の瞬間だけの位置づけではなく、歴史的な背景や外的要因による動態を、比較教育学の点から描いている。自らが計画や評価に関わるといった本質的な参加によって、その学習者がエンパワーされる場合、その源泉となるのは、学習者自身の内発的な動機づけがあるうえに、制度による公的な支援があること、またそれは時間や空間によって異なることを、彼らのノンフォーマル教育の分析モデルは示す。女性のエンパワメントに関する研究によると、こうした高度な参加形態が成立している状態をエンパワーされた状態と捉えることができる。学校教育が、いわば制度によって保障される「形式的な」統合と親和性が高いとするなら、主にノンフォーマル教育で展開される学習は「実質的な」統合に近い捉え方をする。本研究では、個人におけるノンフォーマル教育の成果として、このエンパワメントに着目している。

　集団としてのノンフォーマル教育の成果は、同時にノンフォーマル教育を支える源泉としても分析できると捉え、社会関係資本（Social Capital）の蓄積を取り上げる。社会関係資本は、個人あるいは社会の持つ価値観、規範、信頼といった、社会およびその成員にとっての効率性や生産性を高め、両者に直接・間接的に利益をもたらす資源の集合である。社会関係資本の研究では、規範や信頼など認知（cognitive）とネットワークや互酬関係など構造（structural）が主に扱われる。認知として捉えた場合の社会関係資本は、教育を支援する[14]とも、教育によって効率的に生み出されるものとも捉えられる[15]。つまり、社会関係資本が存在する場合に教育が拡大し、その後、教育を受けた者同士がその周辺において社会関係資本をより蓄積するのである。たとえば、教育は受ける・受けさせるべきという者が多いと、それは規範となる。また学校へ子どもを送り出す保護者は教師を信頼していることが影響す

る。多くの場合は資源としての社会関係資本が扱われるが、本研究では源泉および成果の両者を扱うことを試みる。

　ネットワークとして捉える場合、どの機能に着目するかによって異なるものの、その形態には「結合型（bonding）」と「橋渡し型（bridging）」がある。「結合型」社会関係資本とは、同質的な集団内における社会的な関係性を意味し、それが強いと成員間における支援も強いといえる。同じ価値観、規範を共有する内集団において信頼は高くなり、その集団の持つ社会的な強みが成員個人だけでなく集団そのものに利益をもたらす。

　他方、「橋渡し型」は、異質な集団間における関係性を指し、それが強いと成員が所属していない外集団の持つ資源を利用でき、その成員個人にとって有益となり、そうした成員の数が多いと集団自身にも利益をもたらす。両方の型から恩恵を受ける内外集団の成員も少なくないが、ある集団の「結合型」が強いと、外集団の成員に対する排他性も強い場合があり、「橋渡し型」を阻害する要因ともなる。

　本研究におけるトルコ移民の場合、個人としては文化的に、また伝統的に女性が母親としての役割期待を背負う。未婚女性の場合は、主に父親をはじめとする身内の男性から、その振る舞いなどに明示的かつ暗示的に期待が寄せられる。第2章において扱うが、そうした女性に対する期待が欧州社会では抑圧された状況に解釈されがちなこと、またそれが彼女たちへの社会的期待となり、重層的な圧力としてみることができる。学校でそうした価値体系に触れる機会のあった女性はともかく、成人になってから欧州社会へ移住した者は自らを「弱者」であると考えることもある。そして第3章で扱うように、そうした「弱者」が、ノンフォーマル教育の機会を経て、トルコ語を使うことが能力であると捉え直し、エンパワーされる。

　集団としてのトルコ移民は、欧州の受入社会において近隣に集合的に居住することによる地域から暗黙に受ける規範からの期待、モスクなどでの礼拝や定期的な宗教行事におけるイスラーム的価値観の伝達、母国トルコから入ってくる情報をもとに形成され、多様なチャネルを通した世界的なトルコ・ネットワーク、そして家庭内における躾などが、彼らの持つ社会関係資本の基盤を構成している。同時に、受入社会の持つ社会関係資本も彼らに影響を

与える。トルコ移民に対する一般的関心と支援、行政サービスへのアクセスの保障、教育・学習の場における文化的配慮、移民と直に接する機会の有無、地域における共同作業の機会などが、移民と受入社会ネイティブ間の相互作用を左右する「橋渡し型」の蓄積と関係するのである。

(2) 本研究の位置づけ

これまでの先行研究から、ムスリム移民がイスラームについての自分の人生における本質であると覚醒する姿は、受入社会で排除された経験がきっかけの１つであることがわかっている[16]。２国以上の間で往来を可能とし、家庭の内外で複数の言語を使い分け、日常生活の支援ネットワークやインターネットによる教示なども含む同胞ネットワークに支えられ、グローバリゼーションの影響を受けやすいトランスナショナルなムスリム移民は、出自ナショナリズムと深い関係を持つイスラームではなく、就職や日常生活における差別といった社会的排除を経験することで、普遍化したイスラームに依拠する傾向が見られるようになった[17]。

だが、ムスリム男性がイスラーム規範に従った生活を求め、それに伴って女性の安全を守る役割期待に応えようとすると、欧州の受入社会からは「女性を抑圧する」と見なされがちとなり、それがさらに男性のイスラーム教義への傾倒を促すことがある。同時に、ムスリム女性は自らスカーフ着用を選択するようになる者、反対にそれまでの関係性を捨て去り、新たな交流関係・人間関係の再構築を試みる者が見られるようになった。

社会的な居場所という点では、男性ムスリム移民の多くは高い失業率にあえぎながらも少なくともインフォーマル・セクターの労働力として社会との関わりを持ち、子どもたちは学校における関係性や取り組みの対象となっていることが多い[18]。しかし、イスラームおよび伝統的な規範による期待を受ける女性の中には、自宅の一部の空間など、男性や外部からは見えない場所に居続ける場合も少なくないため、彼女たちの主体的な社会参加を研究で扱う本研究の意味は大きい。

欧州諸国では移民に関する課題は、すでに永続的な社会福祉の課題と認識されるようになり、統合問題に対応するさまざまな制度上の整備が進められ

ている。しかしながら、繰り返しになるが、制度整備による権利の保障だけでは見えない形での差別はなくならず、むしろ見えないように洗練された様式で差別が継続する。そのため、現在も進められている制度による統合だけでは不十分で、実質的な統合は進みにくいと考えられるのである。したがって、「統合」を社会の多数派と各種少数派が歩み寄り、新たな関係性を構築するという二方向のものであるとするならば、人々の考え方や捉え方が、つまり実質的な統合が持続可能な社会の構築には重要となる。統合に向けた社会制度の整備に加えて、価値転換を伴う経験にもとづく統合の実質的な側面を考える際、教育研究としては、制度以外で見られる教育行為と学習者の文化的背景および特徴を扱う必要がある。

　本研究は、ムスリム移民の統合に関連した教育研究の中で見られる、学校教育を敢えて直接的には扱わず、学校以外の学習の場に焦点を当てることによって、その限界を越えた教育・学習行為を扱う。たとえば、異文化間教育などに取り組む学校では、基本的に教育的配慮に富む理想的な環境を維持しやすいため、それはまさしく制度上での統合を目指す傾向が強く反映されていると言える。だが、そうした理想状態でない学校の影響が小さい場において、現実と直面しているムスリム女性が自ら行動を取り、主体的に社会へ参加する・意図的に参加しないことを選ぶことができれば、より実質的な内容となる。その過程において、人間形成または人間開発の観点からも極めて重要な学習行為が見られるはずであるが、多くの研究においては研究者側のさまざまな限界から、追いかけられることは少なかった。本研究は、それらをノンフォーマル教育として検証することによって、制度による保障をもとにした形式的な統合を越えて実質的な統合に向けた示唆が得ることを目指した。

(3) 統合が最も遠いトルコ女性移民の立ち位置に着目

　本研究では欧州諸国の統合政策を概観したうえで、その平均的な国であるドイツ、なかでも主な事例として取り上げるものは首都ベルリンの取り組みの1つ、女性ムスリム移民を対象とした福祉事業である。この福祉事業は、学校教育段階が対象としない成人教育の要素を含むものの、ドイツで正式に行われている成人教育機関による教育サービスにも属していない。移民局が

管轄するため教育事業とは捉えられていないが、人間形成に関する要素が多く含まれており、ノンフォーマル教育である幅広い教育として扱うことができる。

　「社会的弱者」とされる女性を対象とした事業に本研究が着目する理由は、女性ムスリム移民が実質的な統合の状態から最も遠い存在に位置づけられるためである。彼女たちが受入社会へ自発的に関わることができるようになれば、ムスリム移民の統合に向けた手がかりを得られることになる。前節で記したように、男性ムスリム移民は出稼ぎを選択し、仕向地において工具として、あるいはその後に小規模の自営を始めたことから、経済活動を通して受入社会と一定の接点は持っている。そのため、彼らは社会や人間関係における困難に直面し、確かに防衛反応として所属集団内の結束を強め、自ら受入社会との接点を避けることもあるものの、社会との関係は断ち切れる状態にはない。

　他方、なかでも見合い結婚による花嫁や呼び寄せられた妻として母国から直接移住した女性たちの中には受入社会の公用語を一切理解しない者も少なくない。典型的には、彼女たちは、ドイツにおいても、トルコですでに構築されていた出身地の人間関係や習慣に従って生活する。トルコの文脈では日常生活用品や食材の確保は親族の男性が行う家事であるため、彼女たちは買い物などによってドイツ社会に触れることも少なく、自宅や友人宅では母語を使い、衛星テレビで母国トルコの番組を視聴するなどの生活様式を持つ。その生活範囲において、彼女たちは受入社会の言語を必要とせず、社会制度への関心も持ちにくい。さらに、このような家庭についての情報が行政当局によって把握されないことにより、学校教育を含む行政サービスの提供も限定的で、さらには彼女たちの子どもの就学が保障されていない場合もある。すでに移民の子どもの学業成績が家庭の状況に関係することが、国際調査などによっても指摘されていることからも、移民の社会階層の再生産に関係していると言える。そのため、母親である女性に焦点を絞った施策が求められているのである。

　つまり、女性ムスリム移民は、次のような位置に立つことになる。軸の一方の極をドイツ社会へのアクセスと社会サービスを活用できる状態で、同時

にドイツの当局も移民のニーズを把握し、対応できる状態であるとする。そして他方の極には、それらが一切無い・できない状態にあるならば、彼女たちはそこに近い状態に位置するのである。就業または何らかの活動に参加する女性は、程度の差はあるものの、両極の間に位置する。言語、社会、伝統・習慣、価値観、ジェンダーといった移民の課題として扱われる場合であっても、すでに社会や他の集団へのアクセスを持つ者たちが対象となることが多い。統合から遠いと言える、アクセスを持たない女性たちは、受入社会において低（無）技能な移民とされる傾向があり、彼女たちは福祉行政からも見落とされる可能性がある。たとえば、次のような指摘がある。

　　　現在の欧州における移民政策は、技能を持つ移民が容易に統合され、持たない者は困難を持つという二分法による傾向を持ち、問題をはらんでいる。……移民の技能を認識する、または再技能化（re-skilling）の機会を創りだすことが重要である。特に女性の場合に顕著で……移民女性を世話する責任に考慮する必要がある。[19]

　以上のことから、本研究で女性ムスリム移民を扱う意義は次の２つである。１つに、アクセスしにくいムスリム移民集団という、壁の向こう側にいるため行政当局が制度構築のための情報を得ることができない相手を想定した移民の統合政策について扱う可能性を持つことである。もっとも、このアクセスについては制度面での整備によって保証することが可能である。

　本研究でより重視するのは、それに加えたもう１つの意義、すなわち、聖俗分離の対象または私的な信仰として収めきることができると私たちが想像しがちな「宗教」を越えたイスラームという文化体系の多方面に対する影響、および実質的な個人の側面である。なぜならば、事例でも検証するように、行政当局や受入社会の多数派が考える、移民のアイデンティティなどに依拠する理性的アプローチが必ずしも有効ではないこと、トルコ人ムスリムが自らの文化的慣習と母語、同胞意識による帰着の根拠を論理でなく感性として持つことが背後にあるためによる。

　事例では、統合には移民本人の意思と努力が重要であることを、彼女たち

が関わる福祉事業から読み取ることになる。これは、ムスリム移民以外でも、たとえば農村部から都市部へと移住する国内移動の場合においても、同様のことが言えるかもしれない。なぜならば、都市部における生活様式が近代化の象徴と捉えられがちな中で、非自発的な（involuntary）[20]新参者が必ずしも外発的な同化に従うわけではないためである。このように、本研究ではムスリム移民の統合には、この実質的な統合のきっかけ作りが重要だと捉えて検証を進める。

(4) 用語の定義

　最後に、本研究における用語の定義をしておく。「統合」として、制度面の保障を意味する形式的な統合と、その社会の成員が背景の異なる他の成員との共存を認め、必要に応じて取る相互作用によって新たな社会を築くことを目指す文化面を扱う実質的な統合を使い分ける。本来、統合は多数派と少数派の両者が当事者として新たな社会づくりに参加する状態を指すが、本研究においては多数派のほとんどを扱うことができないため、少数派が押し付けられたドイツのルール（imposed etic）だけに従うのではなく、それに合わせた自らのルール（emic）を、生成されたルール（derived etic）として取り込む様子を意味する。[21]具体的には、内発性を伴ってドイツ社会へ参画し、その過程で自己の当事者意識を認識し、その際、得られた有能感によって自らがエンパワーされ、他の女性移民に働きかけることで、さらに有能感を得る循環下にある状態を特に指す。そのため、本研究における実質的な統合とは、暫定的に少数派である移民側の歩み寄りを扱うことになる。

　また、「ムスリム女性」はムスリマとも記すことが可能であるが、一般的ではないため、ムスリム男性またはムスリム女性という表記によって性別を区分することとする。文脈に応じて、「女性ムスリム移民」あるいは「ムスリム女性移民」という表現を取ることによって、優先されるアイデンティティが女性かムスリムかを示す。「トルコ移民」は原則としてトルコ共和国出身の移民第一世代の他、その子孫を指す。

　さらに、本研究ではクルド人やアレヴィ、その他の少数トルコ系移民との区別はしない。実際のところ、女性トルコ移民でさえ、総括することは難しい。

たとえば、既婚女性の国際移住の経験は、その女性の出身地、婚姻後の家族形態、結婚の形式、宗派（スンニ、シーア、アレヴィなど）、教育歴によって多様であることが実証研究で示されている[22]。しかし、トルコ系移民と分類の中にも厳密にはアゼリ系、クルド系、ザザ系、チェリケス系など多様であるため[23]、民族コミュニティ自体を分析対象としない本研究においては、やや一般化した女性トルコ移民という範疇を用いることにする。これは、個別の事例を扱う際、こうした民族的背景やトルコ国内の出身地、あるいは所有する地域ネットワークが移住先の生活や考え方に影響することを認めつつも、本研究で扱う学習行為の発生する場においては、それら個別の差異よりは、「外界」として捉えられる受入社会やイスラームとトルコ文化に帰着する影響の方が大きいと考えるためである。

3. 本研究の構成と方法

(1) 本書の構成

　第一部は主に理論的背景と研究枠組みに関する内容を扱い、3つの章から構成される。まず第1章では、研究の背景と課題を確認するため、研究対象とするムスリム移民、定住化した元出稼ぎ労働者と呼び寄せられた親族、移住先で生まれた子どもに関係する研究内容について整理を行う。前半では、トランスナショナルな移民研究の変遷と動向を概観し、後半では、ムスリム移民を対象とした研究をまとめる。それらによって、ムスリム移民の教育研究には学際的手法がより求められ、ムスリム個人と集団・社会の変容を分析することが重要であることを確認する。

　第2章では、ムスリム移民の抱える周辺環境を確認し、本研究が対象とするムスリム女性移民は多層的な外圧にさらされていることを示す。そうした環境下における社会参加には、主体としての内発性が重要であることを記す。ここでは、まずグローバリゼーションの影響として見られるイスラームに対する強い反応を扱う。イスラーム嫌悪（イスラモフォビア）と呼ばれるその反応はムスリムを仮想敵と見なす動きとして欧米で広く見られるようになり、

嫌悪、不信、憎悪といった感情的反応だけでなく、それをもとに、不平等、法律、習慣など制度化および正当化が生じている状況を指す。同時に、自己防衛の反応を起こしたムスリム側にも日常的にもイスラーム規範を重視する者が増えていることも記す。その例として、学校教育を越えたイスラーム規範への教育ニーズがより強まっていることも確認する。学校教育を中心とする教育だけではムスリムの求める教育や学習内容が提供されるわけではなく、また、イスラーム実践は個人差が大きく、一般化したうえで行政などの対応が練りにくいことが記される。これは、ムスリム集団を一枚岩として捉えることの限界を意味するものである。制度上の形式的統合として、法律などがイスラモフォビアをある程度制御できるが、移民と受入社会の多数派の実生活にかかる実質的統合の点では、当事者同士が直接に関係することが最大の解決策と考えられる。

　この第2章の最後には、本研究の分析レベルを示す。すなわち、本研究で扱うトルコ女性移民は、次の3つの影響下にあることを確認する。まず、受入社会のイスラモフォビアが強まるなか、社会の多数派にとってムスリム女性はスカーフなどによってイスラームのシンボルとして捉えられている。第二に、トルコ移民コミュニティ内において、イスラーム規範よる期待・圧力がかけられている。第三に、家庭の中では、家族から女性や母親の役割を求められ、自らは高度なドイツ語を解しないため、外部へのアクセスが制限されている。ただし、女性同士がインフォーマルに集まり、情報交換の場となる茶話会は、男性からも「安全」と見なされ、これは女性が公に外出できる名目となっていることも確認する。これら三層の影響は第6章で記すように、本研究の考察で用いる視点となる。

　続く第3章は、ノンフォーマル教育および集団と個人におけるその成果を確認する。ノンフォーマル教育とは、学校教育の枠外において、正規ではなくてもさまざまな組織が、ある程度デザインされた状態で提供する教育で、学習者・参加者と状況に応じて変化する柔軟性が特徴である。また、丸山・太田（2013）が示したとおり、誰がその教育・学習行為を認めるのかという視点から、当事者自身が自らの学習ニーズを把握し、それによってエンパワーされる点をノンフォーマル教育の過程として捉える。特に、本研究では学習

者から見た教育・学習活動と機能を扱うため、学校教育の内か外かという二項対立的議論を用いることはない。そして、その活動が個人にとっての生活への意味づけであり、それをノンフォーマル教育の成果として捉える。たとえば、その人が関係する集団の中で存在意義や自らの有能感を実感することである。エンパワメントの過程としての社会参加には、3つの段階、すなわち、その場にいること、設定された何かに加わること、自ら関与し制御することがあり、3つ目の段階においてエンパワメントは最も強くなることを記す。

　集団におけるノンフォーマル教育の成果は、社会的関係性の構築が挙げられる。これは主に社会関係資本論を用いることによって整理できるため、これまでの研究蓄積を整理しておく。信頼や規範といった社会関係資本の認知の側面だけでなく、ネットワークや形態などの構造について確認しておく。多くの研究では源泉としての社会関係資本が主張されるが、本研究においてはノンフォーマル教育の成果としても捉えていることを示した後、ノンフォーマル教育と社会関係資本の間における循環について最後に述べる。

　第二部は、本研究の事例研究に該当し、第1章から第3章で整理した分析枠を用いて考察を行う。これは第4章から第6章からなる。第4章では、欧州受入社会では移民政策と教育の整備が進んできたことを主に文献調査の結果を示す。まず、欧州諸国が中心となって進める、移民の統合に関する総合指標事業（MIPEX）を紹介する。これは、移民の統合に関する政策が移民に関する現在の重点課題として認識されるなか、各種のデータを指標化することによって、各国の比較を行い、課題を洗い出し、同時に経験を共有する機能を持たせる国際的な動きである。また、当初はMIPEX平均に位置づいていたドイツは、法整備を進めていることがわかる。また、トップに位置づけられたスウェーデンでは、その社会福祉制度の強みが指標に大きく影響しており、政策や制度面での充実ぶりがわかる。

　次に、欧州教育システム・政策ネットワーク（Eurydice）が出版した教育における移民の統合報告書を用いて、学校教育および保護者との連携に関する整理を行う。こちらでもドイツとスウェーデンについては国別報告書の内容も扱い、それぞれの情報を整理し、課題を示す。最後に、欧州評議会が検討、

導入をした欧州言語共通参照枠組み（CEFR）との背景の動向を示し、受入社会における多文化環境に対する準備と捉え方についてまとめる。移民の子どもに関する教育課題の多くは教授言語に帰着されるが、CEFRの取り組みは言語体系に言語意識と呼ばれる文化的要素を組み込んだ複言語主義による発想が背景に存在することが指摘される。このように第4章では、受入社会における制度整備を中心とした動きを整理し、本研究における、形式的な統合に向けた準備であることを確認しておく。

　第5章は、トルコ移民が多く居住するドイツの首都ベルリンを事例に、文献およびフィールド調査の結果を示す。まず、トルコからドイツへの移民についてその歴史的背景を概観した後、ベルリンの統合戦略ペーパーについて整理を行う。なかでもノンフォーマル教育と社会関係資本に関係する内容、つまり、幅広い学習・教育の機会の保障と、移民とネイティブ多数派の地域社会への参加について整理する。これは第4章と同様、形式的な統合に向けた整備であることが言える。

　続いて、ベルリン市ノイケルン区においてフィールド調査を行った結果を示す。現地調査では、行政の対応および委託事業、イスラーム団体によるボランタリーな活動、そして教育NGOによる補習および職能開発支援という3つの取り組みを紹介する。それぞれの取り組みにおいて、対象となる移民と活動の特徴と参加者の鍵となる家族の中の男性（主に父親）に対するアプローチも記述する。

　そして、なかでも行政と民間が共同で行う「地域の母」事業について、事業の成立と仕組み、その活動成果と課題を記す。この事業は当初はパイロット事業として始められたが、現在はメディアでも取り上げられ、他の地域や国でも拡大していることから、恒常的な予算がまだ担保されていないものの、ある程度、制度化したと言える。その事業では、参加者である移民女性自身が、それぞれの母語を用いて教材を開発し、その教材を用いて他の同じような環境下にある移民女性の自宅へ訪問し、社会と接するきっかけ作りを行っている。さらに、この事業の発端は、トルコ女性移民が母国で行っているような茶話会にあったことも確認する。以上のことから、ベルリンでは制度整備が進み、自発的集団に支援が見られることがわかる。

第6章では、事例の「地域の母」事業を主たる対象として、実質的な統合につながるトルコ女性移民の社会参加をノンフォーマル教育、社会関係資本から分析、考察し、トルコ女性移民はノンフォーマル教育でエンパワーされることを示す。まず、第2章でも示すように、トルコ女性移民のおかれた環境について3つの影響を確認する。それらは彼女たちの抱える社会的距離の順に、グローバル社会・ドイツ社会、母国トルコと移民コミュニティ、親族や家庭という3つの層による。それらの状況に対して「地域の母」事業参加者である女性移民たちは、自ら参画して内容を定める高度な参加形態を創りだした。この参加過程においてはノンフォーマル教育が展開されており、それを通して社会関係資本の蓄積と個人のエンパワメントが見られている。なぜなら、この事業では参加者だけでなく、事業の対象となっている他の女性移民たちのエンパワメントを生み出し、その背景と成果には「橋渡し型」社会関係資本が考えられるためである。特に、ムスリム女性における信頼とネットワークはイスラームと言語、そして文化的親和性を基盤として強みを発揮していることも記す。

　次に、「実質的な」統合に求められる事業の持続可能性と少数派が参加する条件に向け、本事例研究から得られた示唆を記す。「地域の母」事業の持続可能性は、まず元来トルコ女性たちが持っていた文化や習慣をもとにしていたことによって促進されていることを指摘する。ただし「独立した」女性が抱えるようになった課題にも触れ、たとえば、従来の生活体系からの別離となる離婚があり、それによってイスラームで家庭を重視する価値観との対立や女性の孤立化が予想される。またその背後で、保守系イスラーム団体の入り込もうとする力学、他方で受入社会によってイスラーム覚醒が促されることが挙げられる。だがそこにもモーメントを動かす支点があり、「母」と対象者の時間軸を加味した関係性の深化に意味を見出した。

　ムスリム移民を追い込んでしまうのは、無意識であっても、社会の多数派である可能性も最後には記す。これは移民より資源をはるかに多く持つ者が寛容であることを求められ、それは多数派自らが律するという理性のみによるアプローチではないことも示す。理性と感性によるコントロールは直接的な学習・教育機会によって生じる可能性を指摘し、直接に移民と接点を持つ

ことが重要であることを述べる。このことは、私達の社会は法律のみで制御されているわけでなく、ノンフォーマル教育としての教育的機会を内包する人と人との接触によって社会における実質的な統合の可能性があることを示すと言える。

　終章では、結論と今後の課題を記す。本研究の事例では、当事者としての社会の一成員になるため内発的に社会に参加することが重要であることが記される。そこには、孤立した者が関わることのできるという、実質的な統合のために、形式的な統合を支える環境整備が求められることを示し続けた。そのきっかけとなるのがノンフォーマル教育の機会で、それを経て人々が持続可能な多文化社会を構築することになることを主張する。
　しかし、制度整備による形式的な統合に加えて、少数派の移民と多数派のネイティブが文化変容と創造を達成する実質的な統合を扱うことを目指した本研究の最大の課題は、多数派を対象とした研究をほとんど行えていない点にある。今後は、制度整備が欧州諸国で一番優れていたスウェーデンも比較対象にすることで、少数派と多数派の間における実質的な統合への可能性を探ることができるだろう。またそれによって、ドイツとの比較も可能となる。さらに、ドイツにおいては多数派に対するアプローチについてノンフォーマル教育を中心に探ることが求められることを記す。

(2) 研究方法と限界

　本研究は科学研究費補助金による研究成果の一部である[24]。用いた研究方法は、先行研究などの文献調査に加え、フィールド調査をもとにした事例研究を行った。文献調査としては第 1 章と第 2 章で示すとおり、先行研究を改めてまとめたほか、国の移民政策データとして British Council などが始めた移民政策指標（MIPEX）も用いる。
　ベルリンにおけるフィールド調査における対象は、主に移民に対する教育支援を行う NGO が受託した社会福祉事業で、それを担当する行政当局への半構造的インタビューを行った。具体的な日程は次のとおりである。2008 年 10 月 21～23 日に青少年担当区議員 Vonnekold 氏、青少年局移

民室長 Mengelkoch 氏、フォルクスホッホシューレ（VHS）ノイケルン局長 Bongart 氏、VHS ノイケルン言語教育プログラム責任者 Reichelt 氏から、行政の取り組みおよび言語教育について聞き取り調査を行った。2010年1月18・19日[25]には Mengelkoch 氏への追加的聞き取りに加えて、「地域の母（以下、「母」）」の地区コーディネータ2名と「母」2名にインタビューを行った。2011年5月23〜25日[26]は「母」事業の地区および主任コーディネータ、「母」2名が行う家庭訪問以外の活動である学校における朝食会への参加と個別の聞き取り、「母」研修の参加者15名とのグループ討論への参加であった。2014年3月14日には Mengelkoch 氏への聞き取り、2014年11月18日[27]には支援 NGO の担当者 Rehlinger 氏への聞き取り、2016年5月4〜7日[28]には、ノイケルン区長となって1年経過した Giffey 氏と引き続き担当となった Mengelkoch 氏、および新しい事務所へ移動したばかりの「母」たちへ聞き取り調査を行った。その他、断続的に行ったイスラーム団体や教育 NGO への聞き取り調査、フンボルト大学生だった Yidirim 氏と友人たちやニュルンベルグ在住のドイツ人たちとの対話、ドイツ以外で同じ研究目的で訪問したスウェーデン・ストックホルムやオランダ・アムステルダムでの調査結果も、考察の際には参考とする。

　繰り返しになるが、本研究の最大の限界は、受入社会の多数派を扱うに至っていないことである。実質的な統合には、その社会の多数派（本研究でのドイツ人ネイティブ）と少数派（トルコ移民集団）の両者において文化変容が求められるため、トルコ移民の側だけを取り上げても、分析は明らかに不十分である。少なくとも、旧東西ドイツの遺産も抱え、世代間で異なる価値観を持ち、学校では異文化間教育を受け、しかし実生活では移民と接する頻度が地域によって大きく異なるドイツ人たちを扱わなければ「実質的な」統合の研究は難しい。しかし、資源が比較的に投入されやすいなど制度に対するネイティブの比較優位性と、対象の数も幅も大きい上にドイツ国内における16州（Länder）の制度が独自性を持つことから、今後の課題とする。

　また、男性ムスリム移民も本来は扱うべき対象である。前述のとおり、確かに女性の方が受入社会へのアクセスに制限がある状況下にあるが、男性は受入社会に関わっているがゆえの課題も多く抱えているためである。たとえ

ば、受入社会に対して、彼らは戦後の欧州復興と経済成長を支えた自負を持っており、それが認められないようになったばかりか、イスラームに対する反応によって強い差別を受けるようになったことで、より強い不満を抱えている。移民コミュニティにおいては、男性が家族の女性による名誉・道徳を守る必要があるなどの、出身地の伝統的慣習による圧力下にあり、受入社会の「近代的価値観」とのジレンマにあるためである。ただし、受入社会との接点という意味では、やはり男性にはアクセスが保障されているため、ノンフォーマル教育の参加の度合いについて、最も社会的距離（social distance）を持つ女性ムスリム移民をまず本研究では扱うことにする。

　さらに、今日のドイツにおける移民の構成は多様化していることも重要な点である。つまり、女性移民はトルコ移民だけでなく、他の増加傾向にあるアラブ系ムスリム移民とポーランドやロシアからの移民、旧東ドイツに以前から居住するベトナム系移民の子孫などに加えて、ドイツ以外のEU域内からの滞在者も存在する。彼女たちも、当然のことながら、統合プロセスに含まれる対象である。本研究の試みでは、扱いきれないほどの多様性が見られることから、彼女ら自身も含めた国際的な研究チームによる研究が今後は求められるだろう。ただし、本研究は、当事者でない著者が敢えて彼らの課題を扱うことによって、得られる示唆をまとめるものである。

注

1　Sen（1999）は、「道具的自由（instrumental freedom）」と「本質的自由（constitutive freedom）」という概念を用いて、人間の潜在性（capability）を指摘している。本論で記す「形式的」統合には前者を、「実質的」統合には後者の捉え方が近い。

2　統合ではなく、実際にはそれ自体が同化を意味していることからも、同化という用語を恐れずに使うべきだとトッド（1999）は主張する。ただし彼は開かれた同化であるべきとも主張しており、差異主義は統合を生むよりも、さらなる隔離を促すことを示している。また、池田（2001）は、フランスを事例に最終的には統合は同化に似たものになることを示唆している（p.21）。そのため、ここでいう「同化」とは、少数派が多数派に組み込まれ少数派の独自性を喪失することで社会を成立させるよりも、公共の場において高度な順応を求めながら

も、各自の独自性を保持し、その差異を認め合い、時に目的達成のために相互に補完するプロセスの一面と考える。

3　Crepaz（2008: 57-58）。
4　宮島（2009: 214）。
5　Joppke（2004; 2007）。
6　伊豫谷（2002: 203-216）。
7　伊豫谷（2007: 18）。
8　Erzan & Kirişci（2008）。
9　ドイツでは 2011 年 11 月 1 日、2 日に、トルコ共和国との労働者受入協定の 50 年を記念した式典がトルコとドイツの両首相同席のもと開かれ、両国の長い関係が示されたなど、欧州移民の代表的な存在として取り上げられることが多い（http://www.hudson-ny.org/2566/turks-germany-guests-take-over-house 2011/11/08 閲覧）。
10　Givens ら（2009）。
11　Crepaz（2008）。
12　丸山（2011）。
13　丸山・太田（2013）、丸山（2016b）。
14　Coleman（1988）など。
15　Fukuyama（1995）など。
16　トッド（1994=1999）、内藤（2004; 2007）など。
17　Roy（2004）。
18　近年の教育研究では移民を背景に持つ児童生徒を扱うことが増え（OECD 2006; 2010）、学校教育における教育の取り組みも体系化されてきている（Eurydice 2004）ため、学童期の者も、学校を通して社会との関係を保持できる。
19　Erel（2009: 190）。
20　Ogbu（1991）による用語。
21　この emic/etic 論については、Berry（1991）および丸山（2013）を参照。
22　Kadıoğlu（1997: 551-553）。
23　Erel（2009: 3）。
24　主に次の科学研究費助成事業により、現地調査を行った。科学研究費補助金若手研究（B）『ヨーロッパ諸国におけるムスリムの教育問題への取り組みと日本の学校教育の将来』（研究代表者：丸山英樹、課題番号 19730531）、同若手研究（B）『ヨーロッパ諸国におけるムスリム移民の教育と社会統合に関する研究』（研究代表者：丸山英樹、課題番号 22730679）、そして同基盤研究（B）海外学術『学習

者のウェルビーイングに資するノンフォーマル教育の国際比較研究（研究代表者：丸山英樹、課題番号 25301053)』。また、本書の出版にあたっては、平成 28 年度研究成果公開促進費（学術図書、課題番号 16HP5201）の助成を受けた。

25 科学研究費補助金基盤研究(B)『東アジアにおける「持続可能な開発のための教育」の学校ネットワーク構築に向けた研究』（研究代表者：永田佳之、課題番号 20402062）の一部による。

26 多言語・多文化教材の開発による学校と地域の連携構築に向けた総合的研究（研究代表者：山西優二、課題番号 50210498）の一部による。

27 人の国際移動と多文化社会の変容に関する比較教育研究（研究代表者：杉村美紀、課題番号 23402064）の一部による。

28 日仏英独における移民の学力保障に関する比較教育研究（研究代表者：園山大祐、課題番号 80315308）の一部による。

第一部

先行研究の批判的考察

　第一部は、第1章から第3章で構成されており、主に理論的背景と研究枠組みに関する内容を扱う。まず第1章では、研究の背景と課題を確認するため、研究対象とするムスリム移民、定住化した元出稼ぎ労働者と呼び寄せられた親族、移住先で生まれた子どもに関係する研究内容について整理を行う。第2章では、ムスリム移民の抱える周辺環境を確認し、本研究が対象とするムスリム女性移民とは、多層的な外圧のもとでの社会参加には主体としての内発性が重要であることを示す存在であることを記す。第3章は、ノンフォーマル教育および集団と個人におけるその成果を確認する。

第1章

トランスナショナルな移民研究の背景と課題

この第1章では、トランスナショナルな移民研究とムスリム移民を対象とした研究について整理する。まず、本章の前半ではグローバルに移動する人たちの動向および国際経済と分業による人の移動傾向について、先行研究から確認を行う。国際的な移民の理念型のうち、本研究では「トランス移住」に着目していることを示し、現在の移民研究の際に必要な留意点を3つ指摘する。続いて、学問領域ごとの移民研究の扱いを示し、伝統的な移民研究から現在まで概観していく。この際、本研究で用いる社会関係資本論と関連する議論についても取り上げる。

　移民研究の変遷としては、出稼ぎ労働者としての移民を対象としてきた経済活動との関連で移住を捉えることが多いプル・プッシュ理論、居住者が経済状態や賃金などの正確な知識を持ち、人的資本を中心概念に投資の決定を前提とする新古典理論、経済要因だけでなく、たとえば、国家が重要な役割を持ち、規制を緩和すると同時に滞在資格を厳格化する「リベラル・パラドックス」、現実を扱うために学際的アプローチをとる移住システムおよび移住ネットワーク論などを見ていく。なかでも公的な扱いだけでなく、移民研究において非公式なネットワークが、自らのインフラ、しかもそれが自己継続を始めることから、移民当事者にとって決定要因となる新たなネットワークを考慮する必要があることを指摘する。

　こうした、新たなネットワークを扱うことを中心的課題にしている研究がトランスナショナル移住に関わる研究であり、もともと繰り返し国境を横切ることから考えられたトランスナショナル活動が個人および集団といった対象者だけでなく、宗教や政治などのイニシアチブにも見られるようになったことを示す。同時にそうした研究は細分化された状態で進められ、事例研究が多いこと、ただし事例研究のアプローチは理論的にも実践面でも意味が深いと指摘されていることも本章では示す。[1]

　本章の後半では、ムスリム移民を対象とした研究を整理する。まず人口動態としてのムスリムの増加と移動を、各公的機関の出す情報から確認しておく。続いて、ムスリム移民を対象とした学術研究を取り上げる。グローバリゼーションの影響下にあっては、出稼ぎのために移動し故郷へ戻っていく「還流型移民」だけでなく、都市部に滞在し続ける労働移民がインフォーマ

ル・セクターで増加していることを確認する。本研究が扱うムスリム移民の中でも特に初期の頃に移住した者が、冷戦終結後に失業する傾向にあったこと、そして男性移民の多くが該当することから留意すべき点として取り上げる。

ただし、こうしたグローバリゼーション研究に関連する鳥瞰的研究成果に加え、本研究により示唆を与えるのは、国や地域の文脈から深い分析を行った研究である。そのため、フランスの統合課題、トルコ移民に注目したEUの事例、オランダとドイツの事例、ドイツの事例を確認しておく。そして、トランスナショナル移民に特に特徴的なネットワークの拡大について、イスラーム規範による影響を整理し、国籍や民族的アイデンティティよりムスリム間における同胞意識が芽生えていることを指摘する。また、受入社会におけるイスラームへの反応も強まっており、それがさらにムスリムの結束を強めていることも触れる。

最後に、学際性の高い現在の移民研究の中で教育研究の扱う内容を確認する。ネットワークや同胞意識の中で共有される時間と空間が学校教育のように構造化された形ではなく、非公式・非定型的な状態で学習経験として蓄積される余地を確認する。

1. グローバルな移民と移民研究の動向

(1) 人の移動傾向

グローバリゼーションの影響が大きい今日、さまざまな動機によって移動する人が増加している。すでに途上国が先進国向けの生産を請け負う国際分業は拡大、加速し、同時に彼らの出身地域の社会構造がすでに維持できない状況になったことが移住を促進していると言えるのである。出稼ぎに見られるように途上国からの先進国への移動は今後も増加することが考えられ、また移住者が定住するようになった社会においては新参者の居場所、社会参加が課題となっている。経済協力開発機構(OECD)加盟国が多い欧州においては、労働移民の組織的な受け入れの後、定住者とその子孫の統合が課題と

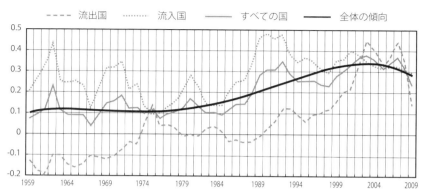

図 1.1　1959 年から2009 年の間に見られた
OECD 加盟諸国における半世紀の人の移動

なっている。

　OECD は 1973 年から、SOPEMI（Systeme d'Observation Permanente des Migrations．2006 年以降は Migration Outlook）事業として移民に関する状況をとりまとめて比較と整理を行っており、そこからも移動の加速とともに整備が進んでいることが示されている。2008 年の経済危機以降、そして 2011 年のユーロ危機によって、移動の規模はやや鈍化しているものの、現在も定住した移民を、社会の市民・国民の育成となる統合に向けた取り組みを進めている。図 1.1 は、韓国、メキシコ、トルコを除く OECD 加盟諸国における 50 年の人の動きを示したものである。2008 年の金融危機によって一時的な落ち込みが見られたものの、現在はまた OECD 諸国への流入は増加している[7]。

　こうした状況に対して多くの欧州諸国は、公的取り組みとして関連するさまざまな制度を構築してきた。たとえば、第 3 章で見るとおり、移民の統合

政策を指標化した事業（Migrant Integration Policy Index：MIPEX）で最上位にランクされるスウェーデンでは福祉政策の一環として難民を含む移民に対する制度整備を行ってきた。人口規模の比較的大きいフランスでは条件を満たすことによって出自を問わずフランス市民となることが認められ、そうした市民間での婚姻も増加している。ドイツは、かつて移民とドイツ人が別に暮らす「並行社会」が長年あったとされるが、言語教育と宗教教育の保証を行い続け、多文化主義が失敗したと言われながらも、現在は都市部において国際化を進めたとされる。このように多くの国々が移民の統合について制度整備を行い、一定の成果を上げている状況にある。

(2) 移民の理念型

国境を越えた人、モノ、カネ、情報の移動に代表されるグローバリゼーションの時代、政府開発援助による資金提供の約3倍の額が移民による母国への送金に相当することも指摘されるなか、移民研究では多点間移動および移動の継続性が重要となり、それをトランスナショナルな事象として捉えることも可能である。また、近年においては移民を人的資本や国民統合といった経済や政治の側面についてのみ扱うのではなく、福祉や人間形成などの社会あるいは教育の課題として移民を捉える傾向が強くなっている。

そうした研究動向を把握するため、主にCastlesとMiller（2009）、Masseyら（2008）、伊豫谷ら（2007）、BrettellとHollifield（2008）による移民研究の成果と研究の変遷に加え、トランスナショナリズム研究をPortesら（1999）とCastlesとWiseら（2008）の議論から、移民と教育の研究としてルヒテンベルクら（2008）、そして分析視座としての社会関係資本に関係するネットワークの研究成果をムスリムの教育と関連させてまとめる。

移民の母国および出身国との関係、移住期間に応じて、移民の形態は図1.2のように4つの理念型に分類することができる。ここには20世紀初頭に米国へ欧州から移住した者、途上国から先進国への出稼ぎ労働者、宗教的・政治的に離散した者、そして交通手段の発達による頻繁な往来を行い、テクノロジーも駆使した、現在増加しているトランスナショナルな移民が示されている。グローバル化によって、帰属・包摂・排除など社会的空間がますま

	出身国との関係	目的国との関係	移住の主要な推進力	移住の計画
移出・移入移民	起源 / 先祖 / 永遠の出発	統合 / 新しい郷土	経済的 / 社会文化的	長期 / 無限定
帰還移民	絶えず参照されるポイント	差異の維持 / ホスト	経済的 / 政治的	短期 / 限定的
ディアスポラ移民	（少なくとも象徴的に）「郷土」として参照される場所	国差異の維持 / 苦悩の場所	宗教的 / 政治的ミッション / 組織的	中期的 / 限定的
トランス移住	曖昧な混合	曖昧な混合	経済的 / 組織的	未確定 / 連続的

プライズ（2008: 49）より作成

図 1.2　国際的な移民の理念型

す急速に脱領土的状況になってきており、特定の場所や領土に拘束される多様なグループへの多元的・多地域的な帰属が、現代的な社会化の特徴になりつつある。本研究は、そのなかでも最近の動向として見られるようになったトランス移住に注目する。

　ここで移民研究に関連して大きく3つの問題背景があることを確認しよう。まず、受入社会は移民をひとまとめにして語る傾向があることが挙げられる。米国へ移住したインド人ICT関連技術者の研究において、インドの歴史や法律といった文脈を分析対象とする必要性が指摘されているように、移民は多様であり、それぞれの背景が研究の上で重要であるという点がある。本研究において扱うムスリム移民は、近年のテロ関係から多くの先進国で議論の対象となる他、欧州諸国においてはEU市民や多言語主義といった言説を背景に、社会的統合（分断）の側面から特に議論が盛んになされている。たとえば、ドイツにおける議論は90年代後半から急速に盛んになっており、近年においては政治の場においても排他的な動きが顕在化するようになった。だが現在、過度に一般化した捉え方は多数派の取る研究手法として相応しくない時期にある。

　第二に、グローバリゼーションの影響によって国家の役割が低下し、相対的に国際機関が重視されているものの、国際機関は国民国家を前提として動

くことである。グローバル資本についても、国家のルールに従って運用されるのが常であることからも、大幅に増加する人の移動についてパスポートやビザ、記録の管理などによって、むしろ法的な制御が強化・正当化されている。このことは、後述する「実質的な」統合に関わる点である。

　第三に、草の根における事例研究が増加するなか、メゾ・レベルの分析対象によってトランスナショナル動態を捉える必要があることも留意しておきたい。これは、ムスリム移民に着目することで最も表現できる。なぜなら、受入社会において彼らが持つネットワーク、包括概念、参加・エンパワーメント・紐帯などは、これまで以上に重要性が大きいことが理由である[11]。特に本研究で「実質的」統合を扱うならば、移民から見た統合が重要となる。

　それでは、まず移民に関する多様な研究と変遷についてみていこう。

(3) 学問領域ごとの移民研究の扱い

　移民を対象とする研究においても学問体系によって課題意識、分析手法、背景理論などがさまざまである。同時に、移民あるいは移住に関わる人・家族・集団・国家を対象とした研究は幅広く、ある特定の学問体系だけによっては成立しないと言える。たとえば、経済学は移民を労働力として捉える傾向があり、教育を経済への投資として捉える人的資本論は強い影響力を持つ。他方、人類学では各事例対象となる個人やその家族、コミュニティなどについて深い関係性を築いたうえで記述を主たる手法とする。また、経済学と強い関係を持つプッシュとプルの理論は、地理学においても扱われる。歴史学では、移民研究の初期の頃でも扱われていた植民関係や人の移動の背景を扱うことが多い。より移民の動態を把握しようとする者は、社会学を根拠に研究を蓄積する。図1.3は先行研究[12]による整理で、人類学、人口学、経済学、地理学、歴史学、法学、政治学、社会学において、どのような研究課題が扱われ、そのための分析レベル・単位、背景となる主要理論、仮説の例と前提とする従属・独立変数についてまとめたものである。敢えてこの図に従ってみると、教育学は学力や就学を課題として扱い、ミクロな個人やメゾな学校と地域を分析単位とし、課題の規定要因を変数とすることになろう。

　現在の移民は、国内移動だけにおさまらず、国境を越えた移動、しかも決

分野	研究課題	分析単位	主要理論	仮説の例	従属変数	独立変数
人類学	移住が、いかに文化変容と民族的アイデンティティに影響するか	ミクロ・個人、家計、集団	合理主義、構築主義、トランスナショナル	社会的ネットワークは文化的差異を維持することに資する	移民の行動（流出、流入）	社会文化的文脈（トランスナショナルなネットワーク）
人口学	移住が、いかに人口動態に影響するか	マクロ・人々	合理主義（経済学の借用）	移住は規模への影響は大きいが、年齢構成には小さい	移民の行動	地理的居住または学歴の分布
経済学	移住の傾向とその影響を説明するものは何か	ミクロ・個人	合理主義：費用対効果、実用最大化指向	包摂は移民の人的資本水準によってる多様である	移民フローと適合、マクロ経済的インパクト	給与・収入差異、需要・プルと供給・プッシュ、人的資本、要因比率、経済と移動システムの構造
地理学	移住の空間的パターンを説明するものは何か	マクロ、メゾ、ミクロ・個人、家計、集団	合理主義、構築主義、トランスナショナル	包摂は民族的ネットワークと住環境に依る	移住の意思決定	空間、環境、政治、文化、社会文化の各文脈
歴史学	移住経験をどう理解するか	ミクロ・個人、集団	回避理論と仮説検証	該当しない	移住経験	社会・歴史の文脈
法学	法律は、移住にいかに影響するか	マクロ、ミクロ、政治的法的システム	制度主義、合理主義（すべての社会科学からの借用）	権利は移民を包摂するための動機構造を創りだす	移住者の法的、政治的、社会的経済的扱い	法律または政策
政治学	なぜ、国家は移住の制御に困難を持つのか	さらなるマクロ・政治および国際システム	制度主義、合理国家	国家はしばしば移民向けの利益によって縛られる	政策（管理・制限主義）、成果（制御統合）	制度、権利、利益
社会学	包摂と排除を説明するものは何か	マクロ・民族集団、社会階層	構築主義、制度主義	包摂は社会関係資本と人的資本によって多様である	移民の行動（流入と包摂）	ネットワーク、飛び地、社会関係資本

Brettel & Hollifield（2008, pp. 4 & 20）より著者作成

図 1.3　各学問分野における移民研究の扱い

して単一の動機によってのみ移動を決定するわけではないことからも、後述するように、ネットワークや社会関係資本の概念を用いたネットワークとしてのトランスナショナル状況が扱われることが多くなった。

　移民の背景、動機、移動、判断基準などを分析する際に有用な、その概念は、教育研究の側面からも用いることができるだろう。どちらかというと固定化や再生産を前提にし、個人の変化はやや乏しいと捉えがちな文化資本の捉え方に比較し、社会関係資本は滞在先の制度など環境によって急変することもありうることから、より動的な捉え方を容易にする。つまり、ある特定の場所でのみ生活する移民は社会上昇を求めるべくもない環境にあるとするならば、その移民が関係者を頼りに行政区・文化の異なる環境に移住することで多様な行政や自治的なサービスへのアクセスを所有することになり、移動しなかった場合に比べ大きな社会関係資本を持つことができるようになる。なお、社会関係資本論については第3章で整理する。

　また、現代の移住には一般的にグローバリゼーションが影響しており、人の移動が加速し、なかでも女性が増加している[13]。ここには移民の家族呼び寄せによるものが含まれており、事例でも詳説するように、欧州諸国では1960年代以降は労働移住においても女性が多くを占めるようになった。国際的な移住は、移住先の社会を多様化するため、国家の社会政策（社会福祉、教育）には新たな方法で提供される必要性が生まれてくる。さらに、ミクロな視点では、移民のアイデンティティも課題となる。こうした背景から、これまでの移住研究は大きく2つあったことが指摘されている[14]。1つは移住の決定要因、プロセス、パターンを調べるものである。もう一方は、移民が受入社会で組み込まれる様子を調べるものである。後者には、移住とは受入社会と送り出し社会の両者に変化を与えるものだという様子も含まれる研究である。そのことから、本研究は非公式なネットワークを重視する女性を主たる対象とし、受入社会へ組み込まれる様子を捉える研究として位置する。

(4) 移民研究の変遷

　ここで、移住の動機と影響、その背景について扱うことの多い移民研究の変遷を改めてみておこう。労働力としての移民を対象とし、経済活動との関

連で移住を捉えることが多いプル・プッシュ理論[15]では、移民を惹きつけるプル要因として労働需要、土地需要、経済的動機、政治的自由などを扱い、流出させるプッシュ要因には出身地における人口増加、貧しい生活環境、失業、政治的弾圧などがあるとする。この理論は経済および社会学でも使われ、個人の理性的比較による判断を基本と捉える。新古典理論は、移住を考える者は移住先の経済状態や賃金などを正確に知っており、人的資本を中心概念に投資の決定などを行うという前提を持ち、最適な移住先を冷静に決定し、移住は自らの選択であると捉える。しかし、必ずしも経済的に低い方から高い方へ移住し、人口過密から脱出できるわけでもなく、特定国への移住集団が存在する理由が説明できない点、さらに移住先の正確な知識など得られず、移民は文化・社会関係資本を強化することで何らかの不足分を補っている点などで批判がなされている[16]。

個人の判断や経済要因だけでは移住を理解することはできない点において、たとえば、国家が重要な役割を持つ場合もある。「リベラル・パラドックス[17]」と呼ばれる、国際化によって国家は規制緩和や開放の傾向を持つと同時に、社会構成を守るため公的な統制を強化するという閉鎖性を伴うことも近年では見られるようになった。プッシュ・プル理論だけでは過度な簡素化や誤解を招く危険性もある。そのため、1980年代に生まれた労働移住のニューエコノミー・アプローチと呼ばれる立場[18]では、移住決定は個人ではなく、家族あるいはコミュニティでなされるとする。二国間の経済的動機だけで移住しないため、送金行動だけでなく、投資・仕事・社会関係の長期的影響を検証することを求める。したがって、分析対象は個人でなく社会集団となり、社会学や人類学で移住決定を理解する必要が発生する。

このように、単独の学問では移住の現実を扱いきれないという実際的課題から、移民研究では学際的アプローチの傾向が次第に強く見られ、その後、移住システムおよびネットワークの観点が影響力を持つようになった。移住システム論[19]は主に地理学に依拠し、複数の国の間において移民を交換することで成り立っており、植民・政治・貿易・投資・文化的関係にもとづいている。移住ネットワーク論は社会学と人類学を根拠に、移民自身が形成する社会的ネットワークが移住と定住に対応している。現在、多くの研究者が文化

資本（情報、他国の知識、旅行の調整能力、新環境への適応と就職）の役割を重視している。また、非公式なネットワークは、社会関係資本で分析され、個人の関係、家族と世帯様式、交友関係とコミュニティ紐帯、経済・社会問題における相互補助支援が取り上げられている。非公式なネットワークが「社会的役割と人間環境の複雑な網の中で移民と非移民を[21]」つなげるものとされる。

　移住の動きが始まると、自己継続する社会プロセスとなることも指摘されている。この傾向を蓄積的因果（cumulative causation）と呼ぶ[22]。その結果、移民集団は、信仰の場、教会、店やカフェ、医者や弁護士などの専門職などのサービスといった自らの社会・経済的インフラを構築する。こうした集団を対象とする研究ではネットワークの観点から移住を分析する際、メゾ構造を重視する。移民と政治的・経済的組織との間で仲介する中間組織は、職業支援、弁護士集団などの支援組織となる。マクロ・メゾ・ミクロの境界線は明確ではないばかりか、単一のプロセスで説明されるものでもない。しかし、次のような質問群は、移住プロセスの多様な側面を見るものである。すなわち、受入社会の社会構造、文化、国民アイデンティティにおける定住の影響とは何か、出て行く移民や戻ってきた移民が与える母国への影響とは何か、移住は出入する社会の間で新たなリンクをどの程度導くものなのか、といった課題がある。

(5) トランスナショナル状況

　そして、「新たなリンク（ネットワーク）」に着目するトランスナショナル・コミュニティの考え方は、人の力を重視する。グローバリゼーション[23]下において、トランスナショナリズムは親族・近所・職場などによる従来の対面式コミュニティから、遠距離でコミュニケーションをとる広がった仮想コミュニティにまで拡大しており、その様相は性別によって大きく異なり、年齢、人的資本、社会関係資本にも関係する。先行研究では、トランスナショナル活動を次のように定義する。

　　　　国境を横切る反復で発生し、参加者による定期的かつ意味のある時間

的関与を必須とする活動である。そうした活動は、国家政府と多国籍企業の代表といった強い力を持った者によって比較的実施され、あるいは移民とその母国の親族といったより控えめな個人によって始められるかもしれない。これらの活動は、企業のみでなく、政治的・文化的・宗教的イニシアチブにも見られる[24]。

この定義から、Portes らは、2つの言語や家を持つなど二重の人生を持つ者が増加しているなか、トランスナショナルな移住に関する研究は非常に断片化していることを指摘する。彼らは新たな観点としてのトランスナショナリズム研究の可能性を示し、その調査分野の構築のためには、トランスナショナリズム概念を、時間の経過に従って、定期的かつ継続的な国境を越えた社会的接触を必要とする仕事や活動で区切ることが望ましいとする。また彼らは、トランスナショナリズムを用いた人間の活動に関する分析単位は、個人とその社会関係のネットワーク、属するコミュニティ、より広くは地方や国家政府といた制度化された構造とするが、方法論上の制限のため個人とその支援ネットワークが適切な分析単位と見なしている。これは本研究で用いる研究方法である。

トランスナショナリズムには、経済、政治、社会文化の各側面があり[25]、それらは相互に関係している。また、多国籍企業や国際機関によるトランスナショナルな活動も存在するため、「上から」と「下から」のトランスナショナル活動が存在する[26]。「上から」のトランスナショナリズムとは制度上の権力によって実施される活動、「下から」のものを移民や母国のカウンターパートによって行われる草の根の結果による活動と区分できる。「上から」は経済的グローバリゼーションや国際関係、または文化伝播といった代替概念によって精査されているため[27]、「下から」である、一般的な移民とその母国における相手、やや制度化されていない活動について最近の研究では焦点が当たっている。

事例研究のほとんどが草の根レベルに集中しているものの、そうした多様な草の根のトランスナショナル活動が増加することによって、理論的には過去の文献とは異なる移民の適応を、実践としては自国と移住先では見られな

	分野		
制度レベル	経済	政治	社会文化
低	インフォーマルな国際貿易者	移民によって作られた地元市民の委員会	アマチュアの国際スポーツ大会
低	母国へ戻った移民が作った小規模ビジネス	母国の政治団体と提携した移民の委員会	移民センターでの民族音楽団による発表
低	長距離の労働移民の循環	母国の選挙立候補者のための資金集め	出身地からの聖職者による訪問と海外の教区民の組織化
高	第三世界諸国への多国籍な投資	海外の国レベルの政党代表や領事館員	国別アートの国際展示
高	海外の観光マーケット開発	母国政府によって承認された二重国籍	海外での母国アーティストの公演
高	移民センターにおける出身国のエージェンシー	母国立法府へ選ばれた移民	外国大使館による定期的な文化行事

Portes et al.（1999: 222）より著者作成

図 1.4　経済、政治、社会文化の各分野における制度レベルによる活動例

かった人たちも存在するようになったため、理論、実践どちらの視点からも意味が深い。それらを例示したものが、図 1.4 である。

　このような状況からも個別事例を対象にした研究の蓄積が現在は求められるわけであるが、本研究では、テクノロジー発展によってより容易になった移動手段や通信手段も用いて、移民が持つ・創りだす社会関係資本に着目する。なぜなら、社会関係資本論によって、メゾ・レベルの集団や関係性を捉えることができ、出身国あるいは目的国いずれかにかかわらず社会保障システム外の者に対してシステム内にいる同胞が支援するなどの機能を分析することを可能とすること、同時に国際機関は国家を前提としているとはいえトランスナショナル状況下での政府の役割は相対的に低下しているためである。ただし、国外在住者コミュニティの重要性が認識され、その自発性を還流させる、あるいは吸収するために政府の支援によるトランスナショナリズムも出現している点も留意する。たとえば、欧州諸国に多くの同胞移民を持つトルコ共和国の場合、首相や大臣が欧州訪問をした際に、自らの選挙対策を含

め、移民グループに語りかける姿がたびたび見られる。

2. ムスリム移民を対象とした教育研究の留意点

　本章の前半では、グローバリゼーションの影響とトランスナショナル移民の状態を、先行研究をもとに概観した。後半では、移民のなかでもムスリムに関する動向や研究について整理していく。

(1) ムスリム人口の増加と移動
　現在、世界人口の約3分の1を占めるキリスト教徒は約22億人で、それに次いで約4分の1がムスリム16億人である[28]。また、2010年には16億人（世界人口の23.4%）のムスリムも、2020年には19億人（同24.9%）、2030年には22億人（同26.4%）に増加することが予想されており[29]、ムスリムの居住先の多くがアジアおよびアフリカなど、人口の増加傾向を強く示す国や地域であることからも、ムスリム人口は今後も増え続けるであろう[30]。図1.5は地域別のムスリムの動態を示した予測値で、総数は増加傾向であることがわかる。
　さて、宗教別に人の移動には特徴が見られるのだろうか。図1.6は信者別の移動する人の比率とおよその数を示したものである。これによると、よりアクセスを持ち続けてきたキリスト教徒1億人が移動しており、最も多いこ

	2010年		2030年	
	ムスリム人口（1,000人）	比率(%)	ムスリム人口（1,000人）	比率(%)
アジア・太平洋	1,005,507	62.1	1,295,625	59.2
中東・北部アフリカ	321,869	19.9	439,453	20.1
サブサハラアフリカ	242,544	15.0	385,939	17.6
欧州	44,138	2.7	58,209	2.7
米州	5,256	0.3	10,927	0.5
合計	1,619,314	100	2,190,154	100

Pew Research Center's Forum on Religion & Public Life（2011:14）より著者作成

図1.5　地域別ムスリム人口の数と比率

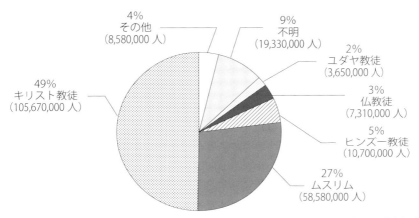

図 1.6 信者別による人の移動

とがわかる。それに次いで、ムスリムも約 6,000 万人が移動していることになる。こちらも今後、ムスリム人口の絶対数が増加することから、比率も大きくなることが考えられる。

(2) ムスリム移民を対象とした研究

前節で見たとおり、トランスナショナル移民の分析には学際的手法が用いられ[31]、教育学だけでなく、経済学から人類学にわたる多様な手法が複合的に使われることが多い。たとえば、移住・出稼ぎは連鎖し、構築されたネットワークをもとに、移民は自己永続的になる[32]ため、それは親戚だけでなく、出稼ぎ者が出てきた村や地域にも広がり、血縁・地縁ネットワークが越境的なものに発展し、そして社会関係資本となることも知られている[33]。それを見るためには社会学、歴史学、経済学等に寄りながらも、本研究では教育の視点から捉えていく必要がある。

いくつかの先行研究には、すでに大きな研究成果を出しているものもある。まず、人の移動についてグローバリゼーションとの関連についての分析は[34]、グローバル化によって特に途上国からの大規模な移住が発生し、その背景には移出国・地域においても経済開発に成功し、受入国との連関が形成され、

グローバリゼーションの過程として起こってきたことを指摘する。これは世界経済が統合化されたと同時に、世界規模で階層化が進んだためによる。また、その分析は、近年縮小傾向にある生存維持経済を主たる動機にする「還流型移民」だけでなく、不況においても都市部に滞留する労働移民が増加し、移民による非公式セクターが肥大化していることも示す[35]。これによって、制度的に把握できない移民が増加していること、そして学校教育だけでは把握しにくい教育ニーズも増えていることが考えられる。ただし、個別の事情など異なる状況が想定されるため、研究アプローチとして確立されたものは少ない。

　このようなグローバル視点による分析に加えて、国や地域の文脈からなされた深い分析も共有されている。たとえば、フランスにおける移民の統合と排除では、フランスの市民権創出のユートピアに直接対応するため、社会・文化的統合政策においても「平等」を貫き、教育においても母語・母文化教育プログラムを持たない[36]。この議論の特徴は、フランスにおける移民全体の40％を占めるムスリムに関することで、「スカーフ問題」と「非宗教性（laïcité）」原則の議論がなされるものの、その議論は文化的スティグマ化に利用してきた可能性にある。また、フランスにおいては90年代に押し出された「統合」理念は文化的統合に傾斜し、社会的統合を二の次にしてきた解釈も示唆する[37]。つまり、理念的には統合が進められたが、現実には非欧州系移民の失業率は高く、職場による社会的つながりが持てず孤立している者が多いのである。そのため、「希望の郊外」プランなどによる雇用と学校教育による改革は注目に値するが、「統合」とは、フランス語と共和国諸価値の習得と一義化されており、社会的統合よりも文化的統合へ焦点が当てられていること、すでにフランス人の内なる共生問題になっているため政策レベルで主導すべきであると、その研究は主張する[38]。

　トルコ人の移住と統合の決定要因についてEU内の状況をまとめたものもある。EU加盟交渉の際にもトルコ移民の「統合」できていない状況がトルコの欧州文化と相容れないことを示している証拠であるとされたことに言及し、二方向による「統合」にもう1つ加えてトルコ政府の動きが重要であると主張した研究[39]は、非常に貴重である。この一連の研究の中では、オランダ

第1章　トランスナショナルな移民研究の背景と課題　　57

とドイツのトルコ人に注目して政策と成果の比較を行い、トルコ移民は受入社会のネイティブよりも同胞との婚姻が多いこと、それが統合の課題であることも示されている[40]。また、「統合とは、継続的な長期にわたる二方向プロセスであると定義できる。二方向プロセスとは移民（個人、組織、団体）と、受入社会の個人・組織・団体の関与を意味する。成功した統合とは、移民が受入社会へ社会的、経済的、政治的な生活へ、どれほどよく参加しているかによって定められる」[41]としている。そして、移民とネイティブ集団の間の相互作用の度合いを意味する「社会的統合」、多様な集団間で同じ規範、価値、選択を共有する度合いを示す「文化的統合」、移民とその子孫が社会の主要な制度（教育、労働・住宅市場、政治制度、保健サービス等）へ同等のアクセスを持つ状態を指す「構造的統合」を分けた。そのうち「構造的統合」については客観的調査が可能であるため各国比較が容易であるものの、「なぜ多くのトルコ移民が統合に失敗しているのか」という理由を調べるためには、さらに社会的および文化的統合について見る必要がある[42]。ここで示された「構造的統合」は、序章で示したように、本研究でいう「形式的な」統合であり、そして「社会的・文化的統合」が「実質的な」統合に該当する。

　グローバル化したイスラームとそのネットワークの影響を示す研究[43]では、まず、宗教としてのイスラームと「ムスリム文化」が混同され、現代のムスリム世界の問題すべてをイスラームに理由づけがちであることが指摘されている[44]。欧州における再イスラーム化は文化化への反応ではなく、文化化プロセスであり、たとえば西洋で教育を受けた女性がヒジャーブを着用するようになることは近代化や自己肯定の間で折り合いをつけたことになる[45]。また欧州ではムスリムはより世俗的であることが求められるが、イスラームが「本物」の宗教になってもらうことは困る様子も指摘される[46]。このことから、欧州社会で言及されるムスリム女性の、たとえば「宗教教義や規範からの解放」にはオリエンタリズム的発想が横たわることが示唆される。西欧における移民の世代間におけるイスラーム理解に格差があり、若者たちは自らのアイデンティティと信条のためにイスラームを求める傾向があるとし、そのため感情に訴える説教師が増加し[47]、普遍化されたイスラームあるいは再イスラーム化が進むことを述べている。

こうしたイスラーム化について、トルコ移民に注目した研究では、彼らの間におけるイスラーム復興について示されている。たとえば、トルコ建国時からの世俗主義原則に従ってトルコ移民が宗教的振る舞いを避けたい移民がいるとしよう。彼らの持つトルコ建国の父アタテュルクへの崇敬の念がドイツ社会では共有されず、自分たちはドイツ社会におけるムスリム少数派として差別の対象であり続けると理解すると、ムスリムとしての覚醒が彼らの中で促される。ムスリムでありトルコ人であることの誇りを再確認する場を、ムスリム移民のコミュニティで得ることができ、さらにトルコ政府によらないイスラーム団体からムスリム同士の連帯による精神的安らぎと物質的支援を得ることで、その覚醒プロセスは強化される。さらに、こうしたネットワークを利用することで、雇用や食材の確保、無償の補習や教育機会を得ることになる。受入社会における扱いによってトルコ移民がイスラーム化したと言えるのである。現地調査を重ねて、主にドイツ、フランス、オランダのイスラーム復興について記した、こうした研究では、トルコ移民がイスラームを選択する共通の傾向として、受入社会における排除とイスラーム組織による支援の存在を指摘している。ただし、トルコと関係するイスラーム団体の動態について貴重かつ詳細な記述がなされているものの、受入社会の行政府が行う取り組みについての扱いは小さい。また教育についての記述も、学童期を対象とした取り組みのみ扱っていると言えるため成人教育や女性に対する学習機会の面から、本研究がそれらの研究を補完することになろう。

(3) ネットワークの拡大とトランスナショナル化の加速

　トランスナショナルな帰属を、単に出身国と目的国両国の社会的・文化的な要素の結びつき以上のものとした場合、それは「網状の社会に住む、核となる固定的なアイデンティティを持たない者同士が、部分的にアイデンティティを共有したり、重ねあわせたりする」状態を指す。移民の社会統合の課題においても、実際のところ、滞在者はその場に必ずしも永続的に在住するわけではなく、さまざまな条件によって移動することもある。これは前述のように、血縁あるいは出身地の地縁によるネットワークなどによって、転居が発生するためである。したがって、統合は静的に移民が受入社会へ一方的

に適応する同化ではなく、より動的で、受入社会にも影響を与えその社会成員にも変容を発生させるものとなる。これをさらに分析するにはメゾ・レベルを扱うことを容易にする社会関係資本論を教育研究においても用いることが望ましいことを意味する。

　すでに多くの研究が移民の持つネットワークを扱っているが、その中で教育から見たイスラーム・ネットワークに特化したものは比較的少ない。実際の日常生活におけるネットワークの影響は、ムスリムだからといって極端に大きいものではないが、ムスリム社会における近年の通信技術の影響は小さくない。たとえば、日常生活における「許されたもの（ハラール）」か否かの判断、またはハディースによる解釈などは、従来の権威だけでなく、今日ではインターネットで回答を得られたり、ムスリムに改宗する場合であっても、オンラインで証人を募り、改宗が成立するなどの状況が発生している。

　では、ムスリムのネットワークの背景にあるものは何であろうか。第3章で詳しく扱うが、社会関係資本の型を示した研究で示される「結合」と「橋渡し・弱い紐帯」を用いてみてみよう[52]。前者の「結合」とは集団内部で生じる関係性である。後者の「橋渡し・弱い紐帯」は、異なる集団間における関係性である。「結合」として分類できる社会関係資本は、ムスリム同胞意識、端的に、ウンマの感覚とムスリム間における相互扶助が挙げられる。ウンマとは宗教に立脚した共同体のことで、ムスリムにとってはイスラーム共同体となり、それは国境とは関係なくグローバルなものとなる。出身国という枠組み（例：パスポート）は移民2世や3世が帰化することで制度上は絶対的な意味は失われるが、受入社会（異なる集団）から排除される理由がムスリムであると理解し、モスクなどにおけるムスリムの集まりで得られる知識と共通の拠り所としてのイスラームに依拠し、ナショナル・アイデンティティよりもムスリム・アイデンティティを強く意識するのである[53]。たとえば、トルコ移民の1世は、それほど強くイスラームを意識していなかったが、80年代以降に家族を呼び寄せ定住を開始後、欧州社会における道徳的課題を認識するようになり、さらに冷戦後の東欧諸国からの労働力流入に伴う労働者移民の冷遇によって、より強くムスリムとして覚醒する。

　他方、社会関係資本研究において、課題解決に重要といわれる「橋渡し」

型、あるいはゆるやかなつながりは、ムスリムが持つ多様なネットワークを解釈するために援用が可能である。上記のように、ムスリム間の結合が強化され、受入社会の行政や多数派などの公的な資源から分断される状況がある場合、異なる集団間を連結させる橋渡し機能を持つ人や集団の意味が大きくなる。たとえば、トルコ移民がトルコ国内と同じような人間関係や慣習によって日常生活を継続すると、確かに一定の安心感は得られるため大きな問題は起こらないかもしれない。しかし、グローバル経済・消費社会や、公的な教育機関および若者の文化などが、いつまでも不変であることを許さない。受入社会の公的機関はさまざまな行政サービスを提供することから、移民集団もそれらを利用し、必要な内容についてフィードバックが求められている。教育サービスは、その典型であり、母語教育や価値教育・宗教教育などの内容は、受入社会だけでは提供できない場合、移民集団に関係のある団体や個人からの協力が必要となる。そのため、受入社会と移民集団など異なる集団間における「橋渡し」が課題に対する取り組みに意味をもたらす。

ただし、受入社会が常に「橋渡し」を準備しているわけではない。欧州諸国全般として、近年は移民に対する否定的な反応が強まっており、移民政策総合指標（MIPEX）[54]ではトップに位置づけられたスウェーデンでさえも右翼政権が成立し移民政策の見直しが検討されている。このような「リベラル・パラドックス」下において、社会からの排除が加速されると、移民間のネットワークは強化され、共同体概念によってムスリムの結束（結合型社会関係資本）が強められる。本書の第3章第2節で示すとおり、すでに結合型の問題に、規範意識の強化は逸脱行為を極度に認めない圧力となる点がある。他者の定めたイスラーム教義の解釈のみが判断基準となった場合、解釈と実践の度合いに幅を持つはずのムスリム自身もその規範に束縛されることになる。また、イスラーム教育を実施する学校以外の団体にはテロ組織と関係する非公認の団体も存在し、そこでのみ受ける教育によって「覚醒する」可能性もある。

外国人労働者として自他共に認知したドイツのトルコ系移民のように、相互作用を起こしている一方の側から遮断されれば、受け入れは最小限に留まるか、まったく生じない。[55]そのため、ドイツ社会における外国人労働者に対

するラベリングが、ドイツ語習得、幼稚園への通園、また社会的・文化的に自身を統合するという移民の意欲と戦略にある程度影響している。グローバリズムに特徴的な「想像・創造する共同体」はイスラーム共同体としても解釈可能で、境界線のないつながりをムスリムたちは持つといえる。トルコにおいては、30年も申請し続けても進展しないEU加盟交渉への苛立ちと諦め、9.11以後に生じた欧米におけるイスラモフォビアに対するムスリム・アイデンティティ確立・強化の必要性とその共有、自国の経済成長とアラブおよび中央アジア諸国との拡大する経済的・心理的関係性による自信がその背後にある。

　宗教ナショナリズムは特定集団の形態を守る機能を持ち、制度的空間として国家の失策を民衆が穴埋めする一方で、民主主義や経済といった社会空間よりも家庭を第一に考える。今日、宗教的信条による同胞意識は情報通信技術に支えられ、自ら直接アクセスしてテキストを政治的に読み取るようになり、ムスリムにとっての聖典クルアーンは人と神の関係性の中ですべての信徒の平等を示すだけではなく、政治的に組織された信者の共同体概念として富の再配分も扱い、困難な時に耐える指針を多く示し、規範として実践を求めることから、トルコの伝統的「信頼」の価値を思い出すとともに、移民たちはムスリム・アイデンティティを強化する。

（4）教育研究としての扱い

　さて、これらの移民研究の拡大と融合に留意したうえで、移民とその社会統合を教育学から捉えるとどうなるのか。国境を越える家族や身内の間における紐帯やネットワークは、家庭の背景と学力の課題、家庭言語と教授言語の問題、学校と地域の連携、学校外の学習への影響、保護者からの教育ニーズなど教育学的にも重要な課題群と密接に関係している。そのため、移民を扱う教育研究から学際性を除くことはできない。ここでは、多様化する移民研究において教育研究の位置づけと扱うべき内容を確認してみよう。

　教育研究は社会全体の福祉と同様に捉え、システム全体を検討する必要がある。移住はしばしば労働移住、難民移住、家族移住に分けられ、欧州諸国では異文化間教育（多文化教育モデル）が重視されている。だが、移民の子

どもの教育ニーズはどうなのか、教育システム全体を変更させる必要があるのかを議論し、一般的にほとんどの国家教育システムが永続的になりつつある移民に対する福祉と統合を社会全体の福祉と同様に捉え、したがって教育においては統合方法と多言語的・多文化的社会に向けて準備することを必要とするのである。

　わが国の研究においても、日系移民やニューカマーの教育に関する研究蓄積は存在し（例：『移民研究』誌）、多文化主義的アプローチや寛容性の涵養など教育的配慮を伴う方向性を持った研究（異文化間教育、国際理解教育など）がある。その他、『国際移動と教育』として東アジアと欧米諸国における人の移動とそれに伴う教育を扱っており、移民の多様化・多国籍化、女性と子どもの増加、言語教育を含む学習機会について改めて課題を提示している。なかでも受入社会の公用語と出自語・文化の維持、子どもの学力、受け入れ側の意識改革が取り上げられている。

　本研究では欧州において近年、研究が蓄積されつつあるムスリム移民の教育により焦点を当てているため、欧州の教育システムすべての議論をするには限界があり、またあらゆる実践事例についても扱うことは困難となっている。とはいえ、ムスリム移民の場合、その数が地域的偏りを伴いながらも大きくなっていること、その状況が近年のイスラモフォビアの顕在化を背景にした上記のような「リベラル・パラドックス」の典型であること、イスラームへの帰着と実践のムスリム個人差が大きいため行政や公教育で扱うための一般化が困難であること、こうした点が移民の教育研究に新たな要因として考慮される必要がある。

　そして、本研究が挑戦するのは、多数派が占める受入社会にとって根源的に、あるいは感情的に、異教徒であるムスリムとの共存が困難かもしれないという前提を持つため、学校教育における教室という理想的な環境で行われるシンプルな国際交流や異文化理解だけでは解決しないことを認める点にあろう。すなわち、「形式的な」統合に必要な知識の蓄積とその応用が可能であるという理想的な環境を前提とした学校教育だけでなく、「実質的な」統合に向けた、受入社会においては正当化されにくい教育・学習行為であっても本人たちにとって意味を持つものであれば、積極的に評価していくべきと

考えるため、第3章で示すとおりノンフォーマル教育とその成果を重視する。ただし、欧州でよく知られているようにムスリム移民は異なるイスラーム団体・宗派に所属し、世俗化の度合いも異なり、欧州へ来た背景も異なる[62]ため、画一的なアプローチは過渡一般化へつながる可能性が高いことも十分に留意する。イスラーム教育などの教育・学習内容については、次の第2章で扱うこととする。

　本研究において、学際的手法を用いながらも、移民からの視点を重視した研究アプローチを取る理由は、教育研究において常に包括的な捉え方が重要である。比較教育研究において、「一般化」型と「差異化」型アプローチを統合する必要があり、その方法としては、「一般化」型比較教育学を主体として、自立教育システム理論を中核に据えつつ民族誌的アプローチ等をそこに組み込んでいくことが実り豊かになることが考えられるためである。すなわち、

　　「一般化」型比較教育学は、個別事象の比較による一般法則の発見→発見された一般法則の個別事象への適用という二つの要素をもちながらも、一般法則の確認に比重を置いている研究と総括することができる。他方、「差異化」型比較教育学は、(一般性)→比較による差異の発見とその歴史的形成要因の探求、または、日常性に潜む差異の発見→変更された一般性という形を取る。[63]

　個人と社会の変容を捉える時、常に現実の方が先行し、研究が現象を追いかけるだけの場合が少ないなか、研究が目指す普遍化・一般化だけでは不十分である可能性が存在する。本研究では一般化と差異化を分断して捉えるのではなく、一般化を念頭において差異化から取り掛かることで両者の往復を可能とする試みとする。

第1章のまとめ：ムスリム移民の教育研究には学際的手法を用いた個人と社会の変容を分析する必要がある

　人の移動はさまざまな背景や要因によって生じており、なかでも国際的な

移動については近年の移動コストの低下に伴って増大し続けている。ただし、この中には、政治的、民族的理由による難民や亡命者、経済的理由による出稼ぎ労働者、定住者の子孫など幅広い対象者が含まれている。そのため、本章では、本研究で対象とするムスリム移民で、定住化した元出稼ぎ労働者と呼び寄せられた親族、そして移住先で生まれた子どもに関係する研究内容について整理を行った。それらを通して、ムスリム移民の教育研究においては学際的手法がより求められ、ムスリム個人と集団・社会の変容を分析することが重要であることを確認できた。なかでも女性移民の増加に伴い、彼女たちが非公式なネットワークを移民側から見ることによって実質的な統合を扱うことができる点、先行研究によって示されたようにこれまで弱かった受入社会への取り込まれる様子を扱うことが可能である点、分析単位として個人とその社会関係ネットワークを扱い、そうした事例研究は意味が深い点、そして移民のイスラーム化プロセスにおける教育の役割について補完できる点が本研究の特徴となることを記した。

　これらの点を確認するため、本章の前半では、トランスナショナルな移民研究の変遷と動向について整理した。移民研究は多分野にわたり学際性が大きい。なかでも個人とそのネットワークとなるトランスナショナルな関係性に着目し、それらを分析単位とすることが、理論的にも、実践的にも意味の深いものであるという指摘もあることがわかった。特にムスリムを対象とする移民研究によって、国際化に対応する受入国家は規制緩和や開放の傾向を持ち、移民に関する制度整備や権利の保障を行うと同時に、他方では社会構成を守るため公的な統制を強化するという閉鎖性を伴う「リベラル・パラドックス」を比較的示しやすい。

　そして、グローバルな移民の動向として、人の移動傾向が加速しつつある現在の移民研究の際に必要な着眼点を確認した後、学問領域ごとの移民研究の扱いを示した。伝統的な移民研究から現在の研究の大きな違いは、今日の研究においては研究領域を越えた学際的アプローチが求められていることを記した。なかでも、「新たなリンク」としてネットワークを含む社会関係資本論の視点を用いて、国籍や民族といったやや大きな括りではなく、個人およびその所属・帰着集団を扱うメゾ・レベルでの分析の重要性を確認した。

また、トランスナショナル移住に関わる移民研究が細分化されすぎる傾向があるなかで、事例研究が理論的にも実践面でも意味が深いことも確認した。

　続いて、本章の後半では、ムスリム移民を対象とした研究を整理した。ムスリム人口の将来的増加を確認した後、学術研究としてグローバリゼーションに着目した鳥瞰的手法と、より具体的な国や地域連合体の中における移民の課題について扱った先行研究を見てきた。そして、トランスナショナル移民に特に特徴的なネットワークの拡大について、イスラーム規範による影響をネットワークとしても捉えられる社会関係資本論から整理し、国籍や民族的アイデンティティよりムスリム間における同胞意識が芽生えていることを指摘した。最後に、移民研究としての教育研究の扱う内容を改めて確認した。学校教育のように構造化された形だけでなく、「実質的な」統合を扱うためには、受入社会では正当化されにくい教育であっても本人たちにとって意味のあるものであれば扱うべきという点も確認した。これは第3章で扱うノンフォーマル教育と呼ばれる非公式かつ準定型的（時に非定型的）な状態で学習経験として蓄積される余地に留意する必要性を指す。

注

1　Portes（1999）。
2　伊豫谷（2005）。
3　宮島（2009）など。
4　Erzan & Kirişci（2008）。
5　Avcı（2008）。
6　内藤（1996）など。
7　OECD（2011: 15）。
8　United Nations（2000）。
9　Khadria（2008）。
10　イスラム系の移民が増えることにより、ドイツという国が消えるという論争も発生している（http://www.yomiuri.co.jp/world/news/20101202-OYT1T00258.htm　2010/12/2閲覧）。
11　たとえば、宮島（2011）は教育課題としてNGOの活動を挙げる。NGOなどの中間組織はほとんどの場合、メゾ・レベルの分析対象となる。

12　Brettel & Hollifield（2008）。
13　Castles & Miller（2009）。
14　同上。
15　たとえば、Lee, E.（1966）. A Theory of Migration. *Demography* 3（1）: 47-57. などを参照。
16　たとえば、Borjas, G.J.（1989）. Economic Theory and International Migration, *International Migration Review*, Special Silver Anniversary Issue. 23（3）: 457-485. などを参照。
17　Hollifield（1992; 1998）。
18　たとえば、Tayler, J.E.（1987）. Undocumented Mexico-US Migration and the Returns to Households in Rural Mexico, *American Journal of Agricultural Economics*, 69: 626-638.; Stark, O.（1991）. *The Migration of Labour*. Blackwell. などを参照。
19　たとえば、TKritz M.M, Lin, L.L., & Zlotni, H.（Eds.）（1992）. *International Migraion Systems: A Global Approach*. Clarendon Press. などを参照。
20　Bourdieu & Wacquant（1992: 119）。
21　Boyd（1989: 639）。
22　Masseyら（1998: 45-46）。
23　グローバリゼーションという過程を「近代世界を特徴づけてきた均質化と差異化の過程が、これまでの国民国家という一元的な境界を越えて浸透し、国民国家という領域性が崩壊あるいは変形しつつある状況」（伊豫谷 2002）とすると、従来の国民国家という枠組みだけでは不十分である。
24　Portes（1999: 464）。
25　トランスナショナル・コミュニティの最も古い表現はディアスポラである。トランス移住とは、移住にもとづくトランスナショナル・コミュニティへ参加する人々を指し、彼らには「社会文化的、政治的、経済的という3つの分野に少なくとも認識される変形が見られる」（Vertovec 2004: 971）。
26　Guarnizo（1997）。
27　Sassen（1991）。
28　http://articles.chicagotribune.com/2011-12-20/site/sc-nw-1220-global-christians-20111220_1_global-christianity-largest-religion-world-population および http://www.dailymail.co.uk/news/article-2077272/Christianity-largest-religion-world-despite-shift-away-Europe.html（2011/12/29 閲覧）。2012 年 4 月現在の CIA によるデータでは、ムスリムの人口比率は 22.43％であった（https://www.cia.

gov/library/ publications/the-world-factbook/geos/xx.html 2012/4/13 閲覧）。
29 Pew Research Center's Forum on Religion & Public Life（2011）The Future of the Global Muslim Population. Washington, DC（http://www.pewforum.org/files/2011/01/FutureGlobalMuslimPopulation-WebPDF-Feb10.pdf）を参照。
30 http://www.prb.org/Articles/2011/muslim-population-growth.aspx（2012/4/3 閲覧）。
31 Portes ら（1999）。
32 Massey（1987; 1998）。
33 Portes（1997）。
34 伊豫谷（2005）。
35 同上（2005: 40-43）。
36 宮島（2009: 9）。
37 同上（2009: 62）。
38 同上（2009: 212-216）。
39 Erzan & Kirişci ら（2008）。
40 Avcı（2008）。
41 Wets（2008: 82）。
42 同上（2008: 82-83; 93）。
43 Roy（2004）。
44 同上（2004: 10）。
45 アラビア語で「覆うもの」を意味し、頭部を覆うベール・スカーフ。
46 Roy（2004: 23-24; 28）。
47 同上（2004: 164-165; 191）。
48 内藤（1996; 2004; 2007）。
49 同上（1996: 117-120）。
50 トッド（1999: 246-250）も同様の指摘をする。
51 Kearney（1995: 558）
52 たとえば、Granovetter（1973）、Putnam（2000）、Field（2005; 2008）など。
53 これはムスリムに限らず、米国におけるアジア系・ラテン系移民でも同様である。
54 詳細は第4章で扱うが、Migrant Integration Policy Index（MIPEX）（http://www.mipex.eu/）は、British Council による報告書で、主に欧州諸国の移民に関する政策を指標化したものである。
55 プライズ（2008: 79）。
56 伊豫谷（2002）。

57 欧州へ移民を送り出してきたトルコは1983年以来、欧州連合（EU）加盟申請を続け、加盟交渉の際に必要とされたさまざまな社会改革を実施してきたものの（加盟交渉は2005年に文化や教育などの一部について開始されたが、一方的に停止された）、達成後に基準・条件が一部変更されたり、トルコより後に申請をした東欧諸国やキプロスに加盟実現の先を越されるといった状況にあって、国民一般にEU離れの傾向が見られる。

58 Friedland（2001: 134）。

59 ルヒテンベルク（2004: 31）。

60 江原編（2011）。

61 この意味においてわが国の高校教諭として社会科の実践と調査を行う松本（松本高明、2006、「日本の高校生が抱くイスラーム像とその是正に向けた取り組み ——東京・神奈川の高校でのアンケート調査を糸口として」『日本中東学会年報』第21-2号、pp. 193-214）の試みは注目されるべきである。

62 Daun & Arjmand（2005: 406）。

63 今井（1990: 25）。

第 2 章
ムスリム移民のおかれた環境

●アムステルダムのケバブ屋

先の第 1 章ではトランスナショナル移住に関する研究を概観し、増加するムスリム移民を対象とした研究についてもグローバリゼーションと多様な文脈に従った研究が必要であることを見てきた。教育研究としても移民研究には学際的アプローチが求められ、ネットワークとしての関係性を伴う個人と集団の変化を事例研究で扱うことが重要であることも確認した。そしてムスリム移民の場合は、イスラームへの覚醒が可能性として挙げられた。

　この第 2 章では、移民に関する研究の多くが受入社会の多数派の視点からなされがちであることも考慮し、よりムスリム移民の側から見た課題について整理を試みる。まず第 1 節において、グローバリゼーションによる影響の具体例となる、受入社会の多数派成員によるイスラームに対する反応を扱う。イスラーム嫌悪と呼ばれるその反応は、ムスリムを仮想敵と見なす動きとして欧米で広く見られ、90 年代後半には英国において議会でも扱われるようになり、2001 年の 9.11 事件以降はさらに強まる傾向を持ち、2016 年には過激な無差別爆破事件への反発など、事態はより困難な状態へと向かっている。ここでは、単なる嫌悪といった感情的な反応に限らず、不信や憎悪をもとに制度化された不平等や、そうした嫌悪にもとづく行為や経験が繰り返されることで法律や習慣が生まれることが大きな問題とされることを指摘する。欧州諸国において移民排斥を訴える極右政党が選挙で議席を伸ばしている状況は、その課題が人々の気持ちの中に大きく広がっていると考えることができる。それに対して、ムスリム側も自己防衛と自尊心を維持するために、宗教的拠り所を求める方向性が強くなってきている。

　本研究で扱うトルコの場合、長年かけても進展しない EU 加盟への道に諦めムードが広がり、欧州景気の不安定と通貨危機、また 2016 年 6 月下旬にはイギリスが EU から脱退する選択をしてより魅力を感じなくなったトルコ人や政治家も意見を表明するようになった。トルコ経済がアジア方面へ展開したり、ロシアとの関係がいくぶん改善されたことも影響している。日常生活との関係でいえば、90 年代に顕著になってきた新自由主義をはじめとする多層的な要因が経済格差を助長し、非公式の社会的支援も薄れてきたことから、本来的に資源分配を是とするイスラーム規範へ回帰することを望む者が増加してきている。

こうした欧州受入社会と母国トルコおよびイスラーム規範による影響を踏まえたうえで、第2節ではムスリム移民にとっての教育について扱う。ムスリム移民の場合に特に重要となるムスリムとしての人間形成の側面から、まずは欧州諸国、オランダ、ベルギー、ドイツ、フランス、英国などにおける教育課題について簡単に確認する。多くの場合、課題は統合の議論が社会的・政治的・経済的参加ではなく、教育においては言語に特化されがちであることを挙げる。たとえば、学校教育で扱われることの多い、異文化間教育や言語教育だけでは、移民の求める教育に対応できないだけでなく、不就学も増やしてしまう危険性があることを指摘する。その他、学校教育の実践においては、自己・宗教・民族アイデンティティや社会経済的背景を説明変数として用いることが少なくないことも留意すべき点となることを示す。それらを見るためには第3章で扱うノンフォーマル教育が最適であるものの、本章では従来の成人教育でどのように扱うことができるかを確認するに留める。

　そして最後に第3節では、トルコ女性移民にとっての教育・学習について、および彼女たちの置かれた状況を3つのレベルで整理する。第1章でもトルコ移民一般を扱った研究を見たが、ここでは中でも女性を対象にした先行研究を確認する。まず、イスラーム教育についての研究を見た後、トルコ女性移民に特化した研究について、ジェンダーおよび社会関係資本から分析したものを紹介する。しかし、それらの多くが自由の獲得あるいは女性解放を1つの価値判断として用いていること、同胞トルコ人研究者によるものも、トルコ国内の都市部とへき地の間に見られるオリエンタリズム的視点が存在することを批判的に整理する。さらに、スカーフ着用などが、女性を抑圧し、過激なイスラームであるというシンボルとなっている点、同時に女性たちは出身地の文化的慣習に従うことに疑問を持たないことが望ましいという文脈に囲まれている状況を説明する。それらをまとめ、彼女たちは受入社会、移民コミュニティ、家族・親族の3つの影響を受ける状況下にあることが示される。

　そうした先行研究では移民それぞれの差異をあまり重視していないことを本研究では反省的に捉えるため内発的発展論も参考にし、より差異化を意識して進めることとする。すなわち、一般化されたイスラームという1つの共通価値を持つ単一集団として扱うことの危うさを示し、個人の学習プロセス

により着目する必要があるにもかかわらず、移民自身が自らの意図で宗教実践あるいは学習参加を行うことを注意深く扱うまで研究蓄積がない点を反省的に捉えることとする。

1. イスラモフォビア：ダイナミックな課題

(1) イスラモフォビアとは

　イスラモフォビア（イスラーム嫌悪：Islamophobia）という用語は、フランスにおける「ユダヤフォビア」のように特定の外国人に対する嫌悪感・悪感情を示すものと同様に使われてきた。そして 1996 年に設置された「英国ムスリム・イスラモフォビア委員会（The Commission on British Muslim and Islamophobia: CBMI）」が翌 1997 年に刊行し、英国下院に提出した報告書 *"Islamophobia: a challenge for us all*（イスラモフォビア：私たち全員の課題）"で使われ、欧州をはじめ米国でも広く使われるようになったと言われている。2001 年 9 月 11 日に起こった同時多発テロ以降は、イスラモフォビアがさらに強まる傾向が欧米各国で報告されているとして、2004 年に *"Islamophobia – issues, challenges and action*（イスラモフォビア－課題、挑戦、行動）"が発刊された。

　1997 年の英国 CBMI 報告書は、イスラモフォビアが排除（Exclusion）、差別（Discrimination）、暴力（Violence）、偏見（Prejudice）からなるとまとめ、イスラームに対して閉ざされた・開かれた視点を描写することで、イスラームが内的発展や多様性、対話のない一枚岩のものであるという前提に反論し、ムスリム社会と社会全体にとってイスラモフォビアが作り出す本質的な危機に注意を引きつけることを目的としていた。

　フォビア（phobia）は、「『(病的)恐怖、……恐怖症、……嫌い』の意の名詞連結形（研究社新英和辞典, 1981: 1588）」であるが、van Driel ら（2004）は、加えてイスラモフォビアには不合理な不信、イスラーム・ムスリムに対する恐怖・拒絶があると定義している。そして単なる外国人嫌いといった、不信や恐怖、憎悪の態度のみでなく、それらを元に形成される制度化されたイス

ラモフォビアとして、ムスリムとそれ以外の者の間に社会的な不平等を制度的に反映し、それを再生産するような法律や慣習が生み出されることが大きな問題であるとされる。

(2) 欧州におけるイスラモフォビア

　先進諸国へは移民などの形で流入するムスリムが増加し、2001 年のニューヨークでの 9.11 以降も、2004 年マドリッドでの列車爆破事件、2005 年ロンドン多発テロ、フランス全土で生じた暴動、デンマークで始まったムハンマド風刺画への反応等が国内ムスリムによって行われていると認識する各国民もいることから、イスラモフォビアは欧州において強くなる傾向にある。たとえば、欧州人種差別・外国人排斥監視センター（European Monitoring Centre on Racism and Xenophobia: EUMC）が 2006 年 5 月に発刊した移民の受けた被害に関する報告書によると、回答した移民のうち各国とも約 25 〜 40％が学校における被害を経験していることがわかった。

　これら近年のムスリムに対する態度が悪化する以前から、北欧諸国をはじめ欧州では伝統的にマイノリティ学校が認められ、私設のイスラーム学校にも公的資金が投入されているが、最近では欧州諸国の中で移民に対する政策の方針に変化が見られるようになっている。ただし、他方では若年層に対する教育と関連して、イスラモフォビアは人権侵害であり、社会的なつながりに対する脅威であるという認識も広がってもいる。

(3) 母国トルコにおける宗教ベクトルの増大

　グローバル化による社会的な格差が顕在化したと言われる現在、移民の出身国トルコにおいては、これまで宗教保守派は同国の世俗主義という国是によって「排除」されてきた。ここで、トランスナショナル移民が頻繁に帰省するようになった今日の母国を少し見ておく。それによって、欧州移民のイスラーム保守化がより把握できるだろう。

　トルコのイスラーム復興は、さまざまな研究において指摘されているが、反グローバリズムが政治的ナショナリズムに加えて、イスラームを基盤とする道徳的な異議申し立てとなり、選挙結果や学校教育における進路として

示されている。Held ら（2000）がいう拡張性（extensity）、強度（intensity）、速度（velocity）、インパクト（impact）がグローバリズムの特徴であるとするならば、今世紀においてはそれぞれが加速していることに疑いはない。イスラームという宗教的教義による「速度」、すなわち、その大きさと方向性を含むベクトルは、境界のないネットワークへ向う強い拡張性を持った動きを示している。

伊豫谷（2002）が指摘するグローバリズムに特徴的な「想像・創造する共同体」はイスラーム共同体に重複し、境界線のないつながりをムスリムたちは持つことを説明する。トルコにおいては、20年以上も申請し続けても進展しない EU 加盟交渉への苛立ちと諦め、9.11 以後に生じた欧米におけるイスラモフォビアに対するムスリム・アイデンティティの必要性と共有、自国の経済成長とアラブおよび中央アジア諸国との拡大する経済的・心理的関係性による自信がその背後にある。

現在のトルコ政権を担う親イスラームの与党はこれまで地道に選挙運動を行っており、その際、都市部貧困層に対する奨学金の提供など経済的支援を行ってきていた。また、その与党の前身だった政党は 1997 年に解散させられたが、地域で女性の社会参加および生涯学習を支援しており、市民活動として下からの結束作りを継続的に行っていた。その過程で、宗教と教育の重要性を共有知識として蓄えていったのである。普通学校より宗教教育を多く得ることのできるイマーム・ハティプ校への進学を求める保護者が同校を信頼するのは、ムスリムの義務としての教育機会の提供の他、男女別の授業が提供されていること、年配に敬意を表するなど道徳的であることが考えられる。

宗教ナショナリズムでは、特定集団の形態を守る機能を持ち、制度的空間として国家の失策を民衆が穴埋めする一方で、民主主義や経済といった社会空間よりも家庭を第一に考える。自ら直接アクセスしてテキストを政治的に読み取るようになり、情報通信技術がそれを支える。また、クルアーンは人と神の関係性の中ですべての信徒の平等を示すだけではなく、政治的に組織された信者の共同体概念として富の再配分も扱い、困難な時に耐える指針を多く示している。そして教義の実践を求めることから、トルコの伝統的「信

頼」の価値を思い出すとともに、ムスリム・アイデンティティを持つことで結束を強めることになる。

(4) イスラーム実践への支持

かつて政治と経済と文化は国家を単位とし、分類され、個別に考察されてきた。しかし、Walerstein（1991）は、経済的には世界を場として近代が形成されてきたが、政治と文化はナショナルであるとして近代世界システム論を展開し、「中心－周辺」階層構造の拡大再生産を予想した。だがそれらはすべてグローバルであると同時にナショナルであったと言え、また世界システム論は文化に対する関心が少なかったと言える[12]。また、中央から周辺に一方通行として影響が及ぶのではなく、たえまなく文化的相互関係が発生する[13]。

一般に、グローバリゼーションへの恐怖は、容易に偏狭なナショナリズムへと転換しうる。たとえば、反グローバリズムは、反米意識としてナショナリズムと結びついた[14]。そして、グローバリゼーションによって生み出される貧困のキーワードは「排除」であり、社会階層の再生産・固定化が顕在的になっていく。グローバリゼーションの時代とは、国家や家族を含めた想像の共同体[15]をたえず想像し、創造し続けることによってしか人々は共同性を維持しえないことが明確になった時代である。グローバリゼーションという過程を「近代世界を特徴づけてきた均質化と差異化の過程が、これまでの国民国家という一元的な境界を越えて浸透し、国民国家という領域性が崩壊あるいは変形しつつある状況[16]」とすると、トルコおよび欧州諸国はグローバリゼーションの影響を最も受けた国々といえる。

だが、グローバリゼーションの結果として移民の受け入れは時として負の側面が強調されがちな中、移民を多く受け入れている英国、フランス、ドイツのムスリムを比較研究したFetzerとSoper（2005）の結果は、一般からの支持は決して低くないことを示している。彼らは、3国において宗教的実践に対する一般の支持を示し（図2.1）、強い教育の世俗主義を持つフランスにおいては、ヒジャーブを被ることに対して否定的な考えが強いことを示す。しかし英国とドイツにおいては比較的認知されており、ドイツでは州によっ

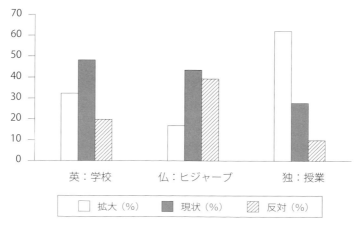

Fetzer & Soper (2005: 133) より作成

図 2.1　英、仏、独の学校における一般からのイスラーム実践への支持

て異なるものの、宗教の授業を確保すべきだという結果になっている。

　彼らのこの3国比較の方法には多くの限界があるが、3カ国のうち特定の国だけが極端に移民に関する対応が大幅に遅れている、あるいは一般市民がムスリム移民に対して強い反感を持っているわけではないことが言える[17]。これは、次の第3章で見る移民統合政策指標でも指摘が可能である。

2. 移民の教育課題と内発性

(1) 移民の抱える教育課題

　次に欧州における教育についても見ていこう。教育研究では、ルヒテンベルクら (2004=2008) は欧州と豪州の移民と教育政策の課題を取り上げ、本研究で主に扱うドイツについては計画された移住と無計画なそれが混合した好例であるとする (p. 28)。教育政策には受入社会への統合を前提とした対応が求められ、同時に移民の子どもの教育ニーズだけでなく教育システム全体をどう変える必要があるかを考えるべきとする。同時期に異なる空間を経

験するトランス移住が増えていることから、これまで以上に統合の前提を検討すべき時期にあっても、社会的、政治的経済的な参加について議論されることはほとんどなく、主に言語（ドイツ語）に矮小化されており、これは子どもと成人の双方に関して当てはまると述べる（p. 100）。彼らの研究は先駆的で、かつトランスナショナルな側面を重視した示唆に富む。この中で、受入社会の多数派を対象とした学校での取り組みについても扱われているものの、成人教育についてはほとんど扱われておらず、政治教育や言語教育、社会参加の重要性の指摘にとどまっていると言えよう。

見原（2009）は、オランダとベルギーの公教育におけるイスラーム教育の状況を比較した。その中心的テーマは欧州社会における非宗教性（世俗主義）とイスラーム教育の相克であるが、公教育における教育行為や制度について記しながらも、「ひとりだち」と示すように、公教育をムスリムの発達文化の一部にすぎないと指摘している点が本研究にとって重要である。また、欧州諸国の移民政策に関連して、上記両国の公教育制度の成立過程や背景を確認しつつ、イスラーム教育を受ける生徒自身またはその家族やコミュニティに対するイスラーム教育の影響について研究蓄積が小さいことも指摘している。つまり、自らの信仰にもとづく教育を受ける権利獲得や、学力向上の期待などの点からのみで、イスラーム教育がムスリム移民やコミュニティに与えた影響を解明できるものではないと述べる（p. 33）。

学力の点で、Söhn & Özcan（2008）は、OECD-PISAの結果がセンセーショナルに扱われたドイツのトルコ移民の学業と学歴についてまとめている。移民の子どもたちに焦点をあて、進路選択や学業成績においてトルコ移民の子どもは劣ることを示し、その背景として子どもにとっての移住経験の影響、言語の問題、保護者自身の教育背景を指摘している。同時に、学業成績に対して（宗教）文化的な影響はないともデータから結論づけている。また、トルコ・コミュニティの結束は連関する移住で強化され、道徳的な圧力となることを指摘した。言語習得の重要性を示すとともに、トルコ人保護者にはドイツの学校教育システムについての情報をさらに提供する必要があることも記している。

制度的な分析として、Fetzer & Soper（2005）が英国、フランス、ドイツ

の政策分析を通した比較しており、各国の状況を既存のデータベース、およびいくつかのインタビュー結果を用いて、次のような知見を得ている。すなわち、受入社会の市民が、女性である、高い社会経済的背景を持つ、高い教育水準である方が、イスラームとその実践に支持的傾向を示している。このことは、本研究で扱う女性ムスリム移民への対応や寛容と関連し、教育が影響することを示唆する。

　このように、移民の教育は重要であるとされながら、多くの教育研究は学校教育に注目し、たとえば異文化間教育などの多文化的アプローチを用いて学童期からの成果を上げているといえる。確かに学校教育は規範意識の育成など効果は高いが、移民たちの生活する社会は成長する子どもだけで構成されるわけでなく、大人の影響も強い。さらに、学校教育で学んだ内容が実社会においてそれほど有益でなく、むしろ自らの立ち位置を固定化する、あるいは個人の希望を抑える機能があることに、成人になってから気づくと学校不信になることもあろう。いずれの研究も、子どもを支えると想定されている保護者に対する教育・学習については、あまり積極的に扱っていないと言える。そこで指摘できるのが、学校教育の限界とそれ以外の教育の可能であるため、以下に続いてそれらを順に示していく。

●ベルリンのモスクに併設されるトルコのカフェ

(2) 移民の教育研究における学校教育の限界

　学校教育の文脈で移民に関する教育と研究では異文化間教育や多文化教育、あるいはマイノリティ研究で扱う文化とアイデンティティ、または社会統合が大きなテーマとして扱われている。たとえば、戦後ドイツへの労働移住に続く、移民の定住化に対応する教育課題の対処法として移民教育（Ausländer Pädagogik）概念があったが、その後の対処として多文化教育を展開し、現在は言語教育、政治教育、多文化教育、異文化間コミュニケーション、メディア教育が課題となっている。[18] それらの多くは移民の受入社会への統合を目的としており、対象となる個人・集団の形成の場あるいはその活動などは学校の外で発生することも少なくない。

　そうした研究の１つにアイデンティティに関する研究がある。たとえば、アイデンティティの複数の側面が内在化され、多くの場合、移民各自の内面においては整合性が成立しているとされる。だが、課題となるのは、その整合性が不成立かつ根源的な根拠にゆらぎがある時である。特にムスリム移民の子どもの場合、イスラームにおける存在論としての個人（ムスリム）アイデンティティと、受入社会の学校教育によって伝達される多元的価値観への寛容性などの概念が、相反する可能性も指摘されている。[19]

　Portes（1999）は、コミュニティにおける文化とアイデンティティについて、次のように指摘する。──１）文化的差異は民族境界の標識である、２）民族文化はコミュニティ形成の中心的役割を持つ、３）民族的均衡は「外国の乗っ取り」恐怖として多数派から認識される、４）多数派集団は、移民文化を静的で退行的と見なすため、言語・文化の保持は後進的で受入社会への適応拒否と映る。そして、民族文化の発展、個人・集団アイデンティティの安定化、民族コミュニティの形成は、単一プロセスの各側面であることを理解する必要がある。このプロセスは自ら満たされるものではなく、国家と多くの機関、移民の母国における集団、出自社会などとの恒常的な相互作用によるものである。そのため、移民のアイデンティティは動的で、多重である場合が多い。服装などのシンボルは部分的に民族の輸入された形態にすぎないと指摘する。

　もう１つ、学校教育に関連して移民の子どもに関する課題として多く取り

上げられるのは、多くの先行研究でも見られるような学力と社会的背景の関係である。教授言語と家庭内の使用言語が異なる場合に学力の低さが顕著であることが、2000年に開始されたOECD生徒の学習到達度調査（PISA）結果の分析からも欧州諸国で改めて広く知られるようになった[20]。そのため、移民に関する教育政策としては言語教育の強化、社会的低階層への積極的な資源投入などの施策を取るようになった。たとえば、ドイツは主要先進国の中でPISA結果が良くなかったため、2005年には移民法の改正の際、ドイツ語教育を成人移民に強く課し、子どもたちには補習の時間を充実させた。言語教育だけによる成果ではないものの、2010年12月7日に公表されたPISA 2009の結果では、これまでに比較し、移民を背景に持つ子どもの低学力の課題はわずかながらも改善されたことが報道された[21]。

しかしながら、次節で見るとおり、ムスリムの教育ニーズは必ずしも経済活動のためだけでなく、移民が多数派から排除される周辺環境下で求められる教育とはムスリムとしての成長を意味するものである。そうしたニーズを持つ保護者の割合が高いことは他の研究でも報告されており[22]、さらには高い失業率に不安を覚える保護者からのニーズに対してPISAのデザイン上、そのパフォーマンスが進路や就職に直結していないことからも、子どもに対するムスリム保護者の希望と提供される教育の間で乖離があると言えよう。確かに近年になって宗教科目の時間にイスラームを学校で設ける地域も増え、その担当教員が移民の背景を持っていたり、出身国から派遣されている場合も増えた。だがイスラームが知識の習得と実践の両者によって成立することから、学校教育の枠組みだけではやはり十分だとはいえない。

このように、アイデンティティに関する研究やコミュニティまたは家庭における教育行為の特徴から学校教育だけではムスリム移民の教育ニーズと成果は捉えきれないため、そこで重要になるのが、次の第3章で整理するノンフォーマル教育の視点である。ノンフォーマル教育とは、標準化・一般化されている教育とは異なり、学習者や地域の特性などの文脈によって柔軟に対応する教育を指し、しかしながら教育・学習の意図を伴うものである[23]。かつては多くの場合、学校の内か外かという分類でノンフォーマル教育は語られていたが、その重要性は地域開発や生涯学習などの包括的な分析が必要な場

合に特に大きく、移民研究のような学際性が求められる際には、有用である[24]。また、同様に第3章で整理するが、トランスナショナルな移民家族が滞在先や移住先において英語など標準化された言語を選択的に使用する教育戦略を持つなど、経済的動機と出身地と滞在先の地域と親族における社会関係資本が、移民の子どもの学力あるいは成人の就職に影響を与える。滞在先において低い社会階層に属する傾向がある移民の場合、セーフティネットとしての社会関係資本は、時にノンフォーマル教育に分類される特化した形での教育行為によって蓄積されることがある。そのため、通学義務がない移民の子どもや、学校に関わらない・関われない保護者が存在することからも、移民にとっての社会関係資本は学校教育の内か外かという条件によっては必ずしも左右されるわけではないといえる。

(3) 成人教育で求められる内発的な動機

　さて、ノンフォーマル教育の前に、本研究の主な対象者である大人の学習活動に関連して、成人教育の知見を取り上げてみよう。Knowlesら（1973;2011）は、成人教育学（アンドラゴジー）が、成人のための学習プロセスをより効果的にするためのデザインと実施を可能とする中核的な原理に位置づくとし、成人の学習の目的や目標と混同してはいけないとする[25]。そして、学習者の知るニーズ、自己認識、過去の経験、学習レディネス、学習の志向性、学習動機の6つの原理によってなり、教育現場や教育学の言説でよく注目される教育内容よりも、成人教育学はプロセスを重視すると主張する。特に学習者の学習プロセスへの参加については、デューイが示した経験と日常生活における課題との関係で学習が成立することと同様であると示し、教育学（ペダゴジー）と反目するものではないことがわかる。また、上記6つの原則の周辺には、課題・個人・状況の差異と組織的・個人的・社会的成長が相互作用的に影響することを示しており、状況や文脈に応じた学習プロセスが展開されることがわかる。これは、学習の成立前とその最中においても社会との関係、社会の影響が見られることを意味している[26]。学習の場は他の学習者と共同で、かつ強い圧力がない環境が良いとされる。さらに、自律的な学習が最も高位の段階にあるとし、これはたとえばOECD-PISA調査において自

己統制学習ができる生徒はパフォーマンスが高いことと同様であると言える。[27]

　成人が何かを学ぶ際、自らの周辺環境や課題に関係し、学習の準備や意欲などを持つ時に最も効率的に学習成果が上がるという点においては、そのプロセスは内発的発展論[28]で見られる学習と大きく重なる。すなわち、人々の基本的ニーズが満たされ、人間としての可能性を発揮できる条件を作り出すという人類共通の目標を持つが、達成経路と実現するモデルは多様であるという前提において、それぞれの人々が固有の自然生態系に適合し、文化遺産にもとづいて、外来の知識・技術・制度などを照合しつつ、自律的に創出する過程では、各人の学習動機や準備は個別化されている。このような状況では、特に成人の場合、自らの周辺環境の改善を求めて内発的に学習を行うのである。

　では、本研究で扱うトルコ女性移民の場合、どのような動機を持ち、いかなる環境下でそれを実現しようと試みているのであろうか。内発的発展論でも指摘されているが、半ば強制的に与えられた環境で外発的に方向づけられた場合には、彼女たちに残されている選択肢はどのようなものがあるのか。次節では、イスラーム教育を簡単に整理した後、女性移民に関する先行研究、そして外発的に求められている諸側面をまとめておく。

3. トルコ女性移民を取り巻く教育環境

(1) イスラーム教育とは

　イスラームとは自分自身を神に引き渡し、絶対帰依することを意味する。[29]ムスリムは、唯一神アッラーとその使徒であるムハンマドを信じ、神の言葉を記した聖典クルアーン（コーラン）とムハンマドが人間として語った言葉や行いが記録されたハディースに従って生きることになる。神によって世界と人間は創造され、ムスリムにとっての現世とは、本物の人生である来世のために課されたものであり、現世で死ぬ時には最後の審判を受け、現世で行ってきた善行と悪行が精密に秤にかけられ、その結果により天国または地獄へ送られるものと信じられている。そのため、ムスリムは神をおそれ、感

謝し、現世における生き方を正す努力をしている。

　クルアーンが書かれている言語であるアラビア語では、教育とは元来、知識、発達・成熟、身体的および社会的に健全な成長といった意味で捉えられ、しかし同時に、学校教育、教授、訓練、指導、躾という言葉の区別はない[30]。知識とは、神自身の特質であり、すべて神から与えられるものであるとムスリムは捉える。そして知識について特徴的なのは、知識は行動に移して初めて生きるという認識であり、知っていても実践しない場合は、その知識は役に立たないものとされる。たとえば、実践が求められる五行のうち喜捨[31]は、自発的な任意の金銭や物資の寄付行為になり、その運用として貧者などに優先的に配分される[32]。強い共同体の意識として、たとえばイラクで犠牲になったムスリムに対する同情を世界規模で持つ。

　また、知識を得るためには遠く中国まででも行け、ゆりかごから墓場まで知識を求め続けよと説く。このことから、ムスリムの求める教育は教科の知識でなく、イスラームの枠内とはいえ、学校の教育以外およびその期間後も続く生涯学習と全人教育的視点を持つことがわかる。そして神の前の平等と社会的弱者に対する支援を奨励することから、所属する社会や共同体との関係性も重視し、相互扶助の発想を教義に持つ。

　イスラーム教育において保護者が求める教育内容は、原則としてムスリムとしての成長を目指したものである。ムスリムの親は一般的に、その子どもに対する教育に熱心で、宗教上の義務であると捉えている。また近年グローバル化による多様な情報の流入がイスラーム規範を妨げると危機意識を持った保護者は、道徳的な大人に育ってほしいと願うようになっている。モロッコ、イエメン、ナイジェリアの3国で現地調査を行った人類学者Boyle (2007) によると、クルアーンの内容は生涯をかけて理解し実行していくものであるから、まず記憶することが重視され、親もそれを求め、学習者にとっては神の言葉を具現化する（embody）プロセスとなり、結果的に公教育が不足する場合のオルタナティブを提供することになる。また、記憶することだけでは学習は完結せず、記憶した内容は人生の指針となり、生涯をかけて実践していくことに意義があるとする。ムスリムの伝統的な学習方法を分析するBerkey (2007) も同様に、記憶することは道具であって、それで

終わりではないことを示唆している。

(2) 女性トルコ移民に関する研究

　程度の差こそあれ、こうしたイスラーム教育を求めるムスリム保護者であり、本研究の対象とするトルコ女性移民について扱った研究を整理しておく。女性・ジェンダーにより関係した研究においても移民研究は蓄積が増加している。ヨー（2007）は、安価な労働力あるいは再生産活動と結びついた家事サービスや性産業における女性移民を扱っている。男性が流動性を備えるのに対して、「女性は、グローバル化した経済の網の目においてはその行動がみえず、エキゾティックで従属的ないし被害者としてステレオタイプ化され、多くの場合、家庭空間で補助的役割を担う者とされている」[33]と引用している。これは暗黙に女性の役割が定められていることを示す。また、移民少女が英国的価値観に屈していないことを示すものとして「適切な装い」を維持するよう期待されている一方で、それがより大きな自由を獲得するための手段としても利用されていると論じる研究[34]も紹介している。つまり、イスラーム的衣服を着用する娘たちは信頼できると、同胞ムスリム男性から認識されるからである。

　在ドイツの男性トルコ移民がドイツ文化への同化を拒否する理由は、女性を制御することで名誉を維持するなどのトルコの伝統的かつムスリムの文化的実践を捨てされてないからであるとする Ewing（2008）は、トルコ文化における幻想としてのスティグマ化した男らしさ（masculinity）がベルリンにおいていかに維持され、喪失されるかを示した。だが、彼女の研究にはやや偏りがあることは否めない。たとえば、彼女はメディアなどの描写や記述をもとに論を展開しており、抑圧された女性の印象により関心があるようで、女性トルコ移民自身の声には限定的にしか触れていない。ただし、1990年代初頭にトルコの首都に所在するビルケント大学によって行われた現地調査では「イスラーム」実践とへき地トルコの慣習とを区分していないことを示し（p. 58）、トルコ国内の言説に含まれる、都市部トルコ人がへき地の風習をイスラーム的で後進的であると見なすオリエンタリズムを示唆している点は興味深い。

ベルギーへ婚姻のために来るトルコ女性移民についてジェンダーの視点から研究を行ったTimmerman（2008）は、トルコ移民が母国の出身地域から新規配偶者を呼び寄せる傾向が他国のように多いものの、呼び寄せる側（主に新郎）と呼び寄せられる側（主に新婦）との動機には次のような乖離があると指摘する。つまり、新郎側はベルギー育ちのトルコ女性移民は自由すぎる（too liberated）ため、母国からより好ましい女性を呼びたいと考える。その背景に受入社会で彼らが社会的に無視されたり、人種差別など困難な経験を持つうえに、受入社会は抑圧されたムスリム女性の方に同情的であることから、イスラーム主義の世界観に安心を感じることがあり、そのため女性の道徳を保護することに責任を感じやすいことを挙げている。他方、新婦となる婚姻移住の女性はトルコの強い規範やしがらみから解放されることを望んで渡航する。こちらの背景には、先に移住した女性からベルギーの社会保障などの充実した制度や女性の権利などについて良い、時に非現実的なほど良い期待を寄せていることを挙げる。このようなカップルは婚姻後の初期段階では問題が頻発することがよく知られているため、女性は出国前に知識を、男性はより教育を受けることが望ましいと提案している。確かに両者の齟齬について指摘どおりで、男性からの役割期待についても示唆に富むが、女性が解放されることを前提にした論考は、常に妥当性が高いとは言いがたい。

●ベルリンでアイスクリームを買うムスリム女性

英国とドイツにおける女性トルコ移民への聞き取りを行った Erel（2009）は、ドイツにおいては「ドイツ人かそれ以外か」という二分法が強いとし、欧州への女性移民は転置と近代化プロセスの受身的犠牲者であり、マージナルな存在として常に捉えられがちであると批判し、同時にトルコの家族から離れることを選択した若い女性にはその身内から排他的な処罰が与えられることを記述している。また、女性移民にとって有給の仕事を見つけることは社会的立場の確保を意味し、そうした技能を伴う職へのアクセスにはトランスナショナルな社会関係資本および文化資本が影響することを示した。中でも、移民コミュニティにおける多様性について指摘し、個別の民族的背景や政治的・社会的な性役割について、女性移民自身が持っていた技能を時に捨て去り、再構築することでアクセスや立場を確保していくことを示した。その事例として、地域におけるイベントや何らかの文化的資源について接することが、女性トルコ移民の居場所の確保につながっていることを示した。ただ、女性のエンパワメントとして重要な研究であるものの、その学習プロセスについては明記されていない。

(3) トルコ女性移民のシンボル化と役割期待

さて、社会的弱者に位置づけられる女性にとって、その社会参加を妨げる要因は一般的に、社会における不利な状況と母親や女性としての強い役割期待が挙げられる[35]。これは本研究で扱う事例でも同様であるが、ムスリム女性移民の場合、次のような3つの特徴があると言えよう。第一に、イスラモフォビアが強まるなか、社会の多数派にとってムスリム女性はスカーフなどによってイスラームのシンボルとして捉えられている。第二に、トルコ移民コミュニティ内において、イスラームの規範よる期待・圧力がかけられている。第三に、家庭の中では、家族から女性や母親の役割を求められ、自らは高度なドイツ語を解しないため、外部へのアクセスが制限されている。それらを順にみていこう。

まず、イスラームが過激で攻撃的であるというイメージが持たれがちな近年において、ムスリム女性の全身を覆って隠すブルカ、または髪の毛を見せないように額から顎までを覆うトゥルバンなどのスカーフは可視化されたイ

スラームのシンボルとなり、テロ行為などと関連して突発的な感情的嫌悪がぶつけられる対象となりやすい。たとえば、男性の顎髭は禁止されていないにもかかわらず、ムスリム女性はスカーフを着用したままではベルリンをはじめ多くの州で公立学校の教員になることはできない。また他方で、ムスリム女性は抑圧された存在であり、西洋の女性が歴史的に経験したように、彼女たちを解放することが受入社会の義務であるという立場も存在するが、スカーフ着用の意味には、受動的・選択的・宣言したアイデンティティと3分類が指摘されているように、自らの意思である場合も多く、スカーフを着用するか否かのみを扱う表面的な議論へ偏る危険性をはらむ。そのような言説環境下では、発言力を持たず、日常の宗教実践に重きをおく者は、同質的な集団への帰属意識をより強める。

　では、その同質的な集団であるトルコ移民コミュニティ内ではどうなのか。家族を呼び寄せた出稼ぎ男性移民の多くは、ドイツの「開放的な」生活環境が彼らの家族、特に妻と娘にとって望ましくないと危惧し、自身の高齢化による保守化傾向も加わり、イスラームの教えに反することを自ら避け、家族の者にもトルコの常識に従って生活するように求めるようになった。ドイツに拠点を持つ欧州トルコ移民の大きなイスラーム団体の中には、トルコ人アイデンティティを前面に押し出すトルコ政府公認のものや、よりイスラーム色を強く出すものがある。イスラームを拠り所とし、アラブ系、東南アジア系、トルコなどの国籍を越えて集まる様子は宗教共同体（ウンマ）で支えられているという評価もあるが、これらの中にはドイツでの生活には適さないままイスラームが説かれることもあるという批判もなされる。しかし、たとえばムスリムにとって男女が平等であることより、違いを認めて支えあうことが重要であるといった規範を問われると、女性移民にはそれを否定することは困難である。

　そして家庭内および個人レベルでは、特に夫や父親が失業や強い差別を経験するなどドイツ社会において困難な状況下にある場合、トルコ人男性としての役割や自尊心を維持するために妻や娘に対してより保守的になることがある。婚姻のためにドイツへ来たトルコ人女性は言葉もその社会の基礎知識も持たず、得られる情報はまず身内の者からとなり、外出を認められないこ

とになると、居場所は非常に限られることになる。しかし、トルコ人女性が中心となっている茶話会などの活動は、女性同士の集まりでは過ちが生じないという保証が得られるため「安全」とされ、家庭以外では唯一の居場所となることもある。

第2章のまとめ：ムスリム女性移民は外圧の中で内発性を捉える対象となる

　本章では、まずグローバリゼーションの影響として見られるイスラームに対する強い反応を扱った。イスラモフォビアと呼ばれるその反応はムスリムを仮想敵と見なす動きとして欧米で広く見られ、2001年の9.11事件以降はさらに強まっている。社会の多数派が持つイスラームに対する嫌悪、不信や憎悪といった感情的反応だけでなく、それをもとに、不平等、法律、習慣などの制度化および正当化が生まれ、同時にムスリム側にも自己防衛の反応を起こすことを指摘した。その自己防衛はイスラーム回帰として顕在化し、日常的にもイスラーム規範を重視する者が増えるきっかけとなった。制度上の形式的統合としては、法律などがイスラモフォビアをある程度制御できるが、移民と受入社会の多数派の実生活にかかる実質的統合の点では、当事者同士が直接に関係することが最大の解決と考えられる。

　そしてムスリム移民の場合、学校教育を越えたイスラーム規範への教育ニーズがより強まっていることも確認した。すなわち、イスラーム教育が必ずしも近代教育の提供する内容と完全な整合性が見られないことが示唆された。学校教育を中心とする教育だけではムスリムの求める教育や学習内容が提供されるわけではなく、また、イスラーム実践は個人差が大きく、一般化したうえで行政などの対応が練りにくいことも指摘した。序章でも示したとおり、ムスリムを一枚岩として捉えることの限界を意味するものである。

　最後に、特に本研究で扱うトルコ女性移民は、次の3つの影響下にあることが特徴として確認された。まず、受入社会のイスラモフォビアが強まるなか、社会の多数派にとってムスリム女性はスカーフなどによってイスラームのシンボルとして捉えられている。第二に、トルコ移民コミュニティ内において、イスラームの規範よる期待・圧力がかけられている。第三に、家庭の中では、家族から女性や母親の役割を求められ、自らは高度なドイツ語を解

しないため、外部へのアクセスが制限されている。ただし、女性同士がインフォーマルに集まり、情報交換の場となる茶話会は、男性からも「安全」と見なされ、これは女性が公に外出できる名目となっていることも確認した。これら3つの影響は第6章の考察で用いる視点となる。

　しかしながら、このような状況について、当事者でない私たちは「抑圧されている」などと安易に判断しがちであるが、彼女たち自身がそうした状況を望んで選択している場合も否定してはならない。確かに内発性という点において、本人たちの意志とは異なる状況が展開されていることも少なくないものの、その判断あるいは評価は本人たちが行うべきこととも言えるのである。同時に、自ら決定できる条件を持たず、本人の意図とは対立する状況の場合、いかに本人たちが限られた環境下で選ぶことができ、自らと周辺環境を変えていくかが本研究で扱う内容である。その変化のプロセスを、次章ではノンフォーマル教育と社会関係資本を用いて説明する。

注

1　Gottschalk & Greenberg（2008）。
2　厳密には「phobia」とは「a lasting abnormal fear or great dislike of something」であり（Oxford English Dictionary, 1994）、不合理な不信、ムスリムの宗教およびムスリム（と見なされる）者に対する恐怖あるいは拒絶として定義する（van Driel 2004: x）。
3　永田（2005）によると、欧州諸国では反社会的行動を取らない限り、信条と結社の自由が認められ、学校設置も可能な場合が多い。
4　Ramberg（2004: 105）。
5　Çnar（2005）、Kaplan（2006）、Baran（2008）、粕谷（2003）、澤江（2005）、内藤（2007; 2008）等。
6　大きさと方向を持つ。力、速度、場の強さはベクトル量だが、距離や速さはスカラー量。
7　Arat（2005）。
8　性教育について、どのような道徳観を持つか不明な者からの教育を受けることを好まないため、学校教育では男女を隔離し、同性による教育環境が望ましいとムスリム保護者は考える。

9 すでに、これは 1947 年から 49 年にかけてトルコで初めて複数政党制が導入されることになった際、宗教教育を必要とする理由であった（Mardin 1977: 288）。
10 Friedland（2001）。
11 たとえば、井筒訳（1957: 93; 129; 157; 191; 219; 276）、同（1958a: 77; 79; 105; 172; 184; 285; 292）、および同（1958b: 23; 76; 138; 188; 215; 228; 291）等。
12 伊豫谷（2002）。
13 ハナーズ（1991）。
14 たとえば、移民の母国トルコでも強くなり、反米感情は上昇し、世俗主義が低下した（http://pewresearch.org/pubs/623/turkey および http://www.pewglobal.org/2007/10/25/turkey-and-its-many-discontents/2009/1/10 閲覧）。
15 Anderson（1990）は、共通の言語を持つ者同士がイメージとして持つ想像された政治的共同体を国民と定義するが、本論では宗教ナショナリズム（Friedland 2001）で扱われるムスリム・アイデンティティがグローバル化によって強化されていることを考慮するため、親族を含むムスリムたちが持つ共同体意識をここでは意味する。
16 伊豫谷（2002: 107-108）。
17 その他、ドイツ古都ケルンで最大のモスクが建築される計画が明らかになった際、2008 年 9 月 19 〜 21 日には右翼団体が「反イスラム化会議」を計画した。集会当日には、約 4 万人の市民と警察が、参加のために到着した右翼団体たちを駅から会場まで移動できないように、「妨害」を行ったことがある。
18 ルヒテンベルク（2008: 93-128）。
19 たとえば、イスラーム教育を提供する側からは早期就学前教育に対する不安もある。
20 OECD（2001; 2006）。
21 http://www.kmk.org/presse-und-aktuelles/meldung/pisa-2009-deutschland-holt-auf.html（2010/12/13 閲覧） http://pisa.dipf.de/de/de/pisa-2009/ergebnisberichte/ergebnisberichte（2010/12/25 閲覧）。
22 IHF（2005）。
23 Rogers（2003）; Maruyama（2009）。
24 たとえば、少数派の子どもに対する言語教育は言語の運用能力のみを開発するのではなく、子どもをエンパワーすることになる。詳細は次を参照：Cummins, J.（1986: 18-36）。また、学校内で使用される言語をすべて教育行為の中に取り込もうとする動きについては、次を参照：Council of Europe Language Policy Division（2009）。

25　Knowles, Holton & Swanson（2011）。
26　Jarvis（1987）。
27　OECD（2004）。
28　「内発的発展論は異なる地域におこりつつある、方向性をもった社会変化の事例に基づいて、抽象度の低い理論化から出発しようとする試みである」（鶴見 1989: 43）が、その思想は多元的発展観を持ち、その経路を切り拓くのは地域の小さき民であるとする。
29　「イスラーム」「クルアーン」「ハディース」については牧野（1996）を参照のこと。
30　Halstead（2004: 519-522）。
31　信仰告白、礼拝、断食、喜捨、巡礼。
32　たとえば、断食月には、毎日の礼拝が終わる時間帯に食事が無償で振る舞われる。都市部では大きな公園に大人数が着席し、食事ができるテントが張られる。
33　Yeoh, Huang & Willis（2000: 151）。
34　Dwyer（2000）。
35　Stromquist（1995: 13-22）。
36　Çnar（2005: 75）。
37　見原（2009: 10）。
38　たとえば、トルコ系ドイツ人女性の裸体が掲載された男性誌（『PLAYBOY』2011年5月号）では家庭教育からの自らの解放のためと記され、移民間で議論を呼んだ。
39　Peek（2005）。
40　トルコ政府公認のDiyanetはトルコ人アイデンティティを重視し、かつてトルコで認められなかった経緯を持つMilli Görüşはイスラーム教義を重視する（Yükleyen & Yurdakul, 2011）。
41　Ozkan（2011）。
42　Islamischen Föderation Berlin代表Burhan Kesici氏は、トルコと関係の強い団体やイスラームを最優先させる団体はドイツの現状や文脈に疎く、必ずしも適切な指導ができていないと指摘した。
43　男女の違いを認める点について、服部（2001）を参照のこと。
44　Ewing（2008）。
45　Timmerman（2008）およびミール＝ホセイニー（1999=2004）も参照。

第3章

ノンフォーマル教育および個人と集団におけるその成果

● ノイケルン区庁舎前の
　ベルリンベア

第1章および第2章は本研究の対象に関する先行研究を扱ってきた。この第3章では、その対象を見る視点を整理する。いよいよ本研究の分析枠であるノンフォーマル教育（第1節）と社会関係資本（第2節）について述べる。

　生活や仕事の中で必要とされる知識や技能を身につけること、あるいは自らの興味・関心を満たすことは、本人にとって意味のある学習行為となる。そのため、設備や制度といった外的要因ではなく、学習者を中心とした、その内発的な動機に柔軟に対応する教育あるいは学習行為に焦点をあてることは重要である。その重要性を説明する際に、ここではノンフォーマル教育（NFE）という教育の捉え方を用いる。そして、NFEの成果として、個人においては何かを獲得し有能感を持つこと、個人と集団においては社会的な意味のあるつながりが挙げられることを扱う。

　そこでまず第1節では、NFE研究のレビューの中で、その用語の意味が幅広く、さまざまな場所で曖昧に使われてきたことを確認する。そして、教育・学習活動が学校の外側あるいは内側で行われるかがNFEであるか否かを判断する、一般的に考えられがちな二元論的規準ではなく、文脈に依存する度合いによる連続体としてのフォーマル性およびノンフォーマル性をRogers（2004）の議論から示す。また、インフォーマルな学習については、教育・学習における相互作用や行為が高度に個別化されており、構造化されていないという点で、NFEとは異なることも明確にしておく。その上で、NFEの動態を把握する枠組みについて、最新の研究成果を示す。

　そのNFEの成果としては、個人にとっては生活への意味づけであることを確認する。それは自身の能力開発や、識字修得による情報アクセスの拡大、経済的メリットなどが考えられるものの、決して個人のためだけの内向きな動機によるものではない。つまり、他者の存在があり、他者との関係性によって自らの存在意義や居場所の獲得、そして他人から認められる有能感や自尊心などによってエンパワーされることが大きな成果の1つであることを述べる。集団にとってのNFEの成果は、学習者が所属する集団と関係する社会にとって広く利益をもたらす公共性の側面が指摘できる。社会参加の形態には3つの段階があり、すなわち、ただその場にいる存在としての参加、他の者が用意したものに加わる参加、そして最も高位な形態は自ら制御でき

る参加である。社会的に周縁化されがちな移民は、当初は周辺から参加を始めるが、次第に中心あるいは自らが中心的存在となり、他の者と協働するようになる。

　その他者との連携や関係性についての分析枠が、本章の後半である第2節で扱う社会関係資本である。本章では社会関係資本研究の経緯や背景の他、分析枠として用いる際の限界にも触れ、NFEとの循環についてまとめる。社会関係資本は社会の中で培われるもので、相互作用的である。それは、成員である個人とその所属する集団にとっての利益となるだけでなく、時に直接には関係しない者や集団に対しても利益を生む。だが他方で、成員と所属集団の利益のため、集団に所属していない者に対して不利益をもたらす側面もある。形態として結合型か橋渡し型に大別され、焦点となる関係性（ネットワーク）をどの水準で捉えるか、測定のためには公式・非公式情報、特に急速に発展するネット社会における情報の流れなども射程に入れる必要がある。その源泉に着目するのか、結果に着目するのかによって、社会関係資本の定義と測定手段は異なるものの、大まかな概念は以上のような特徴を持つことがまとめられる。具体的な概念として取り上げられる規範や信頼などの社会関係資本は、公教育で最も効率的に生産される上に、さらには生涯学習の範疇である社会生活やレジャーなどから結果として得るインフォーマルな学びの成果としても、個人と集団の中に蓄積されることも留意したい。

1. ノンフォーマル教育とは

(1) 正規・公式（フォーマル）教育との相違と類似

　ノンフォーマル教育（NFE）という用語は、米国の経済学者クームスが記した"The World Educational Crisis"[1]で取り上げられ、幅広く使われるようになった。クームスらはNFEを「（教育活動として）独立して活動しているか、なんらかのより広い活動の重要な一特徴としてであるかは問わず、制度化された定型型教育（formal education）の外部において、一定の学習者集団と学習目的のために役立つことを意図している、組織化された教育活動」である

と定義した。NFEの議論は1980年代には一度下火となり使われなくなったものの、改めて使われるようになり近年では「フォーマルな組織の外で行われる体系的学習のさまざまな形態」を指し、それは「半構造的で……学習への計画された形式的アプローチによる……フォーマルな教育ならびに職業訓練のシステム内で認められていないものよって構成される」と言われる。

　つまり、学校教育の枠外において、正規ではなくてもさまざまな組織が、ある程度デザインされた状態で提供する教育をNFEと呼ぶことができることがわかる。また国際協力の場では国際的な教育イニシアチブの影響によって、「今日では成人を対象とした学習プログラムというより、通学していない子どもたちを対象としたオルタナティブな初等教育を意味する」ことが多いのも事実であるが、実際には初等教育段階の教育内容を提供する場に成人が参加することも少なくない。学校が存在しない、あるいは学校だけでは対応できない場合において、NFEは強みを発揮している。他方、課題として頻繁に取り上げられるのは、正規の学校との単位・修了証などの互換が限られていること、教員や設備の不足によって教育の質保証が困難であること、教育内容にかかわらず保護者も正規の学校に通わせることが重要だと捉えがちであることなどが挙げられる。

　一般的に、教育は学校教育を指すことが多い。その中で教育行為には教える側と教わる側という二者の存在が想定される。しかし、教える側が常に大人である教師で、後者が子どもである生徒とは限らないことは、すでに多くの場で指摘されている。また、学校に通う児童生徒は学校の中でのみ学ぶわけでもない。学校教育と学校外教育という分類もなされることもあるが、子どもたちが実際に学ぶ場所は学校に限らず、特に生活世界の中で学ぶことの方こそ、教育・学習の最も意味のある成果になることが考えられる。これは大人についても同様で、仕事や生活の中で必要とされる技能を身につけることは、学校体系における教科教育の内容とは関係が薄いとしても、本人にとって意味のある学習行為となる。したがって、設備や制度といった外的要因ではなく、学習者により焦点をあてた、そのためより柔軟に対応できる教育あるいは学習行為を取り上げることは重要であろう。

　まず確認しておくべきは、今日、NFEが意味するところは、まったく曖

昧で、国内外のNFEには小規模な集団における教育活動から大規模な国、あるいは国際機関によるプロジェクトなどにおいても使われる用語でもあるという点である。一般的に、公的認証制度を伴う学校教育や国民統合のための公教育など、フォーマル教育が標準としてみなされるため、あるいは正規のフォーマル教育としての学校教育が教育の中心として語られることが多いため、どのような方法を用いてもNFEは標準の教育形態とは見なされない。つまり、NFEとはフォーマル教育の分岐した形態の1つにすぎず、一般的にそれはフォーマル教育より劣っていると考えられた。たとえば、"non-formal"という表現で示されるとおり、フォーマルでないこと、形式がないこと、権威づけないことなどを連想させる。しかし、教育学としてみた際のNFE研究のもたらす重要な点とは「非フォーマル性」の概念、すなわちその柔軟性である。柔軟性は、開発と教育に関わる議論の当初からNFEの中心にあり、Coombsら（1973）もNFEには新たなニーズに対して迅速に対応する能力があることを指摘していた。

　しかしながら、単純にフォーマル教育と解釈される学校教育も、今日すでに単一の定義によって理解されるものでもなくなっている。学力に関する国際調査の結果などによって、国の内外問わず学校教育に関する教育改革が必要とされ、それらで求められる教育の目標は、コミュニケーション能力、批判的思考、道具を活用することを含めている。従来型ともいえる教室での一斉授業や、学習者が受身の状態で話に耳を傾ける（振りをする）ことでは、そうした教育目標を達成することは困難である。また、日本においてはコマ数としては減少したが、総合的な学習の時間の意義を認める先行研究も少なくなく、文部科学省においても推進する「持続可能な発展のための教育」に関する実践事例などを見ても、教科教育における一斉授業でのみ学習が成立するとは限らないことが明白となっている。さらに、すでにシュタイナー学校など、オルタナティブ教育を行う学校が海外では決して小さくないプレゼンスを持ち、日本国内においても一般的な認知が増加傾向にある。このように、学校教育でさえ現在は多様化しているのである。そして、学校内で行われる教育に加えて、課外活動やデュアルシステムによる就業経験、また卒業後の職業教育や実地訓練（OJT）、地域における成人と子どもの持つ学習機会など

を、教育機能という点からみると、生涯学習が世界的にも注目される[14]ことからも、正規の学校教育という枠組みだけによるフォーマル教育で、学習者の教育または学習活動は完結するわけではないと言えるだろう。

(2) 境界線の消滅と連続性

すなわち、従来のように、フォーマル教育とノンフォーマル教育という両者を二項対立と見る二元的モデルでは、特に学習者を中心にした場合、もはや今日の教育活動について正確に描写することはできない。なぜなら、両者を別々に発達させるのではなく、NFEとフォーマル教育の間に橋をかけることは、世界のいたるところで重要な目標となっている[15]ためである。そこで、学習者の置かれた学習の「フォーマル性」の度合いを示すRogersの示した連続体(図3.1)は注目するに値する。

Rogers（2004: 260）より著者作成

図 3.1　教育のフォーマル性とインフォーマル性を極とする連続体

ある教育行為もしくは相互作用が、個人の参加によってまったく影響を受けない場合、それは参加者の属性やその場または時間との関係が薄いため、その文脈(context)から距離があると考えられ、この図の中で「脱文脈化」した行為・作用と表現することができる。他方、文脈に高度に依存する、すなわち、参加者個人や条件に大きく影響を受ける場合は、「文脈化」しているといえる。そして前者を「高いフォーマル性」、後者を「低いフォーマル性(＝インフォーマル性)」に特徴がある教育行為・相互作用と表現することができる。そしてNFEはその両極の間に位置し、文脈に応じた柔軟性、ある程度の普遍性や規則性、適度なフォーマル性を持つ行為・作用となる。

極端な例を挙げるならば、化学実験の授業は生徒が1人欠けていても成立

し、実験内容や進行手順には変更がないため、極めて脱文脈な状態と言える。しかし、化学の理論に関する授業において、教師のある発問に対する生徒の回答は生徒の背景や理解度などによって大きく異なるため、それだけ文脈化されていると言える。さらに、教師の指示や授業内容とは関係なく、生徒が自ら10円玉にソースをつけて還元の実験らしきものを行った場合、それはその生徒の関心と周辺環境、タイミングなどに依存するため、高度に文脈化したものである[16]。

ただし、インフォーマル学習・教育とNFEの違いについては少々明確にしておく必要があろう。インフォーマル学習は高度に文脈化された小規模の個別化された学習プログラムなどによる仕事志向（task-conscious）の学習を意味し、多様な仕事・作業において偶発的に発生する学習である[17]。そのため、「フォーマル性」という点からは、NFEは文脈に対して構造化されており、参加者も構築する、あるいは変化させるために一定の構造が必要になる。他方、インフォーマル学習はさらに個別の文脈に対応し、教育目標などの意図を持った教育行為となり、意図せず学習する（時には学習したことさえ意識されない）ことになる。

このように、「フォーマル性」の度合いに着目すると、確かに分析の視点が学習者個人を対象とするミクロになりがちであるが、学校内外という区分に加えてより多くのことを観察できる。もともと学習者は個人の内面で、一部を除き、知識と技能を教科別または学習コース別に分けて整理しているわけではない。実際には比率や側面の違いがあっても、多様な知識と経験を有機的につなげて技能として発揮することからも、こうした動的な連続体の分析枠は有益である。生涯学習という言説が主流になるなか、成人教育は国際社会ではすでに重要ではないと思われがちで、たとえば国際プロジェクトなどの予算は減少傾向にあるが、現場での様子を見ると重要な役割を担っていることからも[18]、学習者と学習環境の状況を加味できる。こうしたNFEの視点は重要であることがわかる。

（3）ノンフォーマル教育における認証と動態

前節における「フォーマル性」の度合いは、教育・学習の形態がいか

に定型的であるか・脱文脈化されているかが、主たる分析視座であった。UNESCOなどにおいて国際教育協力に関係する研究では、NFEは重要な教育として捉えられており、たとえばNFEには3つの役割があるとされる。すなわち、i) 学校教育で扱う内容を豊かにする補完、ii) 学習経験が損なわれた時の代償、そして、iii) 多様な学習機会としてのオルタナティブ性である。また、学習の形態を概念的に捉える分類として、フォーマルか否か、構造化されているか否かで、NFEと学校教育の違いは整理されている。NFEの議論において多くは、このように教育・学習の形式について扱われることが多い。

　しかし、「formal」には公式・正規の意味合いも存在する。たとえば、日本の政府開発援助を実施する機関である国際協力機構（JICA）は、NFEを「正規の学校教育制度の枠外で組織的に行われる活動。学校外教育。フォーマル教育（学校教育）が初等教育の完全普及を達成できていない現状に対応するため、すべての人の基礎教育ニーズを補完的で柔軟なアプローチで満たそうとする活動」と説明している。教育・学習の正当性について、特に学校へのアクセスが存在しない途上国においては認証の観点が重要になるのである。

　そこで、丸山と太田（2013）は、形式として定型的か否かを横軸とし、認証されているか否かを縦軸にし、NFEの実態を図3.2で示す4象限で概念的に整理した。ここで重要な点となるのは、次の2点である。まず、政府や公的機関から認証され、かつ教育実践が定型的・脱文脈化な場合が第Ⅱ象限となり、学校教育として位置づけられ、残りの第Ⅰ象限、第Ⅲ象限、および第Ⅳ象限は、すべて「ノンフォーマル教育」と呼ぶことができる点である。第Ⅰ象限は、学習者・参加者の希望や場所・時間などによって柔軟に対応が可能な文脈化された学習活動となり、ただし公的機関から認められた活動である。たとえば、参加型学習が該当する。第Ⅲ象限は、日本では「一条校」ではないために認可されていないインターナショナル・スクールあるいは塾などの学校の形態とほぼ同じである場合が該当する。第Ⅳ象限では、自主夜間中学校や徒弟制あるいは学習サークルなど参加者のニーズに対応するが、認証されていない学習活動となる。

　もう1つの重要な点は、方向性である。ある瞬間では、第Ⅱ象限にある学

丸山・太田（2013: 41）より引用

図 3.2　公式性と形式性によるノンフォーマル教育の分類

校教育でさえ、課外活動や校外研修などによって第Ⅰ象限である柔軟な活動を含む。インターナショナル・スクールも、日本の行政府からは認証されていないだけで、国際バカロレア資格など日本以外の政府からは認められていることから、欧州の学校からは第Ⅱ象限となる。[23] さらに、第Ⅳ象限の活動が、第Ⅰ象限として認められる例としては、政権交代によって教育活動が認可されることが挙げられる。[24] 保護者は学校教育とのジレンマを抱えながらもホームスクーリングのように米国の州によって認可が異なることもある（認可されれば第Ⅰ象限であるが、認可されない場合は第Ⅳ象限となるが、第Ⅰ象限への動きが見られる。[25] ムスリムの礼拝所において宗教教育の機会を学校の外で提供する場合、内容や教育方法は定型化していることも多いことから第Ⅲ象限となるが、礼拝所の中でも規模の違いや普及段階で第Ⅳから第Ⅲへの移行期であることも分析可能となる。[26] また、インドネシアやトルコのように教育省が宗教教育を公式に認可している場合、学校によるフォーマル教育と同様として第Ⅱ象限として見ることができるが、どちらも政権交代と保護者からのニーズを反映させた結果であることも把握できる。さらに、その活動が認可されている場合、本来的には第Ⅲ象限の活動を扱う NGO による教育は、第Ⅱ象限と同じ「国民教育」を担う機能を持つこともある。[27]

　以上のことから、NFE 研究には、i）その学習・教育活動は定型的か否か、ii）誰が・どの視点から承認しているか、そして何よりも iii）常にその動態に留意が必要である。このように、研究アプローチにも柔軟な態度が求められるため、ある調査時点では固定した実践であっても、その後の社会や参

加者・学習者の変化から、別の分析や解釈が可能であるという、フィールドワークなどの研究手法と同様の困難とダイナミズムが伴うことがわかる。[28]

　次節では、このように多様かつ動的な NFE 自体ではなく、NFE によっていかなる変化（成果）があったのかを捉えることに注目し、個人および集団における学習成果をみていこう。

2. ノンフォーマル教育からみる学習の成果：個人のエンパワメント

（1）学習成果とは

　学習成果には、個人の能力と集団における関係性の構築が挙げられる。まず、学習者個人が獲得するものには、教科教育におけるテストの点や修了書といった特定能力の証明の他、近年の国際調査や教育研究において注目される「非認知面（Non-cognitive aspects）」として他人に認められることによる有能感や包括的な幸福感などが含まれる。

　幸福感とは、京都大学研究チームの暫定的な設定によると、有能感、生命感、達成感の3つのベクトルの合力とされる。[29]彼らは、知ることやわかることによる知識と、動作などができる・道具などが使えるといった技能を獲得することによって、自分自身が何事かを成すことができることを「有能感」とする。ここに、知能、学力・コンピテンス、自尊心、優越感、達成感、満足感などがこのプロセスを表すことになる。「生命感」とは、家族、社会、自然などとつながることで、生きているという感覚を持つことを指し、親和動機、関係性、社会性、自然観、宇宙観などが関わる。そして「達成感」は、「有能感」と「生命感」という2つの感覚を発展させ、その行き着く先に、何事かを成し得ることを指す。これら3つの感覚すべてが「幸福感」には必要で、どれが欠けても不全であるとする。

　他方、集団に蓄積されるものは、先の個人が獲得する「生命感」と関係するが、他者とのつながりが挙げられる。これは次節で扱う社会関係資本となり、その橋渡し型には、信頼（およぼす信頼の範囲：radius of trust）、協力、ネットワークがある。また、個人と集団の両方に関わるエンパワメントは、

結合型社会関係資本と深く関連する。

　ノンフォーマル教育（NFE）には、構造化された教育環境下だけでなく、日常生活においても経験から学ぶことまで、学習者にとって意味のある学習が含まれるため、「幸福感」を高める結果を生む学習は多様であり、必ずしも普遍的ではないものの、次のような循環が想定される。つまり、NFE に関わる学習者とその集団はある程度の社会関係資本を所有・共有しており、学習やその関係性を通して、社会関係資本をより蓄積する。そして、それがさらに NFE による学習を促進する。

　たとえば、学校では平均的な学業成績で卒業し、ホワイトカラーとして働いていた者が会社の倒産に遭い、本人の努力や能力に関係なく無職になったとしよう。新たな就職先がすぐに見つからず、その状態から脱却するために NFE として語学や ICT 関連の資格取得を目指し本人の知識と技能をより高めることが考えられる。しかし、たとえば、就職の機会を決定するのは本人の意志以外の要素が絡むことは少なくない。再就職を希望する業界と接点を持つためには、これまで関係のあった人脈や関係性を用いて、時に助言を受け、学び取りながら、アクセスできる範囲を広げることになる。さらに、就職活動を続ける際には、仲間と呼ぶようになる似通った経験を共有できる者との関係が、本人を勇気づけることになる。その中で自らの知識と技能を高め、自らの経験を同じ境遇の者の役立てたいと希望する者がいるかもしれない。こうしたことから、ある程度の社会関係資本が形成、蓄積される場所に、

●トルコ・トラブゾンのノンフォーマル教育施設における成人学習者（中央は著者）

NFEとしての学びが発生し、それが信頼関係を深め、アクセス範囲を拡大する。そして個人としても、その集団にも新たな知見が加わり、NFEも深まるという循環が考えられるのである。

　この循環においては、自分の周辺環境を改善するためには、自ら積極的にコミットし、行動を取ることが求められる。繰り返しになるが、自覚したコントロールを持つ参加によって自らはエンパワーされ、その過程と結果において他人もエンパワーされることになる。

(2) 個人としてのノンフォーマル教育の成果

　教育・学習を人的資本のためと捉える経済を意識した考え方においては、基本的に教育が経済社会に役立つ人材を育成するという前提を持ち、いかに役立つ人材を効率的に作るかという点を重視していると言えよう。国家が行う公教育とは、国民統合を前提とする国民を育成することと同時に、その国家の発展のために教育という投資を行う言説が強いことも特徴であり、個人の人生を形作るものとしての人的資本論は教育でよく使われる概念である[31]。しかし、公教育の成果が、それを受けた個人のものとして蓄積されると解釈されると、公的資金で行うべきかという議論が発生する。本研究では教育の再生産には直接触れないが、ある社会における教育による再生産が顕在化していれば、税収を背景とする国家（あるいは地方行政）の資源が特定の集団に有益になるような使われ方は、教育の公平性（equity）に反するということも可能である。

　では、NFEの場合はどうなるのであろうか。ある目的を伴って半構造化された教授内容を、必ずしも公的な機関が行わないとしたら、このような議論は発生しないかもしれない。それは特定の共通目標を持つ公教育と異なり、たとえば国家の目的と完全に一致せず、納税者への説明が公教育ほど必要でないためと言える。NFEの状況に応じた対応が可能という強みから、むしろ実際にはどのような成果がNFEによって生じるのかが重要になる。

　学校教育における学習成果の評価は主に学習者個人のパフォーマンスによって判断される。それは各種試験の成績に代表されるとおり、獲得すべきと定められた知識とその活用を含む技能を比較可能な方法によって測定され

た値を指すことが多い。NFE の学習成果については、国際援助プロジェクトなどで見られるように学校同様の評価が当てはめられる状況も少なくないものの、自己評価などの質的で主観的な（比較が非常に困難な）評価がなされることも多い。ただし、学習成果は公的な意味づけが必要になる公教育の評価とは異なり、NFE の場合は高度に私的な成果も学習成果として捉えることが可能である。たとえば、「識字教室において学校で用いられている教科書ではなく、本人たちがファッション誌や映画の雑誌を教材として希望した場合、それは識字を促進するといえる」[32]。

　貧困や文化的背景によって教育アクセスに制限があり社会的弱者に位置づけられる女性の場合、学習行為に対する彼女たちの意欲の有無が最初の課題になる。まずはさまざまな困難を乗り越えて識字教室へ出席すること、次に教室への通学が継続されること、そして行う学習に自分の生活への意味を見出すことという順序が彼女たちの教育参加のプロセスになり、そこを評価する必要さえ存在する。これは出席など定着率の観点から外部による評価としても重要であるが、これまで一切関わりを持てなかった女性が定期的に来られるようになったという動機づけの点からも重要である。

　ここで教育の提供側ではなく、学習者に着目すると、NFE による学習成果はその学習者の生活への意味づけを指す。こうした学習成果は確かに個人に蓄積されるが、それは１人で達成されるものではなく他者の存在が必須となる。実際の生活における意味づけであるため、その内容は試験などで高得点を取るためというよりは、他者との関係性の中での自らの存在意義や居場所の獲得、さらに有能感に関わる。有能感は他人に認められたことが自ら確認できた時に一層強まる。多様な背景を持つ者が集まる教室で得た構造的な知識や技能、生活に即した経験談や知恵、自らの生活場面や考えの客観的認識などを通して、他者との相互作用を伴う柔軟な学習機会を提供する NFE は強みを発揮する。

(3) 参加によってエンパワメントされる

　エンパワメントには、資源のアクセスを増加させる社会的力、意思決定権を持つ政治的力、自身の潜在能力を指す心理的力という指摘がある[33]。エンパ

ワメントの度合いとして、選択肢の存在、機会の利用、目的達成という 3 段階を示す国際機関もある[34]。また、組織化と関連して、エンパワメントには、個人が能力や技術を身につけていくことにより社会活動の範囲を広げていく、弱者が組織を形成する、組織を通してシステムを支える成員に働きかける、自らの組織で運営や指導力を身につけるという 4 段階も示されている[35]。

　周囲から社会的弱者と位置づけられる女性にとって、その社会参加を妨げる要因は一般的に、社会における不利な状況と母親や女性としての強い役割期待が挙げられる[36]。あるいは、女性の成人教育の潜在性として、識字教室として提供されるよりも経験や要望を討論する機会となっていることを示し、異なる社会・経済階層の女性たちを NGO のスタッフやリーダーとして一体化させるなど、ジェンダー変換を促す可能性を持つという指摘もある[37]。女性に特化したエンパワメントのモデルとして、福祉、アクセス、意識向上、参加(Mobilization)、コントロールと 5 段階に分ける研究のほか[38]、女性のエンパワメントの視点については、批判的に自己の状況を認知し、自尊心を持ち、不平等に気づき団結する能力を持ち、独立した所得を生み出す能力を得ることを示している研究もある[39]。いずれの場合も、参加とエンパワメントは重複し、連動している。

　参加にはいくつかの段階または水準があるとされ、その過程を経てエンパワーされた女性参加者は、さらに参加の度合いを高めていくことがわかっている。たとえば、参加を 7 段階に分けた研究では、サービスの利用、物資の提供、出席と受領、特定の課題における参加、サービスの提供、権力行使、全過程の意思決定へ完全に参加を示すが、第 4 段階までは「関与」で、残りの 3 段階は「参加」であるとする[40]。

　連続体として捉える NFE は「フォーマル性」という点から参加の可能性・度合いによって特徴づけることができるわけだが、その参加にも次の 3 つの段階がある[41]。1 つは、プレゼンスあるいは形式としての参加が挙げられる。これは名目上、とりあえず参加しているという状態で、ある活動において他人、特にある権力関係にある上位の者から、半ば強制的に参加させられている状態である。ここでは、何かに不足している集団がその対策に参加して不足しているものを入手するよう説得されることにより、成立する。たとえば、

教育機会に恵まれなかった成人女性が外部からの働きかけによって、識字教室へ通うことが挙げられる。

　第二の参加形態は、活動としての参加である。これは、すでに定められた活動へ他者から提示されることで活動に自ら参加することである。教育の現場においては、最初こそ他人から勧められているが、活動に参加することを選んでおり、説教的ではなく、対話形式の取り組みである。[42]

　そして第三の段階として、自らコントロールする参加がある。何もない状態から、あるいはある状態を変えるために、自らプログラムを企画し、それへ参加することである。ここでは他人から許可されるのではなく、参加者自身がニーズを認識し、目標と活動を設置し、必要な学習を構築する。これが自己決定のための参加の段階と言えるのである。それらの段階は決して普遍的で一方通行ではないものの、たとえばLaveとWenger（1991）が主に徒弟制度で示したように、周辺的参加から中心的存在となり、その活動を引き継ぐような点にも注意を払う必要があろう。特にコントロールには評価設定が含まれ、参加者自らが評価者になることが重要である。[43] 周辺からの参加という点で、社会的に周縁化されがちな移民は、正に社会・経済活動への参加が大きな課題となっている。特に都市部では人口増加を記録しており、移民の流入・流出は超国家的現象となっている。[44] 近年の情報通信技術により、かつてよりもはるかに情報アクセスは平等になったと言われるが、実際にはより情報と資金の集まる都市部への集中が、経済成長が限界を迎えた、あるいは不況の時期にあって顕在化している。[45] そのため、移民がアクセスを得る、そしてアクセスを自ら作り上げることが、参加という点から見たNFEの1つの成果となる。

3. ノンフォーマル教育からみる学習の成果：社会関係資本

(1) 集団としての成果：他者との関係性

　本研究では他者との関係を示す集団内外の相互作用を説明するために、社会関係資本論を用いると述べた。社会関係資本の研究では、大まかに、市民

活動への参加といった地域社会や国家などとの関連性を扱う構造的な側面と、信頼や規範等といった認知・文化的な側面が扱われる。社会関係資本は多面的な概念であることから定義も多様で、そのため測定にも多くの工夫がなされてきた。

　個人の有能感は広く人的資本の一部として捉えることもできる。ただし本研究では人的資本論をメリトクラシーの観点から否定しないものの、ノンフォーマル教育（NFE）の成果という点でもう一歩踏み込んで、自らの生活との関係および他者との関係にとっての意味を扱いたい。つまり、蓄えられた個人の学習成果が、所属する地域社会あるいは間接的に関係する社会にとって広く利益へとつながるという捉え方である。学校内か外かという区分でのみ判断されないNFEには一定の公共性が含まれ、その成果は社会的側面を持つとする。たとえば、ある場所で、それぞれ母語の異なる者が複数人集まった時、互いの母語を使うと意思疎通を取る行為は非常に困難である。しかしその地域で使われる共通語を学び、その運用能力を獲得した場合、意思疎通は圧倒的に容易になる。それは確かに個人の言語能力として個人の中に蓄積されるわけであるが、人々の意思疎通を可能とし、それによって社会的費用を抑えることができるため、公共性が高いといえる。この例は教育学から自明であるが、NFEにおける成果を具体的に整理する必要がある時代[46]において、NFEによって獲得できるものは個人差（文脈差）が大きいと見なす場合、ややミクロな影響とはいえ、NFEの大きな成果の1つとして社会に対する公益性に着目することは意味があるだろう。

　世界的な傾向としても、現在は社会的な側面をより重視するようになったといえよう。インターネットや移動手段の多様化などの技術発展によってコミュニケーション費用が極小となり、同時にグローバリゼーションによって個別の能力では対応しにくいほど情報量および必要とされる能力が巨大になった今日、個人の人的資本としての蓄積に加えて、異なる種類の蓄積を持つ者同士が協働することが重要になっている。人的資本をオーソライズしたともいえる経済協力開発機構（OECD）も、2001年に人的資本と社会関係資本の報告書をまとめているが、2007年には "*Understanding the Social Outcomes of Learning*（学習の社会的成果）" としてより社会的な側面を重視

している。先のDeSeCo概念においても、「異質な他者と協働する」ことを重要な個人のコンピテンシーとしていることから、社会的能力について当初から重視されていたこともわかる。また、2008年のOECD報告書"Growing Unequal ?"は経済的な側面に注目しながらも、不平等についても強く言及するようになった。

　本研究ではこうした他者との関係を示す集団内外の相互作用を説明するために、社会関係資本論を用いる。また、社会関係資本は元来から蓄積があるために状況の改善が見られるなど、資源として注目されがちだった。だが、成果として見ることもでき、さらには循環されることも示すことができるだろう。

(2) 社会関係資本とは

　Deweyは"The School and Society（『学校と社会』）"の中で、子どもの心的発達に関連して、3 R'sあるいは教科は社会が過去に発展させてきた道具であり「個人の限られた経験の可能な範囲を越えて横たわる社会関係資本の財に子どもを解き放つ鍵である」[47]とし、社会関係資本という用語を用いて、個人の能力を越えた、社会の何らかの蓄積について示唆していた。

　個人の持つ社会関係資本について、フランスの社会学者Bourdieuは「相互に知っている、あるいは認識している多かれ少なかれ制度化された関係の永続的ネットワークの所有、つまりある集団の成員であることと関係する実際のあるいは潜在的資源の集合」[48]とし、ネットワークが知識や態度等の伝達を通じて、諸個人の教育機会や雇用機会を左右する資本として作用し、社会的階層を強化することを指摘した。その後、米国の政治学者Putnamによる"Making Democracy Work（『哲学する民主主義』）"と"Bowling Alone（『孤独なボウリング』）"によって社会・集団における社会関係資本が扱われ、Colemanによる教育（人的資本）に関連した議論によって、1990年代後半から社会関係資本の概念が多くの研究者の関心を集めることになった。

　石田（2004）は社会関係資本研究の潮流を、ⅰ）特定の個人・組織が、他の人・組織と取り結ぶ関係（ネットワーク）に着目し、それらがその個人・組織にもたらす利益を検討するものと、ⅱ）特定の社会・組織の成員間の関係（内

部関係）が、その社会・組織および成員にもたらす利益について検討するものに大別できるとし、いずれの研究も社会関係（ネットワーク）が特定の個人・集団に利益をもたらすという共通の視点を持ち、研究はその社会関係の追究にあるとする。ただし、ⅰ）では諸個人や自組織に対する社会関係の生み出す利益についてのややミクロな研究であるため個人の利益が集団の利益と反することもある。ⅱ）後者は集団・社会全体に利益をもたらす社会関係の創出に焦点をあてており、一人ひとりの利益が確保されることは重視されていないと言える。

（3）ネットワークとしての社会関係資本

　構造の中でも、まずネットワークとしての社会関係資本を見ていこう。ネットワーク理論を分析する Granovetter（1973）は、結合型である紐帯（tie）と橋渡し（bridging）の議論に関連して、強い紐帯（strong tie）が橋渡しとなるのは、その社会的ネットワーク以外にない場合においてのみであり、他方、弱い紐帯（weak tie）は自動的に橋渡しになるわけではないが、すべての橋渡しは弱い紐帯であるとして、その優位性を論じた。「強い紐帯は、局部的に結束力を生み出すものの、全体的な断片化を引き起こす[49]」ためである。橋渡しをする弱い紐帯の観点は、Coleman と Putnam が相反する点でもある。「Coleman は密度の濃い社会的結合（bonds）が重要であるが、Putnam はイタリアの研究から広い協力を助長する社会的な裂け目を横断するような市民参画の水平なネットワークが重要であるとしている[50]」。

　また、Burt（1997）は、社会関係資本の偶発的な機能に着目しネットワーク分析をもとに論じた。その論考によると、紐帯の強弱ではなく、組織が機能するには橋渡しをするための「構造的すきま（structural holes）」が必要で、特にピアの少ない経営者には有効であると指摘した。「偶発的な機能は、社会関係資本の価値について２つのことを語る２つの特徴を持つ。第一は社会関係資本の価値が、同じ仕事をする者の数が増えると下がるという点。第二に、ピアが社会関係資本の価値を蝕む比率は、社会関係資本が最も価値ある際に最大となる[51]」点である。Coleman が深い関係性の強味を指摘していた一方で、Burt は断絶された希薄なネットワークにおいてこそ構造的なすき

まができるゆえに、拡散的で開放的になる社会関係のメリットを指摘する。

Lin（2001）は、社会的地位の上昇に関する研究の中で、社会関係資本に関する不平等を扱い、資本に関する不利（capital deficit）と収益に関する不利（return deficit）という概念を用いた。前者は、投資のされ方や機会の与えられ方によって、ある集団の持つ資本が、別の集団に比較して少なくなることを意味する。後者では最初に同じ一定の社会関係資本を持っていても、地位達成の過程における組織上の位置や職業上の威信や収入などの点で、結果的に受け取る収益に差が生じる。原因として、本人の認知上の困難やためらい、本人と組織を結ぶ媒介者（agent）の努力の違い、動員された資本に対する労働市場・組織・制度自体の反応の違いを挙げる。この研究は中国系の者も対象に、たとえば遠慮することが能力発揮できない原因であるなど、アジア的な規範を扱っていたため、トルコ移民の文化的背景と重なる部分が示唆的である。

米国の社会学者Coleman（1990）は、「社会関係資本は、家庭関係および地域社会の社会的組織の中において生来備わっており、子どもまたは若者の認知的あるいは社会的な発達に役立つ資源の集合である[52]」とし、義務と期待による信頼を伴う関係性の制御を取り上げ、公共財としての社会関係資本の位置づけを記した。

実証研究としてColeman（1988）は、カトリック系の学校に通う子どもや片親ではない家庭の子どもの退学が少ないのは、家庭における社会関係資本が大きいためであると論じ、社会関係資本を次のように機能によって定義した。「社会関係資本は、その機能によって定義される。単一の実体ではなく、通常は2つの要素をもった多様な異なる実体である。そうした実体は、すべて社会構造の何らかの側面から構成され、個人であれ法人的行為者であれ、その構造の範囲内で、何らかの行為を促進する。他の形態の資本と同じように、社会的資本は生産的であり、それなしでは不可能であろう目的を達成することができる[53]」。ここの2つの要素とは、社会構造の一側面で、行為者の行為を促進するということ、他の資本と同様に何らかの目的のために利用されるということである。

だがこうした機能による定義は必然的にその肯定的な側面のみを取り出す

ことになるので、否定的な側面を捉えていないと Portes（1998）に批判された。また、辻村は、Coleman が社会関係資本の諸形態（期待・義務・信用、情報チャネル、規範の効果的な拘束力）と、その社会関係資本を促進する構造（ネットワーク構造の閉鎖性、転用可能な社会組織）を論じているとし、社会関係資本とそれを促進する構造を分離できていないと批判する[54]。説明に使われている学習サークルの構造は転用可能な社会組織の結果でもあり、政治システムへの抵抗を生み出す原因でもあるという連鎖的なものになり、明確には構造と規範が分離できないためである。

さらに Field ら（2000）は Coleman の人的資本と社会関係資本の関係について、i）社会的階層を支え再生産が生じる、つまり逆説的に社会関係資本が不平等を改善する可能性を軽視している、ii）親族に着目しすぎて個人を縛る二次的な接続に注意が不十分である、iii）ジェンダーや能力的な障害といった不平等の具体的な形態が抜け落ちている、の3点を批判している[55]。しかしながら Coleman の功績は大きく、これらの批判も教育と社会関係資本の関連の深さを示すと同時に研究の余地が広いことを意味する。

ところで、社会関係資本についての議論の火付け役とも言える Putnam（1993）は、イタリアにおいて 1970 年代以降の地方分権化の後、州政府の制度パフォーマンスに差が出てきたことに着目し、その要因を比較分析した。その結果、北部の州では人々は互いを信頼し、協力し、地域社会の活動も活発で連帯感も強く、そのため制度がよりうまく機能しており、これは社会関係資本の蓄積が高いことによるとした。そこでは社会関係資本の定義を「協調された人々の諸行動を活発にすることにより社会の効率性を改善できる、信頼、規範、ネットワークといった社会組織の特徴」[56]としている。彼は、社会関係資本を、結合型（Bonding）と橋渡し型（Bridging）に分類し、前者は共有する枠組みの中における紐帯・連帯感等を意味し、後者は異なる集団間での協力等であることを示唆した。他の文献では、これらの型に加えて、リンク型（Linking）が扱われることもある。リンク型は異なった階層にある権力や社会的地位間の結びつきを意味するが、橋渡しとの差は明確ではない。Woolcock（2000）はリンク型によって、個人と地域の集団が、その場の地域を越えた公的機関からの資源、考え、情報を利用することが可能になるとした。

またPutnam（2000）は、米国における社会関係資本の衰退を生活時間調査等の多様なデータを用いて指標化もした。政治参加、市民・宗教団体の数と参加、社交の場への参加が減少した原因を、世代別による価値観の変容、TVの影響、ワークスタイルの変化（時間と金銭的余裕）、地理的移動・流動の増加（時間的余裕の減少）としてまとめた。この指標が高いほど、殺人事件の発生率が低く、子どもの状態は良く、成績も高く、TVをより見ないことを示した。

(4) 社会関係資本の認知・文化面：信頼と規範

Putnamは個人の経験や関係で成立している信頼は厚い信頼(thick trust)で、一般的な社会に対するものを薄い信頼(thin trust)とした。後者は前者よりも有益で、それは信頼の範囲(radius of trust)を広げるからである。他の見知らぬ市民を信用する人は、よりボランティアや社会活動に従事し、寛容性に富むため[57]、即時的な見返りを期待せずとも信頼して社会に貢献することができるのである。

Fukuyama（2001）は社会関係資本を「2名あるいはそれ以上の個人の間における協力を促進させるインフォーマルな例示化された規範」[58]と定義し、信頼やネットワーク、市民社会等は付帯現象であるとした。すなわち、彼は規範こそが社会関係資本そのものであるとした。「それは実際のところ、部族や一族、村の寄り合い、宗教的派閥は共有された規範の上で成立し、協同的な結果を達成するために規範を利用するのである(p. 9)」。社会関係資本を具現化するすべての集団は、一定の信頼範囲、つまり規範によって協力的である人々のサークルが作られるとした。

さらにFukuyama（2005）は"*Trust*"において、高い信頼を備える社会（日本、ドイツ、米国）と低い社会（中国、韓国、イタリア、フランス）を比較し、前者には親族以外の者が関わる機会をより保証しており、後者では親族あるいは中央政府による統括が自発的な団体の拡張をあまり促進しない影響が見られると指摘した。これは、経済活動を中心とする企業体のあり方を考察したものであるが、次に記す社会関係資本の負の側面とも言える。つまり、自発的に外集団との連携が、親族あるいは政府によって文化的に阻害されているこ

とを示唆する。

心理学者の山岸(1999)は、能力に対する期待による信頼(パイロットが飛行機を操縦できる能力を持っていることに対する信頼)と意図に対する期待による信頼(部下が頼まれた仕事をやろうとする意図を持っていることに対する信頼)を区別する必要があるとする。彼は後者の意図に対する期待による信頼を取り上げ、その信頼が高い者は他人の信頼性をより見極めることができるとしている。[59] 能力と意図を区別することは、今日の教育課題が能力へ偏重しがちであることからも、ミクロレベルにおける教育と社会関係資本の議論に重要である。

(5) 社会関係資本の負の側面

社会関係資本の議論では、それを蓄積する社会と成員によって利益をもたらす点ばかりが強調されがちであるが、負の側面も指摘されている。たとえば、排他性に関する問題、そして社会関係資本の曖昧さとそれに伴う測定の困難さが挙げられる。

まず、排他性が課題として挙げられる。ある集団の規範や期待によって強化される結合型の社会関係資本である紐帯は、集団外の成員や外集団に対する排他的な態度を生むことがある。たとえば近年、欧州で広がるイスラームへの不信あるいはムスリム移民と共存することに対する不安は、受入社会の市民を結束させることになると同時に、そうした態度に対抗することを目的にムスリム側でも結束力を高める動機となる。Putnam (2000)はこうした傾向を結合型の社会関係資本による負の側面として捉えおり、水平で横断的なネットワークである市民の参画が重要であるとする。世界銀行の専門家ナラヤンも、市民の参画とは、民族、ジェンダー、階層、宗派、地理などを横断している(crossing)紐帯であるとした。[60]

Portesはさらに、部外者の排除(exclusion of outsider)、他の成員の足を引っ張ること(excess claims on group members)、個人の自由に対する社会的圧力(restriction on individual freedom)、他者を見下す規範(downward leveling norms)という、結合型である紐帯の中において少なくとも4つの負の側面があることを指摘する。[61]

社会関係資本を信頼として捉えた Fukuyama（2001）は、信頼の高い社会における企業の生産性が経済に貢献していることを論じた。その中で、日本は信頼が高く、そのため機会費用が小さくて済む分、経済の生産性は高いとしている。しかしながら、この分析は家族としての会社などと諸外国で注目されたかつての日本企業のあり方が議論のもとになっているため、必ずしも今日的ではない。

また、曖昧さも課題である。社会関係資本が社会の問題をすべて解決する万能薬のように使われる危険もある。Portes は、「資源そのものを、異なる社会構造での、ある集団に所属していることによる長所によって資源を得ることのできる能力から区別することは重要である。これは Bourdieu では明確であったが Coleman では不透明である」とし、たとえば、学生Aが身内から多額のローンを得ることができ、学生Bの身内に余裕がない場合、学生Bの能力が欠けているわけではなく、手段に欠けていることを例示する。これは社会関係資本の源泉が個人そのものに左右されるわけではなく（人的資本との最大の相違点である）、他者との関係性から得られる利益に加えて、関係の有無そのものがその個人にとっての利益になるためである。

また、Putnam の議論についても堂々巡りが展開される点に Portes は批

●ベルリンの石畳に埋め込まれた「つまずきの石」

判的だ。個人よりも地域社会と国家の財産としての社会関係資本には原因と結果の両方が同時に生じるため、経済発展や犯罪の減少といった良い結果が、社会関係資本の存在をも推察させることになるとする。たとえば、うまく機能している都市は高い社会関係資本を持ち、他方うまくいかない都市はそれが不足していると捉えられる[63]。このように社会関係資本が曖昧であることは次に指摘されるように測定することの困難を意味する。

　そして、測定の困難さも課題として認識されている。他の研究と同様に、方法論上、社会関係資本研究には測定の限界が存在する。Putnam のイタリアの研究では、地域のクラブや協会の密度、新聞購読数、投票率等を用いたが、米国の研究では Putnam は、大きく３つの米国の州ごとの国民調査データを元に社会関係資本指標(Social Capital Index) として 14 項目を合成して測定した。その社会関係資本指標の項目には、地域社会の組織的生活(市民団体数など)、公的行事への参加(大統領選挙への投票率など)、地域社会ボランティア(地域社会事業に従事した回数など)、インフォーマルな付き合い(自宅で人をもてなした平均回数など)、社会的信頼(「ほとんどの人を信頼できる」に同意など) が含まれている。このように社会関係資本の経年変化を公式情報によって測定する研究も少なくない。

　Fukuyama は社会関係資本の最大の欠点は、それを測定する共通の方法が存在しないことであり、これまで少なくとも国勢調査に頼るか、信頼と市民の参画についての調査という、大きく２つの方法しかないとし、近年の通信技術等の発展によって人間関係のあり方が変化していることから測定がより困難になっていると述べる[64]。そのうえで、社会関係資本の減少を減り続ける伝統的な市民参加で実証することは困難だと Putnam を批判し、むしろ犯罪率の上昇などの社会悪が増加していることでその減少を説明した。

　Field らは人的資本が直線的なモデルであることに対して、社会関係資本は相互作用的で循環型がより強いため、明白で測定可能な見返りを直接に伴うことは少なく、「確かに社会関係資本の見返りはまったく測定することができないかもしれない[65]」とする。特に彼らは、政策策定や予算配分といった面で課題となることを指摘し、Coleman と同様に社会関係資本の人的資本に対する貢献について焦点をあてることで、より明示的に扱おうとする。

社会関係資本の負の側面を指摘するPortesは、次のように述べる。「社会関係資本の分析者は、特定の論理的な原因を観察しなくてはならない。まず、理論的にも実証的にも概念の定義を、主張された結果から分離させること。次に、方向性に対してある程度の制御を設置すること。それによって社会関係資本の存在が、生じることが期待される成果の前に示される。第三に、社会関係資本とそれによって期待される結果の両者の説明ができる他の要因の存在を制御すること。そして第四に、系統だった方法で地域社会の社会関係資本の歴史的な源を捉えること[66]」。要するに、何でも社会関係資本という概念で説明してしまおうという曖昧さとそれによる測定の困難に対して、彼はより慎重に測定するために整理・制御を行い、地域社会の文脈を捉える重要性を指摘している。このことからも、社会関係資本の測定には公的な指標が使われがちであるが、インフォーマルな側面も重要であることがうかがえる。

第3章のまとめ：NFEによって学習参加者はエンパワーされる

本章ではまずノンフォーマル教育（NFE）について見た。NFEとは学校教育の枠外において、正規ではなくてもさまざまな組織が、ある程度デザインされた状態で提供する教育である。しかしながら、フォーマル教育と単純に解釈される学校教育も、今日すでに単一の定義によって理解されるものでもなくなっていることも、Rogersの示した連続体によって確認した。そのNFEの成果として、個人にとっては生活への意味づけである。たとえばその人が存在意義や有能感を実感することである。集団には社会的つながり、あるいは社会的関係性の構築を指す。それをエンパワメントで捉えた。

本研究では、すべての移民と多数派、総じて受入社会の社会変動といったマクロな動きは分析できていない。社会的弱者となっている少数派が自己防衛を行うことは自然なことで、しかも多くの場合、自らの力だけでは守りきることができないため、集団として結束を強めたり、外部との連携を試みたり、そして多数派からの大小のさまざまな支援を得る努力をする。その中でも多数派からの支援は最も大きな要素であろう。

社会関係資本は社会の中で培われるもので、相互作用的である。それは、成員である個人とその所属する集団にとっての利益となるだけでなく、時

に直接には関係しない者や集団に対しても利益を生む。だが他方で、成員と所属集団の利益のため、集団に所属していない者に対して不利益をもたらす側面もある。形態として結合型か橋渡し型に大別され、焦点となる関係性(ネットワーク)をどの水準で捉えるか、測定のためには公式・非公式情報、特に急速に発展するネット社会における情報の流れなども射程に入れる必要がある。その源泉に着目するのか、結果に着目するのかによって、社会関係資本の定義と測定手段は異なるものの、大まかな概念は以上のような特徴を持つことがまとめられる。具体的な概念として取り上げられる規範や信頼などの社会関係資本は、公教育で最も効率的に生産されるうえに、さらには生涯学習の範疇である社会生活やレジャーなどから結果として得るインフォーマルな学びの成果としても、個人と集団の中に蓄積される。

さて、序章で示したが、ここで改めて、本研究で用いるノンフォーマル教育を確認しておこう。ノンフォーマル教育とは、参加者や文脈、そして認証によって変動するため、その「フォーマル」性は動的で、成果としては学習者・参加者個人のエンパワメント、集団としては社会的なつながりを強化・構築するものである。

注

1 Coombs (1968)。
2 鈴木(1995)による注11：Coombs (1968)、Coombs, Prosser & Ahmed (1973: 10)、Coombs & Ahmed (1974)、Coombs (1985)。
3 Jarvis (2001: 21)。
4 Bjornavold (2000: 11; 204)。
5 Rogers (2004: 3)。
6 古くはデューイ(1900)やフレイレ(1979)、今日では藤田(1995)や佐藤(2001)など。
7 たとえば、イリイチの『脱学校論』においても、学校化した社会を課題にしており、その点で学校を中心に論を展開している。彼が課題を提示した時代では学校制度が操作的システムとして公権力の一部であった。今日はグローバルな動きが学校の価値伝達機能を凌駕することも多いにもかかわらず、学校と対比される形で学習行為が語られがちである。

8 デューイは子どもたちの生活世界において学んだ内容が身につくという立場を取っており、NFE を学習主体の生活と行為に深く関係すると捉える本研究も同様である。
9 Rogers（2004: 249）。
10 たとえば、OECD（2005）のまとめた DeSeCo（Definitions of Selection of Competency）は、1）相互作用的に道具を用いる、2）異質な集団と交流する、3）自律的に活動する、という 3 カテゴリーをコンピテンシーとしている。詳細は、松下（2014）および丸山（2016d）を参照。
11 Education for Sustainable Development: ESD は、日本政府が 2002 年のサミットで提案し、国連において承認され、2005 年から 2014 年までを国連の 10 年とした運動である。
12 事例、「学力」との関係はユネスコ・アジア文化センター（2009）と丸山（2009）を参照。
13 永田（2005）など。
14 OECD では雇用可能性（employability）を高めるための生涯学習に着目しており、UNESCO（2012）では CONFINTEA VI でも生涯学習に関連して、フォーマル・ノンフォーマル・インフォーマルな学習の連続性を示している。
15 Torres（2001: 50）。
16 しかし同時に、学校の授業内容をもとに、生徒は実験を思いついたことも留意する必要がある。
17 Rogers（2004: 20-21）。
18 Sylvia Schmelkes（メキシコ、イベロアメリカ大学 教育開発研究所長）との広島大学 CICE「プレ JEF VII セミナー」における私的対話（2010 年 2 月 2 日）。
19 Wagner, Murphy, & de Korne（2012: 33）。
20 同上（pp. 17-18）。
21 国際協力機構（2005: xii; xv; 4）
22 丸山・太田（2013: 40-43）。
23 ただし、近年、文部科学省や大学の入試対応などでは国際バカロレア資格は認可する方向性で動いている。認承の国際比較は、丸山ら（2016）を参照。
24 たとえば、ブラジルの民衆学習活動が挙げられる。詳細は丸山編（2016b）の二井報告（pp.87-96）を参照。
25 米国のホームスクーリングについては、Stevens（2001）を参照。また、ホームスクーリングが認可されることの多い欧州諸国においてドイツだけが不認可であることは、Spiegler（2003）が紹介している。

26 欧州におけるモスクによるノンフォーマル教育は、丸山編(2016b)の見原報告(pp. 23-33)を参照。
27 Maruyama & Sogel（2015a）。
28 NFE 研究においてもフィールドワークと同様に、現実の教育・学習行為や相互作用、さらに四象限で示されるように、誰がどの視点から見るかによって捉え方が異なる。しかし、具体的な事例を、その文化や社会また時間的な文脈の中で捉えることが、方法論としても重要である。こうしたフィールドワークの手法については、佐藤(2002; 2012) を参照。
29 子安増生編(2009: 10-11)。
30 Lin（2001）。
31 Keeley（2007）など。
32 Rogers（2003: 28）。
33 フリードマン(1995)。
34 World Bank Institute（2007）。
35 西川(2011: 348-350)。
36 Stromquist（1995）。
37 Stromquist（2007）。
38 Longwe（1999）。
39 Stromquist（2002）。
40 Sheaffer（1997: 16-17）。
41 この3段階のまとめ方には Rogers（2004）から示唆を得た。
42 Evans（1976: 307）。
43 Fetterman（2001）のエンパワメント評価ではファシリテータの補助を受けながら、参加者たち自らが評価基準も作成する。
44 Sassen（1998）。
45 ただし、日本のホワイトカラーの一部は田舎へ回帰するという報告もある。
46 文部科学省生涯学習政策局社会教育課長(当時) 神代浩氏の講演(「成人教育に関する国際セミナー：第6回国際成人教育会議(CONFINTEA-VI) の成果と課題」2010 年 2 月 19 日、国立教育政策研究所主催)。
47 Dewey（1900: 111）。
48 Bourdieu（1986: 248）。
49 Granovetter（1973: 1378）。
50 McClenaghan（2000: 573）。
51 Burt（1997: 356-357）。

第 3 章　ノンフォーマル教育および個人と集団におけるその成果　　121

52　Coleman（1990: 300）。
53　Coleman（1988: S98）。
54　辻村（2005: 365）。
55　Field, Schuller & Baron（2000: 245-249）。
56　Putnam（1993: 167）。
57　Putnam（2000: 136-137）。
58　Fukuyama（2001: 7）。
59　山岸（1999: 12-15）。
60　Narayan（1999: 13-18）。
61　Portes（1998: 15）。
62　同上（1998: 5）。
63　同上（1998: 19）。
64　Fukuyama（2001: 12）。
65　Field, Shculler & Baron（2000: 252）。
66　Portes（1998: 20-21）。

第二部

事例と考察

　第二部は、本研究の事例研究に該当し、第4章から第6章で調査結果の報告および第一部で整理した分析枠を用いて考察を行う。第4章では、欧州受入社会では移民政策と教育の整備が進んできたことを主に文献調査の結果を示す。第5章は、トルコ移民が多く居住するドイツの首都ベルリンを事例に、文献およびフィールド調査の結果を示す。第6章では、事例の「地域の母」事業を主たる対象として、実質的な統合につながるトルコ女性移民の社会参加をノンフォーマル教育、社会関係資本から分析、考察し、トルコ女性移民はノンフォーマル教育でエンパワーされることを示す。

第 4 章

移民に対する欧州の施策:制度保障の動き

●ベルリンの夜

この章では、欧州在住のムスリム移民に対する社会統合と教育および言語政策の動きから、欧州受入社会の移民に対する統合に向けた試みと認識について、課題とともに記す。本研究で実質的な統合の事例を扱うにあたって、その前提として、本章ではまずは形式的な統合と捉えることのできる制度面での整備を中心に整理しておく。

　第1節では、欧州諸国における移民に関する政策研究を扱い、EUを中心に現在の移民教育や制度について比較可能なデータおよび取り組みについて概観する。欧州諸国では移民の社会統合に関する政策が共通の重点課題として認識され、指標化することで各国の比較を行い、それぞれの課題を洗い出し、同時に経験を共有する試みが始められてしばらく経つ。「移民統合政策指標（MIPEX）」は、160以上の移民に関連する政策を指標とし、調査に参加した各国の政策を比較し、それぞれの強みと弱みを洗い出すことにしている。ただし、それらの国々では異なる文脈が存在することから、単純にこの指標で示された「最良事例」が普遍的目標ではないことに留意すべきである。教育政策と実践に関しても、各国における必要性が異なることもあり、多様な取り組みが行われている。どの国も教育を受ける基本的権利を保障し、受入国の教育システムでは、その公用語の教授が重視され、移民の母語と文化の維持への試みも積極的になされている。また、異文化間教育アプローチは学校、教室レベルで行われるほか、教員養成・研修にも導入され、その評価は今後の課題であることが示される。

　本章では、さらに詳細を見るため、なかでも移民政策に関する指標MIPEXで平均にあるドイツとトップに位置するスウェーデンを取り上げ、それぞれの移民の統合に関係する政策について指標化された結果や背景を整理する。ドイツでは、国際学力調査の結果が悪かった原因として移民家庭が取り上げられ、特に言語教育に課題があることが知られている。ドイツの統合政策には、異文化間教育が重要な役割を持つことが考えられる。スウェーデンでは、その社会福祉制度の強みが指標に大きく影響しており、政策や制度面での充実ぶりがうかがえる。

　第2節では、欧州教育情報ネットワーク（Eurydice）が出版した"*Integrating Immigrant Children into Schools in Europe*（欧州における学校へ移民の子どもた

ちを統合する)"報告書から、欧州全体、そしてドイツとスウェーデンについて見ていく。この一連の報告書では、EUにおける統合政策と域内協力の全体像のほか、欧州統計局 (Eurostat) とOECD調査のデータを用いた検証、移民の母語に関する能力と教育におけるアプローチについて整理されている。この報告書は移民の子どもたちを対象にした学校教育に関する調査であるが、子どもたちの背景について国籍、家庭における使用言語、保護者らへの情報提供の状況、教室外での教育支援など多岐にわたる内容を扱っており、ノンフォーマル教育という点からも示唆に富む。たとえば、教授言語の習得が、子どもたちに限らず保護者にも必要であることが示されている。

　学校においては、欧州評議会・理事会 (Council of Europe) が移民の子どもたちの欧州教育システムへの統合について、行動は次の3分野でとられるべきだと勧告している。すなわち、子どもたちの特別な教育ニーズに教育システムを適応させること、通常の学校カリキュラムにおいて出身国の言語と文化についての授業を含むこと、すべての者に異文化間教育を促進することである。制度面では、教育を受ける権利や義務のほか、移民を背景に持つか否かにかかわらず食堂、学校の設備や課外活動、保健サービスなどのサービスは受けられる国も少なくない。保護者を対象にした学校の取り組みには、子どもに通学してもらい、受入国の学校制度内における進路の情報にアクセスしてもらうため、さまざまな形で情報提供をする状況がわかる。保護者に対する説明には、書面による連絡のほか、国によっては通訳や補助者を備えていることがある。こうした制度によって学校と家庭の間で共有される情報の質を向上させることになる。

　たとえば、ドイツでは、学校でドイツ語に問題がない場合は一般のクラスへ移民の子どもも進むが、約40％の移民の子どもたちが就学前段階における言語教育を必要とし、ほとんどの州で義務教育段階まで無償のドイツ語教育が提供されている。さらに、学校で使用する教科書における偏見を監視し、多文化事業や国際ネットワークを強化し、学校とソーシャルワーカーなどの連携を目指すことになっている。現在は、宗教シンボルとなる服装や装飾品などの着用は公立学校では認められなくなった。[1]

　スウェーデンでは、「すべての者に学校教育を」が教育の基本方針を持つ

ため、どのような条件であっても、就学前、義務教育、後期中等教育それぞれの段階の教育を受ける権利が保障されている。就学前教育の機会は通学以外にも用意されており、そこでは子どもだけでなく保護者も共に学ぶ場となり、無償となっている。スウェーデン語のほか、社会の仕組みなどの授業が提供され、学校では彼らの母語を使うサポート教員が配置される。また、移民の生徒は自分の母語を学ぶ機会を保障されている。ムスリム女子の場合は自らが最も快適な服装で通学することが認められており、授業内容によっては男女別だが、対面コミュニケーションが教育プロセスにおいて重要であるため、教室でのブルカ着用の禁止のほか、国家教育局はすべての学校に同様の措置を取ることを認めている。

　本章の最後となる第3節では、受入社会の多文化環境に対する基本的な捉え方を示す、欧州言語共通参照枠組み（CEFR）とその背景の考え方について記す。CEFRの背景には複言語主義がある。複言語主義とは言語意識（Language Awareness）をもとにした言語の捉え方で、機能主義的なツールとしての言語能力の向上だけを目指すのではなく、言語の背景にある文化的要素のほか、言語に関する認識を拡大するアプローチである。そのため、言語の背景にある文化について意識を高めることになる。多言語主義が多くの言語を母語並に使用できることを目標とするのに対して、複言語主義は目的達成のために必要な程度の言語運用能力で良いとする。これは、たとえば言語テストの点数を競うのではなく、自らの周辺環境において用いられ、時として文法的には誤用であっても、意味をなす言葉を優先させるといった考え方である。学校においては、従来のように教授言語のみを使って授業を成立させることを目的化するのではなく、子どもたちが使用する教授言語以外も学習効果を高めるために用いたり、彼らの母語を異文化の学習機会と捉えることが見られる。そのため複言語主義では、知らない言語でも言語知識や経験を駆使して推測できること、他の言語や文化に対して寛容になることなどが求められている。これは、学力観の問題でもあり、かつて達成度を学力と見なしていた状況から、今日的な能力・資質獲得の方向性を問うコンピテンス志向へとシフトしたと言える。

　このように、移民の文化的財産も含め資質として捉えることが教育の中で

は強くなっていると言える。だがこれには、繰り返しになるが、制度上の形式的統合へ向けたものに限らないような努力が必要とされ、CEFRを用いた教育を受けた子どもたちが今後どのように成長するのかを見ていく必要があることは十分に注意していく。

1. 移民の統合と教育政策：移民統合政策指標

1999年5月1日のアムステルダム条約[2]以降、多くの欧州諸国では現在、移民の統合政策が共通課題となり、域内における比較調査も増加し、法の整備もされてきている。2002年3月15、16日にバルセロナで開催されたEU加盟国代表者会議により、流動性と情報交換は正式に教育システムの目標に関する詳細なプログラムの不可欠な一部であると承認され、移民の子どもたちの統合についての教育システムの方策が最重要課題となった。これは欧州において、およそ2〜9％の外国籍の滞在者が居住し、移民の比率が大きくなっているためである[3]。

古くは1977年7月25日の欧州理事会の指令（Directive[4]）により、欧州共同体（当時）における移民労働者の子どもたちのための教育施策が初めて扱われた[5]。近年の指令では、移民の子どもたちとは、同伴されているか否かにかかわらず、第三国の国籍を持つ未成年と定義され、EU市民と同等の権利を持つように求められている[6]。指令2000/43/ECでは、受入国は国籍にかかわらずすべての移民の子どもたちに平等な処遇を与え、第三国の状況への偏見を伴わずに、教育を提供する責任を持つと示した。

欧州諸国において政策やEU指令等に参考になるデータが求められ続けているなか、1つの大きな総合的指標として、EU諸国の協力を得てブリティッシュ・カウンシルが中心となって始まった「移民統合政策指標（Migrant Integration Policy Index: MIPEX）」がある。これは、欧州における移民の社会統合のための政策（以下、統合政策）の方向性とその達成度合いを示し、統合政策を比較可能なデータとしてまとめ、各国がそれを用いることで政策を改善できるようにすることを目的としている。

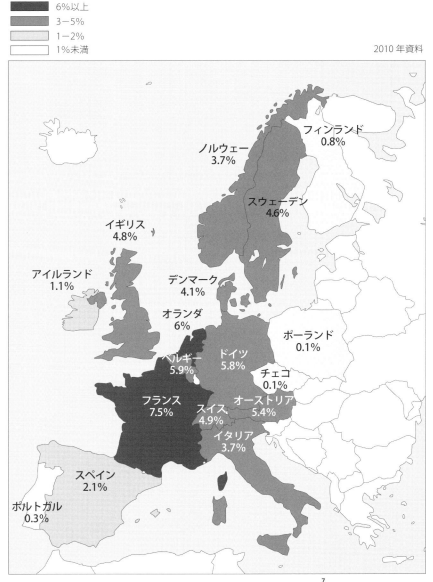

図4.1　西ヨーロッパにおけるムスリムの人口比[7]

(1) 移民統合政策指標（MIPEX）とは

　いかなる国も完璧な社会制度を構築できるわけではなく、それぞれ大小さまざまな困難を抱えている。しかし、欧州域内においてある程度の共通の制度整備を模索する動きも多い。ここでは、移民に関する政策を整理、比較を目指した、欧州諸国が中心となって行う指標事業について取り上げる。

　本研究で用いる「移民統合政策指標（Migrant Integration Policy Index）」（以下、MIPEX〈略称：マイペックス〉）は、主に欧州諸国の移民[8]に関する政策を指標化したものである。MIPEX の目的は、これまでの報告書によって表現が異なるが、最新の第四報告書 "*MIPEX IV*"（2015）では次の3つが挙げられている。すなわち、1) 欧州および先進国において、統合政策8分野における傾向と変化を比較すること、2) 統合政策による影響を把握すること、3) 統合政策を評価することである。この報告書が出された背景には、各種政策のほか、変化に対する提案、各国における質の高いプロジェクトの基礎となる、最新かつ包括的な研究データと分析を提供することが求められていた点が挙げられる。そのため、MIPEX は、統合政策の査定・比較・改善に使える包括的なツールを提供し、各政策指標の最良事例を欧州の最高水準と見なし、その水準に各国がどれほど近づいたかを示してきた。

　測定には現行の法令および政策に関する 167 の指標を用いて、移民たちが欧州社会に参加できる機会を多面的に捉えている。各指標において最高水準であれば満点（3点）とし、不十分である場合は2点が、遠くおよばない場合に1点がつけられた[9]。国によってその指標を示す関連の法令や政策が存在しない場合も1点が与えられ、得点の1～3を0～100に再計算して報告書では提示されている。

　MIPEX 事業は、移民政策グループ（Migration Policy Group: MPG）[10]、国際バルセロナ研究所（Barcelona Centre for International Affairs: CIDOB）、ブリティッシュ・カウンシル[11]によって率いられている。そこに30以上の国レベルの団体、多くのシンクタンク、非政府組織、財団、大学、研究機関などが連携している。MIPEX 調査の結果や国別報告書はオンラインで公開されており、フィンランド、フランス、ドイツ、イタリア、オランダ、ポーランド、ポルトガル、ルーマニア、スペインの各国言語でも国別報告書が公開されて

いる。また、インタラクティブな Web ツール（www.mipex.eu）も利用可能である。

　これまで、MIPEX 事業では 4 回にわたり国際報告書が出版されている。大学、研究所、シンクタンク、基金、非政府組織（NGO）など 25 団体で構成されるコンソーシアムが設置され、第一報告書は "*European Civic Citizenship and Inclusion Index*（欧州市民の市民性および包摂指標）" として 2004 年に出版され、EU 加盟 15 カ国の移民に関する政策がまとめられた。2007 年出版の第二報告書から "*MIPEX*" シリーズとなり、この報告書では EU 加盟 25 カ国とカナダ、ノルウェー、スイスを対象に 6 つの分野（労働市場へのアクセス、家族呼び寄せ、長期滞在、政治参加、国籍取得、反差別）、140 の指標を用いた。第三報告書 "*MIPEX Ⅲ*" は 2011 年に出版され、EU27 か国のほか、豪州、カナダ、日本[12]、ニュージーランド、ノルウェー、セルビア、韓国、スイス、米国が参加した。この報告書では、第二報告書の 6 分野に、新たに教育分野を加えた合計 7 分野の 148 指標を用いた。また、教育分野以外の指標については経年変化も追いかけている。そして、2015 年 6 月に発行され、シリーズ最新刊となる "*MIPEX 2015 : Who Benefits?*（誰が得するのか？）" では、さらに「健康」が新規項目として加えられ、合計 8 分野・167 指標が用いられた。参加したのは、すべての EU 加盟国のほか、豪州、カナダ、アイスランド、日本、韓国、ニュージーランド、ノルウェー、スイス、トルコ、米国の 38 カ国であった。

　MIPEX 全体として、統合政策は、およそ半分程度の国々が望ましい状態にあることがわかっている。それは、各国の政策は、移民が平等な社会成員となる機会と障害の両者を作り出しているという状態を意味する。移民政策における良い状態には、労働条件、家族の呼び寄せ・再結合、長期滞在者の基本的人権・安全・差別からの保護が含まれる。しかし障害といえるのは、国籍取得または政治参加であり、子どもたちにとっては学校で一緒に学ぶことが挙げられる。さらに 2015 年の報告書では、移民が経済活動に参加するにはまだ障壁があるとし、バルト諸国や日本、東および南欧諸国では移民に対する制度整備が不完全であることを指摘している。裕福な先進諸国において移民はネイティブ同等の権利を有するが、政治的イニシアチブは一般市民

の移民に対する信頼にも関係することも述べている。

　詳細な報告がなされている"MIPEX Ⅲ"（2011）報告書によると、移民の統合に向けて望ましい政策を持つ上位国は、ベネルクス諸国（ベルギー、オランダ、ルクセンブルク）、北米（カナダ、米国）、北欧諸国（フィンランド、ノルウェー、スウェーデン）、そして南欧（イタリア、ポルトガル、スペイン）であった。スウェーデンは、家族呼び寄せの見直しにもかかわらず、より良い実施のために力を注いでおり、権利と責任の平等の面から良い結果を示した。ポルトガルは、スウェーデンに次いでEU基準による移民の身分を保障する方法を確保している（ベルギーとエストニアも参照）。移民受入れの歴史の長短にかかわらず、統合政策が良い国では、伝統や経験だけでなく政策的意図が重要であることがわかった。"MIPEX Ⅱ"と"MIPEX Ⅲ"を比較した経年変化からは、多くの国がMIPEXの100点満点のうち、約1ポイントの上昇を見せたことが挙げられる。しかし、それぞれの状況はあまり政策に変更を与えるほどインパクトがなかったうえに、各国における予算削減もその要因であったことが考えられる。"MIPEX 2015"が示す全体像は表4.1のとおりで、デンマークは大きくポイントを上げた（+10）が、英国は下がった（-6）。こうしたランキングも国の間における競争が目的ではなく、自らの国がいかなる制度を持つのか、省察するために用いるのが妥当である。MIPEXは、法令や制度を数値化し、総合指標として比較するものであるため、各国の具体的な文脈や背景について示すことはできない。ただし、他国と比較して政策を改善するための手がかりとして利用することも可能である。

　全体として、MIPEXの分野間における正の相関傾向が含まれる。ほとんどの国で、ある分野で高得点だと、他の分野でも得点が高い。たとえば、すべての新来者を補助する政策を持つ国では移民家族は呼び寄せがスムーズで、仕事を見つけていることもうかがえる。労働市場の流動性と教育においても、成人移民がキャリア、技能、資格を改善できる国では、その子どもたちの具体的ニーズと機会を確認しやすい。本研究では、主に2007年の"MIPEX Ⅱ"の結果、2011年に出版された"Ⅲ"の教育に関する項目、2015年に公開された"Ⅳ"の全体像を用い、巻末資料に"Ⅰ"および"Ⅲ"の抜粋訳を掲載する。

表 4.1　MIPEX IV 全体指標

ランキング 2014	国名	総合スコア 2014	2010 との比較
1	スウェーデン	78	0
2	ポルトガル	75	1
3	ニュージーランド	70	0
4	フィンランド	69	2
4	ノルウェー	69	- 1
6	カナダ	68	- 1
7	ベルギー	67	+ 2
8	豪州	66	- 1
9	米国	63	1
10	ドイツ	61	3
11	オランダ	60	- 8
11	スペイン	60	0
13	デンマーク	59	+10
13	イタリア	59	1
15	ルクセンブルク	57	2
15	英国	57	- 6
17	フランス	54	1
18	韓国	53	- 1
19	アイルランド	52	1
20	オーストリア	50	3
21	スイス	49	1
22	エストニア	46	1
23	チェコ	45	3
23	アイスランド	45	—
23	ハンガリー	45	1
23	ルーマニア	45	1
27	ギリシア	44	- 2
27	日本	44	1
27	スロベニア	44	0
30	クロアチア	43	—
31	ブルガリア	42	3
32	ポーランド	41	5
33	マルタ	40	2
34	リトアニア	37	1
34	スロバキア	37	0
36	キプロス	35	0
37	ラトビア	31	2
38	トルコ	25	1

■ 80-100　望ましい
■ 60-79　やや望ましい
■ 41-59　部分的に望ましい
■ 21-40　やや望ましくない
　 1-20　望ましくない
□ 0　非常に望ましくない

出典：MIPEX（2015: 3）

第 4 章　移民に対する欧州の施設：制度保障の動き　135

　事業が始まった頃、MIPEX は欧州における移民の統合政策に関する、客観的かつ比較およびアクセス可能なデータを測定し、それを用いることで統合政策の改善に貢献することを目指した。開始当時、MIPEX には 25 の欧州連合（EU）加盟諸国と 3 カ国の非加盟諸国[13]における移民の統合に関する[14]政策を測定した。MIPEX の作成にあたり、大学、研究所、シンクタンク、基金、非政府組織（NGO）など 25 団体で構成されるコンソーシアムが設置され、2004 年には最初の報告書を出版した。

　"*MIPEX II*" の指標は、2007 年 3 月 1 日時点での調査がもとになっており、同じ基準で測定されたため「ベンチマーク」として、原則としてそれ移行の比較を可能としている。"*MIPEX II*" には、オーストリア、ベルギー、カナダ、キプロス、チェコ共和国、デンマーク、エストニア、フィンランド、フランス、ドイツ、ギリシャ、ハンガリー、アイルランド、イタリア、ラトビア、リトアニア、ルクセンブルク、マルタ、オランダ、ノルウェー、ポーランド、ポルトガル、スロバキア、スロベニア、スペイン、スウェーデン、スイス、英国の 28 カ国が参加した。それらの国々の指標を合計し降順に並べたのが図 4.2 で、ここから全体の傾向として最良事例までには道半ばであることが言える。スウェーデンは特に高い水準にあり、ドイツは MIPEX 参加 28 カ国の平均とそのうち EU 加盟 25 カ国の間にあり、ちょうど平均である。高い傾向があるのは 9 カ国（北欧諸国、西地中海諸国、BENELUX[15]、カナダ、英国）であった。他方で、水準が高くないのは、バルト海諸国、東地中海諸国、中欧諸国、デンマークであった。

　"*MIPEX II*" のスコアを並べたものが図 4.2 である。これから全体的な傾向としてわかることは、北欧諸国が上位を占め、中央ヨーロッパが中間層を占め、そして東欧諸国が下位に見られることである。北欧諸国が移民をはじめとする困難を抱える多くの者を対象とした福祉制度をすでに構築していることもあり、これは妥当な傾向と言える。さらに、東欧諸国から中央または北欧へ人の移動傾向があるため、流出が多い東欧諸国においては制度整備のニーズ自体が比較的小さいという背景も考えられる。ドイツは "*MIPEX II*" 参加 28 カ国の平均と EU 加盟 25 カ国（当時）の平均との間にあり、ちょうど平均にあることがわかる。

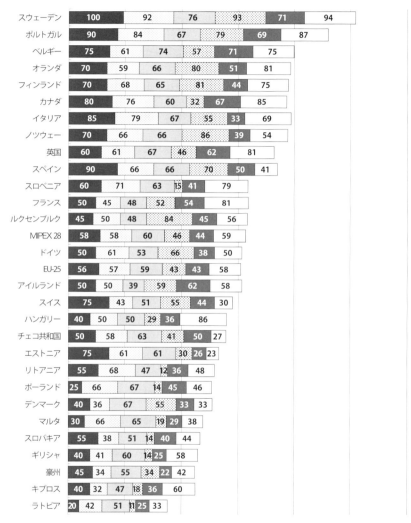

指標は左から、労働市場アクセス、家族呼び寄せ、長期滞在、政治参加、国籍取得、反差別。
注：MIPEX 28 は全参加国の平均、EU-25 は EU 参加国の平均。

British Council（2007）より著者作成

図 4.2　MIPEX II の合計指標

"MIPEX II" において平均にあったドイツと、トップに位置するスウェーデンについて、その後の変化を表4.2に示す。簡単に両国を比較すると、"MIPEX II" では、労働市場アクセスについてはスウェーデンが満点を示し、ドイツが半分程度であった。ほかに、ドイツが目立って低い点は、長期滞在の取得条件（スコア24）、政治参加の被選挙権（同0）、国籍取得の条件（同31）と立場の安全（同30）、反差別の平等政策（同14）が挙げられる。

しかし、ドイツの「労働市場へのアクセス」は "MIPEX II" から "III" さらに "IV" と調査を重ねるごとにスコアを上げており、法整備などが進んでいることがわかる。また市民権（国籍取得）も法律改正により、スコアを大いに伸ばしている。スウェーデンは逆に「家族呼び寄せ」と「政治参加」においてスコアを下げている。

図4.3は、"MIPEX III" と "IV" の間における国別変動を示したものである。スウェーデンは引き続きトップで全体としては変化していないが、ドイツはわずかに上昇していることがわかる。東欧諸国において、ポーランドとブルガリアも改善が目立つ。

(2) 改善を続けるドイツ

MIPEXにおける国別報告によると、ドイツでは難民、家族の呼び寄せ、一時的労働者は減少しているのが現状である。ポーランドからは季節労働者をはじめ、2004～06年における就労のための流入は増加したが、最も多かった長期滞在移民の分類は、家族呼び寄せであった。そのため、近年における政策議論の中心は、高度な技術を持った外国人の呼び込み、国家統合計画の内容、家族呼び寄せ権利の制限についてである。また、2007年にドイツがEU議長を務めた時、EU内の最良事例の情報交換を重視したのも国内事情によると言える。2006年5月には、内務省は州（Länder）が国籍取得試験の内容を決定できるように定め、[16] 7月には第1回統合サミットが国家統合計画を準備し、そこでは統合コース、言語訓練、労働市場における統合、文化的多元性、ジェンダーについて焦点を当て、また、家族呼び寄せの待機期間が延長された。2007年10月には、連邦憲法裁判所が二重国籍の禁止を認めた。

表4.2のドイツの割合を参考にしながら "MIPEX II" の各分野を見ると、

表 4.2　MIPEX の指標とドイツおよびスウェーデンの指標

分野	次元	ドイツ 2007年 (I) %	ドイツ 2011年 (II) %	ドイツ 2015年 (III) %	スウェーデン 2007年 (IV) %	スウェーデン 2011年 (V) %	スウェーデン 2015年 (VI) %
労働市場へのアクセス		**50**	**77**	**86**	**100**	**100**	**98**
	該当者	33	70	70	100	100	90
	労働市場の統合施策	50	50	83	100	100	100
	就業の保障	75	88	90	100	100	100
	権利関係	50	100	100	100	100	100
家族呼び寄せ		**61**	**60**	**57**	**92**	**84**	**78**
	該当者	60	55	25	100	100	79
	取得条件	40	57	50	80	58	70
	立場の安全	75	63	70	88	88	70
	権利関係	70	67	83	100	92	92
長期滞在		**53**	**50**	**60**	**76**	**78**	**79**
	該当者	40	33	50	70	75	75
	取得条件	24	8	33	70	50	67
	立場の安全	64	71	56	79	86	75
	権利関係	75	88	100	83	100	100
政治参加		**66**	**64**	**63**	**93**	**75**	**71**
	参政権	0	0	0	100	100	75
	政治的自由	100	100	100	100	100	100
	諮問機関	69	68	63	75	0	10
	政策実施	90	90	90	100	100	100
国籍取得		**38**	**59**	**72**	**71**	**79**	**73**
	該当者	50	90	92	50	60	50
	取得条件	31	33	52	81	71	83
	立場の安全	30	64	57	90	86	60
	二重国籍	50	50	88	50	100	100
反差別		**50**	**48**	**58**	**94**	**88**	**85**
	定義と概念	63	50	67	100	79	75
	適用分野	75	75	80	100	100	100
	強制力	56	50	69	83	83	81
	平等政策	14	17	17	100	89	83
教育		—	**43**	**47**	—	**77**	**77**
	アクセス	—	43	50	—	57	58
	ニーズ把握	—	30	47	—	90	90
	新たな教育機会	—	50	50	—	88	80
	異文化間教育	—	50	40	—	75	80
健康		—	—	**43**	—	—	**62**
	医療保障	—	—	50	—	—	78
	アクセスのための政策	—	—	30	—	—	62
	健康サービス	—	—	58	—	—	58
	変化の方策	—	—	33	—	—	50

注1：IIでは指標「労働市場へのアクセス（Labour Marktet Access）」は、III以降「労働市場の流動性（Labour Marktet Mobility）」に変更されている。
注2：IIIでは指標「長期滞在（Long-Term Residence）」は、IV以降「永住権（Permanent Residence）」に変更されている。
注3：「教育」指標はIIIから、「健康」指標はIVから導入された。

MIPEX（2007; 2011; 2015）に基づき著者作成

第4章 移民に対する欧州の施設:制度保障の動き 139

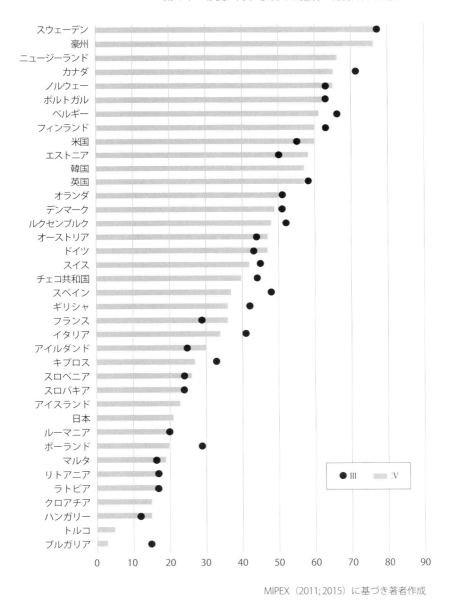

MIPEX (2011;2015) に基づき著者作成

図 4.3　MIPEX-III と IV の間における総合スコアの変化

次のようになる。

- **労働市場アクセス**：2005年改正の滞在法のもと、移民が自営業を始めるには、多くの条件が付けられた。すべての業界においてEU市民と同等の権利を得るためには、移民には最低5年の勤務が必要となり、他方では職業訓練、奨学金による支援の増加がさらに求められている。移民労働者は労働組合に入れるが、現行の労働許可では転職は困難である。
- **家族呼び寄せ**：1年の合法的滞在をもって、移民は配偶者または登録されたパートナーを呼び寄せることができる。ただし、子どもたちや親、祖父母は、さらに扶養者の収入の証明などが必要である。原則として政府によって移民の立場は保護され、家族の者も3年内に自動的に滞在許可を得られるようにもなっている。
- **長期滞在**：申請中や国外滞在の期間を除外したドイツ滞在5年の後、長期滞在が認められる。条件として高い収入、高度なドイツ語テスト[17]の合格、ドイツ社会に関する統合テストの合格が必要である。滞在許可を持つ者は1年以上、国外に出ていることは認められないが、ドイツ人と同等の健康管理、住宅に関する権利を持つ。
- **政治参加**：移民はどの政党にも入り、自らの政党を立ち上げることも可能である。地方選挙の選挙権は与えられ、しかし被選挙権は持たない。地方自治の裁量が大きいため、連邦による諮問、実施に関する調整が求められる。
- **国籍取得**：ほとんどの移民は、ドイツ国籍の申請のために8年以上の滞在が必要である。子どもや孫は、出身国の国籍を取得する前に、追加的条件が必要である。帰化するには、言語テストと統合テストの合格、犯罪歴の確認、十分な収入の証明が必須である。二重国籍は、将来帰化が予定されている移民および困難な条件下の外国籍の者にのみ許されている。
- **反差別**：各種差別は裁判所の判断に任されている。ただし、2006年8月には待遇均等に関する一般法が成立し、現在すべての差別が禁止さ

れている。強制力は多様な分野に適用されているが、法令は実際の裁判で被害者を支援するNGOの法的根拠を制限している。政府は積極的な行動施策を特に持ち合わせていない。

一般市民の考えとして、約半数（48.1％）のドイツ人が、移民の家族呼び寄せを支持している。32.7％が、移民は容易にドイツ国籍を取得できるようになるべきだと考え、4分の1以上がEU諸国外からの移民は退去させる、40.1％が失業中の移民は退去させるべきと考えている。他のEU諸国と異なり、45.2％のドイツ人はEU外からの合法移民には同等の権利を与えるべきと考えている。47％は広がる民族差別への政府の対応が不十分であると考えている。3分の2が行政の積極的な行動施策を支持し、29.4％は労働市場における民族差別は法で罰せられるべきと考えている。

(3) トップのスウェーデンの指標と特徴

同様に国別報告によるとスウェーデンの場合、移民の数は増加し続けており、EU外からの流入としては家族呼び寄せと難民が、就労や留学よりも多くなっている。表4.2で示された通り、人口のうち約3％が移民で、スウェーデンの大都市であるマルメ、ヨテボリ、首都ストックホルムに移民が多い。イラク、セルビア・モンテネグロなど紛争などによる難民も多いが、トルコからはクルド系の政治難民もいる。就労に関連して、スウェーデン人とEU外市民の間における就業率の差は、27.6％ポイントある。

報告のあった2006年だけでも1月には国籍法が変更され、移民の申請内容に不正確な情報があると市民権を取り消すことができるようになった[18]。4月には子どもたちや学童への差別や劣悪な扱いを禁止する法律ができ、中道右派連立政権が誕生した後の9月には、1998年に設置されたスウェーデン統合局（Swedish Integration Board）が閉鎖された。

次に、表4.2に示されている"*MIPEX II*"の各分野を見ていこう。スウェーデンは全分野においてトップ水準にあるが、いくつかは100％に達していない。

○ **労働市場アクセス**：この分野では MIPEX のすべての指標を満たしている。移民は最低 1 年の許可で、EU 市民のように自営業を始めることができる。失業中の移民は、スウェーデン語の授業と職業訓練を受けるための支援が政府によってなされている。また、2 年間の滞在によってすべての者はスウェーデン人と同様に学習のための奨学金に応募できる。

○ **家族呼び寄せ・家族再結合**：ここでは取得条件および立場の安全を除き、100％であった。収入にかかわらず、1 年の登録された滞在によって家族を呼び寄せることができる。また、3 年後にはすべての家族が滞在許可を申請することができ、就労、教育、健康管理、住居に関する平等な権利を持つことができる。

○ **長期滞在**：合法的滞在が 5 年を経過すると長期滞在許可の対象となる。この 5 年間においては、連続し 6 カ月あるいは非連続の 10 カ月以上、スウェーデンから出ることはできない。生活や住居の証明など申請は高額であるが、ネイティブと同等の権利を持つことができ、他国での居住も認められる。

○ **政治参加**：合法的滞在が 3 年経過した者は、選挙権を持ち、地方選挙への被選挙権も持つ。政党への参加や自らの政党結成により政府助成金を受けることも可能。

○ **国籍取得**：有資格者と二重国籍においてスウェーデンには課題がある。スウェーデン人の配偶者は滞在 3 年で国籍取得ができるが、移民で北欧諸国出身者は 2 年、その他の国では 5 年は待つ必要がある。第二世代以降の移民は、出生による国籍取得ではなく、原則 15 歳までに申請することができる。

○ **反差別**：法令や制度上、すべての差別は禁止されている。ただし強制力についてのみ、合法的な組織が、被害が明確でない場合でも平等を求めることができれば、100％になるだろう。

一般市民の認識として、スウェーデン人の 3 分の 2 が、移民は家族呼び寄せを当然とし、スウェーデン人と同等の権利を持つべきだと考えている。

16.1％が失業中の移民は排除すべきだと考え、これは EU 諸国の中ではデンマークに次ぐ低さである。EU 諸国で最高となる 86.2％の者が、民族的多様性はスウェーデン文化を豊かにすると考えている。68.7％が政府は差別に対してさらに取り組むべきと考え、67.3％が労働市場における積極的な行動施策を支持している。

次の図 4.4 から図 4.7 は、スウェーデンとドイツの "MIPEX IV" の総合結果である。教育指標については後述するが、それを含めたこのレーダー図は広がりを見せるほど、その国の制度整備が充実していることを表現する。

ドイツでは移民の労働市場へのアクセスが保障されており、移民による市民権・国籍取得も改善していることがわかる。ドイツの課題は、「健康」指標であることがわかった。教育分野においては、"MIPEX III" 同様に平均的で、ドイツの国全体としては異文化間教育も今後の課題であることが示唆される。

●スウェーデン・マルメの移民研究所

●スウェーデン・ヨテボリの女性移民の茶話会

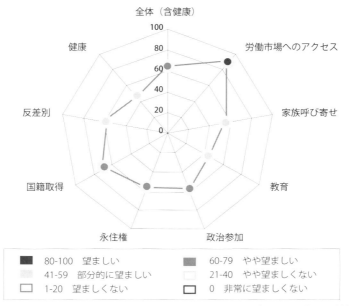

図 4.4　ドイツ：2014 年

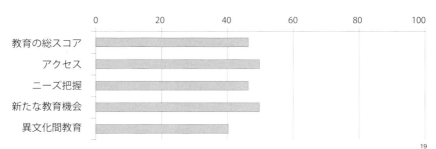

MIPEX Policy Indicators Scores より著者作成 [19]

図 4.5　ドイツの教育スコア

　他方、スウェーデンは、難民受け入れなど国際的な保護で有名な国であり、近年では家族呼び寄せや留学生の受入れを強化している。MIPEX 指標ランクではトップで、「主流化（mainstreaming）」手法が実際の平等化に寄与し

第 4 章　移民に対する欧州の施設：制度保障の動き　145

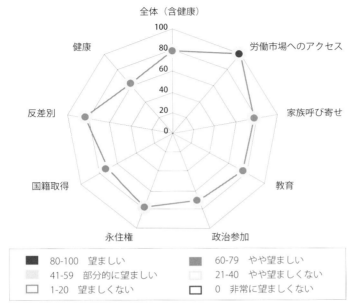

図 4.6　スウェーデン：2014 年

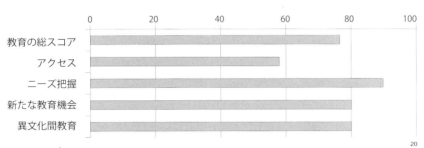

図 4.7　スウェーデンの教育スコア

ている。生徒は多様化したカリキュラム環境で教育を受けることができ、通訳サービス、母語の学習、第二言語としてのスウェーデン語学習の機会が保障されている。

(4) MIPEX に見られる教育指標

　最後に教育指標について確認しておこう。教育が総合指標の1つに加えられたのは、2011年出版の"*MIPEX III*"からである。社会統合のためには移民の子どもたちの教育と保護者の理解が重要であるという認識があるためで、MIPEX に限らず他の指標づくりも見られる。教育指標には、1）アクセス、2）ニーズ把握、3）機会均等、4）異文化間教育が含まれる。各内容の詳細は次のとおりである。

1) **アクセス**：就学前教育・義務教育へのアクセス、法的権利としての義務教育、準備学習の評価、義務教育以外の教育アクセス、職業訓練へのアクセス、高等教育へのアクセス。
2) **ニーズ把握**：すべての教育段階での教育指導、教授言語の学習支援、移民の生徒のモニタリング、移民集団の教育環境を把握する施策、移民の学習ニーズを反映できる教員研修。
3) **機会均等**：移民の母語を教授支援、移民の文化を教授支援、移民の隔離させない・統合を促進する施策、移民の保護者とコミュニティを支援する施策、移民を教員として採用する施策。
4) **異文化間教育**：多様性を反映させる学校カリキュラム、情報関連の行政支援、多様性を反映させるカリキュラムの採用、多様性を反映させる学校生活の確保、多様性を反映させる教員研修。

　これらの指標を踏まえて、報告書では、教育状況が最も良い場合、最悪の場合、平均的な場合の3つの様子が記されている。まず、教育環境が「最良の場合」、次のような状況が想定されている。これは、2010年5月の調査時の段階において参加した31カ国のうち実際に見られた国の政策の1つである。その国に在住するどの子どもも幼稚園から大学まで通うことができ、可能な限り上位の教育機関へ進学できる。同じ社会経済的背景を持つ他の級友と同じように、教育政策のメリットを受けるのである。仮に、自分が、または移民家族が、自らの経験から別のニーズを求めるならば、その子どもは追加的支援を受けることができる。教師はそうした要求を把握するように研修を

受けており、また移民を背景に持つ子どもにも他の子どもと同様の期待をかけている。言語の習得についても、その子どもは特別な授業を受けるようになっている。進学・進級の各段階において保護者は積極的な役割を担い、同時に学校に対して新たな機会を提供する。他の子どもたちも、学校でその子どもの出身言語と文化を学ぶことができる。学校カリキュラム、教科書、年次行事、実践において、学校は国際的・多文化的手法を採ることになる。他の子どもと教職員とともに、多様化した社会の中でどのように生活し、学ぶかを勉強する。

　他方、「最悪の場合」とは、次のとおり説明されている。こちらも、調査に見られるある国の政策の1つである。学校は、移民の生徒が統合に向けて努力する動機にはなっておらず、その国に住む多くの子どもは、現地ネイティブと同様の完全な教育権を持っていない。社会統合を扱う学校は限定的で、または臨時のプロジェクトだけで扱われている。ほとんどの時間、移民の子どもは同年代の他の子どもたちと同様に扱われているか、懸念されるのは教師がその子どもを問題児としてしか捉えていない点である。現地の公用語や文化とは異なる言語と背景によって、保護者には教育に向けた支援が提供されていない。その子どもは、言語学習のサポートを受けないため、自分の家族が使用する言語、または受入社会の言語を正しく学ぶことができない。学校で悪い成績をとる他の移民の生徒とともに学校を卒業する。他方、教職員は多様性を身につけることはなく、学校における各種多様性を扱うこともできない。多様な背景を持つ人々に敬意を払うこともなければ、一緒に働くこともない。

　最後に、「平均の場合」は次のような状況である。教育は今回のMIPEXから新たな指標となっているが、多くの国における統合政策の弱点を示す大きな分野である。つまり、新来者の子どもたちの学習を専門的に評価する教育制度がほぼ無いのが現状である。ただ一般的に、ほとんどの子どもたちは幼稚園や義務教育へ入る最低限の権利を有するほか、不利な状況下の子どもたちを支援する一般的な施策が存在する。しかしそうした状況は十分ではなく、移民の生徒は学校においてさまざまな理由によって他の生徒よりも課題に直面している。これらの国々では、学校が、移民の生徒、教員、保護者

表 4.3　MIPEX 教育分野ランキング

	EU28 平均	37						
	EU29 平均	49						
	EU30 平均	23						
1	スウェーデン	77	14	デンマーク	49	27	スロバキア	24
2	豪州	76	15	ルクセンブルク	48	28	アイスランド	23
3	ニュージーランド	66	16	オーストリア	47	29	日本	21
4	ノルウェー	65		ドイツ	47	30	ルーマニア	20
	カナダ	65	18	スイス	42		ポーランド	20
6	ポルトガル	62	19	チェコ共和国	38	32	マルタ	19
7	ベルギー	61	20	スペイン	37	33	ラトビア	17
8	フィンランド	60	21	フランス	36		リトアニア	17
	米国	60		ギリシャ	36	35	クロアチア	16
10	エストニア	58	23	イタリア	34	36	ハンガリー	15
11	韓国	57	24	アイルランド	30	37	トルコ	5
	英国	57	25	キプロス	27	38	ブルガリア	3
13	オランダ	50	26	スロベニア	26			

出典：MIPEX 2015 Inforgraph より著者作成

のそれぞれのニーズを満たすための裁量を持っていて、その対応に努力をしている。明確な必要条件あるいは資格が無い状態で、生徒たちは国を越えて、進路選択で求められる支援を得ることはなく、それは特に多くの移民がいる、または資源がほとんど無いコミュニティにおいては顕著である。移民は言語を学ぶためのサポートを得る資格を持つが、他のカリキュラムで示されるほど頻繁でも十分でもない。多様性を持つ学校または教職員へ向けた教育制度を持つ国はそれほどない。そのため、多様な生徒集団によってもたらされる新たな機会を活かすことができない。

　欧州諸国において移民の抱える現実に具体的に対応できている教育制度は多くはない。制度整備が見られるのはほとんどの場合、北米、北欧、ベネルクス諸国である。英国は移民大国であるにもかかわらず、教育については良い結果を示している。また、比較的最近に制度整備を行ったポルトガルは"*MIPEX Ⅲ*"で非常に良い結果で、"*MIPEX 2015*"においても同様である。そのほか、良い結果を示しているのは、中央ヨーロッパのチェコ、バルト海

のエストニアである。その他の 50％以下のスコアを示す国々は、そうした制度整備の遅れが目立つと言えよう。

2.『学校へ移民の子どもたちを統合する』に見る教育取り組み

　他方、教育政策に特に注目して比較した報告書には、欧州教育情報ネットワーク（Eurydice）がまとめたものがある。[22] Eurydice（2004）が出版した"*Integrating Immigrant Children into Schools in Europe*（欧州における学校への移民の子どもたちを統合する）"は、命題「各教育システムは、どのように移民の学童を統合することを試みているのか」について調べた結果である。統合に関連する教育政策として重視されているのは、子どもたちへの受入社会の公用語と自らの母語を学習・維持する教育、成人対象の言語教育、教育への公平なアクセス、移民が求める宗教教育への対応、移民第二世代以降のアイデンティティ、多数派が異文化を学ぶ教育機会を内包する異文化間教育、移民の子どもたちが中途退学しないよう保護者の参画の促進などが課題として挙げられる。

　欧州における移民への教育政策は、子どもたちの学校教育を中心的に扱うものの、保護者の参画や成人教育を含むものであり、また移民の就職支援や国籍取得等といった社会制度の政策との関連が強い。政策資料となっている報告書『欧州における学校への移民の子どもたちを統合する』の全体報告書と、特に国内におけるトルコ移民の割合の高いドイツと、後述するように「指標」が最高値であるスウェーデンについて国別報告書も参考にし、各国内における背景を加えて記す。両国とも都市部に移民が多いが、ドイツは経済的な出稼ぎを受け入れた歴史を持つため、彼らの定住化を想定していなかった。スウェーデンには移民の後に、近年は難民を受け入れてきた経緯があり、国内における福祉制度の延長に移民政策がある。そうした両国の制度の違いが報告書によって示され、教育の重点課題が異なることもわかる。

　欧州教育情報ネットワーク（Eurydice）は、欧州委員会により教育分野における情報・経験を共有するために 1980 年に創設された。2011 年現在は、

EUの生涯学習プログラムに参加する33カ国をもとにした37システム（EU加盟国、EFTA諸国、クロアチアとトルコ）によるネットワークで、欧州の教育システム情報の主な仕組みとその発展について情報提供をする。Webで多くの情報が提供されているが、その中でも移民に対する教育についてまとめたものが2004年に発行された"*Immigrant Children into Schools in Europe*"（欧州における学校への移民の子どもたちを統合する）"（以下、『移民の子の統合』）である。これは、Eurydiceに参加する各国・地域によって収集された情報をもとに作成され、次の内容を扱う6つの章からなる。

第1章：EUにおける統合政策と協力の全体像
第2章：人口統計学的傾向を、欧州統計局（Eurostat）の2002年データとOECD-PISA 2000の指標を用いて提示
第3章：移民の子どもたちの教育権および支援施策
第4章：統合施策の検証
第5章：移民の学童が母語能力を維持し、自らの文化的遺産に気づかせる施策の具体例
第6章：当局が異文化間アプローチを学校教育の中でどのように促進しているかを検証

『移民の子の統合』では、移民の子どもを欧州内外の他の国から来た子どもとし、その両親・祖父母は受入国で滞在し、または難民・違法移民である者としている。ロマ人など特定の国の中での移民に対する施策は、この定義に従う場合のみ扱っている。報告書でまとめられた情報は、各国代表者からの提供、主要な欧州の政策文書、欧州統計局とOECD-PISA調査からのものである。

本節では、この『移民の子の統合』報告書に加えて、国別報告書として出版されたドイツ（2003/04）とスウェーデン（2003/04）も資料とする。

(1) **Eurydice の調査結果**

欧州評議会・理事会（Council of Europe）が、教育システムへの移民の子

第 4 章　移民に対する欧州の施設：制度保障の動き　151

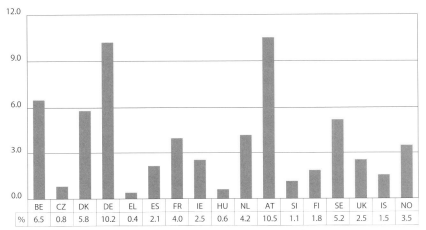

BE：ベルギー、CZ：チェコ、DK：デンマーク、DE：ドイツ、EL：ギリシャ、ES：エストニア、FR：フランス、IE：アイルランド、HU：ハンガリー、NL：オランダ、AT：オーストリア、SI：スロベニア、FI：フィンランド、SE：スウェーデン、UK：英国、IS：アイスランド、NO：ノルウェー（以下、同様）

出典：Eurydice (2004)

図 4.8　2001 年 1 月 1 日時点の 15 歳以下の外国籍の者の比率

どもたちの統合について、行動は次の 3 分野でとられるべきだと勧告している。すなわち、彼／彼女らの特別な教育ニーズに教育システムを適応させること、通常の学校カリキュラムにおいて出身国の言語と文化についての授業を含むこと、すべての者に異文化間教育を促進することである。これは 15 歳以下の外国籍人口を見ることにより、その必要性がわかる（図 4.8）。たとえば、ドイツ全国の平均として 10 人に 1 人が外国籍を持つ学童である。また教授言語（ほとんどの場合において多数派の言語）の習得が、子どもたちに限らず保護者にも必要であることが、図 4.9 から読み取れる。

　次に、教育を受ける権利や義務教育、制度上の学校サービスについて、ほとんどの国では移民か否かにかかわらず、義務教育の権利を保障していることがわかった。教育を受ける権利は、滞在国において合法的滞在の身分になくとも、暗黙に認められている国々が多い[23]。対照的に、学校には何の義務も課されていない国々もあり[24]、入学手続きの際に滞在許可状況を示す必要がある。スウェーデンでは、滞在期間が条件となっている。滞在許可を申請中

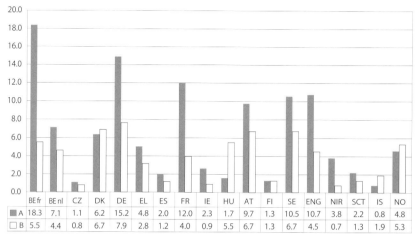

A：親が外国生まれ（%）、B：家庭で話す言葉が異なる（%）。
BEfr：ベルギー仏語圏、BEnl：ベルギー蘭語圏、ENG, NIR と SCT で英国の一部。
注：データ欠損はオランダ。

出典：Eurydice（2004）

**図 4.9　外国生まれの親を持つ 15 歳児の割合と
家庭の使用言語が教授言語と異なる家の割合**

あるいは期間限定の滞在許可を持つ子どもたちは、教育権を持つが、通学する義務はなく、欧州諸国において通学の権利が義務と分離している唯一の例である。義務教育段階以前の学齢は、教授言語を学ぶことに支援が与えられている。また、移民であるかにかかわらず、食堂、学校の設備や課外活動、保健サービスなどの義務教育段階の学校のサービスは受けられる。スウェーデンでは通学用交通手段は無償である。

　学校は、移民の子どもだけでなく保護者に対する支援を行うことが多い。それは子どもに通学してもらい、受入国の学校制度内における進路の情報にアクセスしてもらうためである。同時に、学校と家庭の間で共有される情報の質を向上させることにもなる。そこで、学校についての説明が保護者にどの程度行われているのかを見てみると、表 4.4 のようになる。ここでは学校システムに関する情報が書面として提供されているのか、通訳、補助をしてくれる人がつくのか、移民の家族に特別に会合が持たれるか、就学前教育の

表4.4 学校等における移民への情報提供の種類

	BEfr	BEde	BEnl	CZ	DK	DE	EL	ES	FR	IE	HU	NL	AT	FI	SE	ENG/WLS/NIR	SCT	IS	NO
A			○		○	○			○	○	○	○	○	○	○	○		○	○
B	○	○			○		○		○	○		○		○	○	○			
C	○	○						○	○						○		○		
D								○							○				
E			○												○				

A：学校システムに関する文書による情報、B：通訳者の提供、C：特別な情報提供者、D：移民家庭への特別な会合、E：就学前教育に関する情報。
BEfr：ベルギー仏語圏、BEde：ベルギー独語圏、BEnl：ベルギー蘭語圏、Eng/WLS/NIRとSCTで英国。
注：データ欠損はスロベニア。

出典：Eurydice（2004）

表4.5 教育システムにおける移民の子どもに対する支援

	BEfr	BEde	BEnl	CZ	DK	DE	ES	FR	IE	NL	AT	SI	FI	SE	ENG/WLS/NIR	SCT	IS	NO
A	○		○	○				○	○	○	○		○	○	○	○	○	○
B		○				○						○			○			
C	○		○	○														○
D					○			○										
E																		

A&Bは、統合モデル。C&Dは、分離モデル。
A：教室内で提供される支援を伴う統合、B：教室から離れて提供される支援を伴う統合、C：移行的支援、D：1年以上の長期支援、E：学校の規定時間外で提供される支援。
BEfr：ベルギー仏語圏、BEde: ベルギー独語圏、BEnl: ベルギー蘭語圏、Eng/WLS/NIRとSCTで英国。
注：データ欠損はギリシャ、ハンガリー。

出典：Eurydice（2004）

情報が提供されているかを示している。ドイツでは書面による情報提供のみであるが、スウェーデンには書面はないものの、通訳がつくほか、特別な会合と就学前教育の情報が提供されている。通訳は新学期や新たに入学したばかりの子どもを持つ家族に対して提供されている。

他方、子どもに対する教授言語の教育が十分でない場合、EU諸国では次の2つの施策が取られている。1つは「統合モデル」呼ぶことができ、移民の子どもは同年齢のネイティブと同じクラスに入り、一般の授業の中で個別に支援を受ける。ここでは移民の子どもには追加的授業がなされることもある。もう1つは「分離モデル」で、ネイティブから分けられた移民の子ども

たちはまとめて特別な授業を受ける。一般のクラスに合流することもあるが、言語能力などにより長期間にわたり分けられたままのこともある。表4.5はそれらのモデルを一覧に示したものである。ドイツでは「分離モデル」が用いられ、スウェーデンではそれに加えて「統合モデル」と放課後に補習が行われている。これら2モデル内では、さらに、言語ニーズ、カリキュラム分野で必要な学習ニーズ、少人数制学級の3つの学校レベルでの取り組みが見られる。

　また、教員による支援体制として、ドイツ、ギリシャ、スロベニア、スロバキアの教員は、移民の生徒が抱える言語的、教育的課題への対応に関する特別研修を受けている。この4カ国では「分離モデル」に対応した組織的な調整がなされているのである。また、一般的に欧州ではサポート教員がさまざまな施策に対応しており、教科との関連において言語教育・指導ができるようになっている。教員研修においても、移民の家族と協働することに重点がおかれており、移民に対応する教員には特別手当や業務の軽減などの方針が取られている国々もある。

　また、学校レベルでの移民文化の認識として、欧州諸国では対となっている方針がある。すなわち、一方で移民の生徒に1つの公用語を習得させ、学習が容易になるので統合を促進しつつ、他方では移民の母語と文化を維持するというものである。母語に対する支援は、子どもたちの学習能力を発達させることになり、またアイデンティティの確立を保障するものである。その関連する施策について、スウェーデンでは市町村レベルが責任を持っており、週に何時間かの授業外時間で行っている。[25]学校の日常生活への適応でまず挙げられるのは、宗教関連のものである。宗教による祝日は学校行事には組み込まれていないことが多いが、ドイツでは学校に申し出ることで休みを取ることができ、スウェーデンでは地方レベルで休みを取ることのできる日数が定められている。特定の教育活動として、ドイツでは体育と水泳は男女混合で行われるが、学校は移民の保護者のリクエストがあれば、男女を分けて授業をしなくてはいけなく、それができない場合、移民の女子生徒は授業に参加しなくてもよい。スウェーデンでも同様に、保健体育では特にムスリムの場合には学校は男女別に教えることを選ぶことができる。服装について、ス

ウェーデンの場合、全身を覆うブルカを着用したムスリム女子生徒に対して授業中と試験の間は顔を隠すことを認めず、教室の外では自由としている。日本のような給食が提供されていない国が多いため、ムスリムの食事制限については特に方針がない。提供されている国では食堂で宗派による食事の選択ができるようになっている。

今日、欧州のすべての教育システムではカリキュラムの中に異文化間の関係が扱われている。これは異文化間アプローチと呼ばれ、学校が異なる文化による多様性を扱うことを可能にし、3つの次元（文化多様性の学習、国際的次元の理解、欧州の次元の理解）を具体化しているものである。異文化間アプローチは、教科横断的な状況と個別の教科学習の中へ取り込むように定義されることが多いが、それに対する評価はまだ限られた事例しかない。[26]

(2) 国別報告書より：ドイツは改善の最中にある

移民の子どもたちの定義は、ドイツに比較的長期間生活しており、ほとんどの場合ドイツ国民ではない親を持つ者である。すべての移民の子どもたちは6歳からドイツ人と同様の権利と義務を持ち、「州（Länder）間における学校システム標準化に関する相互合意（Hamburger Abkommen）」によって通学の義務が規定される。移民の出身として、外国人の中で27％を占めるトルコ系移民が最大の移民集団で、次いでイタリア人移民が多い。近年は東欧諸国からの移民が増加している。子どもたちに絞ると、43％がトルコ系の背景を持ち、7.9％のイタリア系、7.2％の旧ユーゴスラビア系である。

学校においてドイツ語に問題がない場合は一般のクラスで移民の生徒も授業を受ける。およそ40％の移民の子どもたちが就学前段階における言語教育を必要とし、ほとんどの州でそれは提供されている。また、旧東ドイツでは移民の数が少ないため、母語教育は実施されていない。なお、これらの義務教育段階の言語教育は無償である。

教員研修では、異文化間教育に関する内容はまだ含まれていないが、外国語、世界地理、社会科学でその一部が扱われている。また外国語としてのドイツ語の研修では、異文化間教育を扱っている。今後は、全教科において、また授業構成の中に、異文化間の視点を含めることが目標にされている。さ

らに、教科書における偏見を監視し、パイロット的な取り組みへの評価を行い、多文化事業や国際ネットワークを強化し、学校とソーシャルワーカーなどの連携を目指すことになっている。

(3) 国別報告書より：スウェーデンは細かな取り組みが多い

スウェーデンにおける移民とは、外国生まれで、スウェーデンに移住し、国内で永住許可を得た者である。そして外国の背景を持つ者とは、外国生まれでスウェーデンに移住した、あるいは両親のいずれかが外国生まれの者としている。

「すべての者に学校教育を」は、スウェーデンにおける教育の基本方針であるため、どのような条件であっても、就学前、義務教育、後期中等教育において教育を受ける権利が保障されている。就学前教育は市町村が管轄し、固定された教育予算は政府が負担している。国家教育局（National Agency for Education: NAE/Skolverket）が、スウェーデン語を母語としない保護者を持つ学童の情報を毎年収集している。

スウェーデンの公式統計としては、出生地をもとに登録がなされている。そのため、その人が何語を話すかというデータはなく、クルド人移民はクルド人としてではなく、たとえばトルコから移民したという形で統計に出ている。そのような制限があるが、2002年12月31日段階でスウェーデンの人口89万人中の約10万人（11.8％）が外国生まれで、そのうち移民は約4万人ほどである。この5年間でスウェーデンに移住した者の出身国は、イラクが最大で、次いで旧ユーゴスラビア、ドイツ、イラン、ボスニアの順である。ドイツからの移民は、セルビア・モンテネグロの難民である。ほとんどの移民は、ストックホルム、ヨテボリ、マルメといった都市部に集中している。

就学前の学校に通学しなかった者には、「オープン・プレスクール」が提供されている。それは、子どもだけでなく保護者も共に学ぶ場となり、無償である。スウェーデン語のほか、社会の仕組みなどの授業が提供され、学校では彼らの母語を使うサポート教員が配置される。移民の子どもたちの学校の成績は、スウェーデン人と同様の基準でつけられる。義務教育および後期中等教育段階では外国語としてのスウェーデン語の授業を受けることができ、

教員はスウェーデン語を外国語として教えるよう研修を受けることが近年は多くなっている。また、移民の生徒は自分の母語を学ぶ機会を保障されている。

ムスリム女子の場合は自らが最も快適な服装で通学することが認められており、授業内容によっては男女別で提供されている。ただし、対面コミュニケーションが教育プロセスにおいて重要であるため、教室でのブルカ着用の禁止のほか、NAEはすべての学校に同様の措置を取ることを認めた。

学校はすべての保護者と生徒を年に2度集め、「個別発展のダイアログ」を実施している。ここでは、保護者に生徒の学力や進捗状況が知らされる他、スウェーデン語との通訳がつき、学校と家庭のつながりを促進している。教員研修には国によるガイドラインはないため、異文化間アプローチは各教員養成機関による。また、評価の取り組みはまだ少なく、NAEの年次統計資料で示されるいくつかのデータが存在する程度である。

3. 欧州における複言語主義と少数派への支援

本章の最後には、これまで見てきた政策指標と教育比較に加えて、受入社会の多文化に対する捉え方を見る。これによって、形式的な統合の条件をすべて見ることになる。

(1) 欧州言語共通参照枠（CEFR）

国際的な枠組みを形成する試みを続けてきた欧州評議会（Council of Europe）は、言語に関して欧州言語共通参照枠（European Languages and Common Reference Frame: CEFR）を打ち出した。2001年から有効になったCEFRは、欧州における1975年以降の言語教育研究および議論をまとめたもので、相互理解、言語の生涯学習、国境を越えて通用する言語運用水準の共通化を主目的とする。CEFRの言語使用モデルとは、ある条件下で目的達成のために、言語活動を通して最適な戦略と必要な知識を加工することであり、それは一般的かつコミュニケーション言語の能力の両者の範囲を広げる個人および社会の参加者たちによって行われるものである。[27]

こうした共通の枠組みを形成した背景には、もともとEUを創立した国々に複数の公用語が存在し、近年の新規加盟国の言語も一部は公用語として取り入れられた。この点について、次のようなまとめ方ができる（園山、2007）。複数の言語を公用化する背景には、EUの「多様性の中の統一」というスローガンがあり、言語の多様性あるいは多言語主義を重視する姿勢へとつながっており、2000年12月『EU基本憲章』ではそれがより明記された。『憲章』第22条では、言語、宗教、文化の多様性への尊重が謳われている。2001年には一般市民への普及活動「欧州言語年2001」として引き継がれ、2002年のバルセロナ欧州理事会（European Council）で欧州委員会（European Commission）へ提案され、1995年以降に教育白書で言及されていた「少なくとも母国語以外に2つの外国語の学習機会を保障する」ことを具体的な目標とすることになった。

(2) **多言語主義から複言語主義への視点の転換と挑戦**

　かつて欧州諸国では多言語主義（multilingualism）が大きな動きであったが、現在は複言語主義（plurilingualism）の流れとなっている。つまり、話者の少ない言語の消滅を避けるためにもEU加盟国における少数言語や地域語を尊重する多言語主義をとっていたのであるが、現実には外国語として英語など主要言語が圧倒的に強いなか、他の諸言語からも学習機会を確保できるよう、言語意識をもとにした教育アプローチをとるようになった。

　上記のCEFRは、この複言語主義を具体化したものである。母国語以外に2つの言語の習得（「母語＋2」）を目標に掲げる際に、その2言語の能力を母国語と同じ水準まで高めるという多言語主義アプローチではなく、道具としての外国語という側面に加え、異文化理解・交流や職業上のニーズに対応し自らの学習を目的にする複言語主義である。1人が母国語以外の複数の言語を学習し、運用可能とすることを目指すことで、その言語の到達目標や能力を、EU域内において言語を超えた共通の尺度で見ることができるようになる。そして、グローバル時代における外国語学習が英語などの主要言語にのみ集中することを避けることができ、社会全体として使用できる言語が多様化される。

そもそも多言語主義とは、複数の言語知識または特定の社会の中で異なる言語が共存している状態であり、単に特定の学校や教育制度の中で学習可能な言語を多様化すること、あるいは生徒たちに１つ以上の外国語を学ぶように奨励、国際社会における英語のコミュニケーション上の支配的地位を引き下げることで達成されうるとする。

　それに対して、複言語主義によって「個人の言語体験はその文化的背景の中で広がる。家庭内の言語から社会全般での言語……他民族の言語へと広がっていくのである。その際、言語や文化を完全に切り離（せ）……ない。むしろそこでは新しいコミュニケーション能力が作り上げられるのであるが、その成立には全ての言語知識と経験が寄与するし、そこでは言語同士が相互の関係を築き、また相互に作用しあっている」[28]。複言語主義では、母語話者並みの言語使用を特に目的とせず、知らない言語でも言語知識や経験を駆使して推測できること、他の言語や文化に対して寛容になることなどが求められている。

　複言語主義からすると、母語以外の言語は学習機会を提供するものになるため、移民の背景を持つ学習者の出自語も「母語＋２」の中に数えることも可能となる。そのような動きとして、CEFRの延長の一部に位置づけながら、欧州評議会言語政策局は2009年４月、教授言語と言語教育に関する取り組みを系統づけるなかで、加盟諸国の経験と専門知識から利益を享受するため、「基盤（Platform）」を提案している。

　これは、特に不利な立場におかれている子どもたちに学校でのコミュニケーションに必要な言語・異文化間能力を習得させる試みで、それを通してすべての生徒が市民としての能力を活用し、他者に対して開かれた態度を持つようになることを目標としている。この言語および文化の教授を「複言語と異文化間教育」と呼び、「基盤」の目的を学校における言語カリキュラムを分析し、構築することとする。そして、次のような原則を持つ。

・欧州評議会で保証された言語的・文化的多様性の認識
・コミュニケーション手段として多様な言語を用いるすべての者の権利
・学校卒業後に自らが他の言語で必要な能力を発展させることを可能とす

るため、経験と言語運用能力を獲得する学習者の権利
・本質的に言語に依存する人間の対話の重要性。言語と文化を通した他者経験は異文化間理解と相互受容の前提条件である

　複言語主義と異文化間教育は、学校における言語と文化をカバーするものの、同時に教授言語ではないが使われている言語、さらには使用されていることが認識されていない言語が存在する点も扱う。したがって、学校においては、1）各教科を享受する際に包括的（holistic）アプローチを用いるべきとする。言語能力は1つの実体であるため、教科間において横断的連携と集約点を確認し、調整すべきであると述べる他、2）特に学習が公正かつ開示的に評価されることを保証するため、達成すべき教育目標と能力の形態を明示的、論理的に定義すべきであるといった点を示している。
　これら2点をもとに、学校における言語の関係を位置づけたものが、図4.10である。ここでは具体的な教科として教授される言語と他教科で教授に用いられる言語の関係を示している。教科としての諸言語とは、いわゆる外国語学習などの対象となる言語である。他教科における言語とは、教授言語のほか、使われていても認識されにくい言語も含む。点線は、これまで大きく注意が払われなかった関係性を示す。

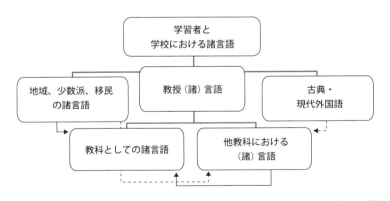

Council of Europe Language Policy Division（2009）より著者作成

図4.10　学校における教授言語と使用言語の関係

「基盤」は、加盟諸国が必要に応じて質の高い教育への平等なアクセスを促進する政策策定ができるように、体系づけられた定義や参照すべき点を整理し、開かれた動的な資源を提供することを目指している。この試みからも、特に少数派言語を学習機会として捉えている動きがわかる。

第4章のまとめ：欧州受入社会では移民政策と教育の整備が進んできた

以上、本章では欧州における移民の統合に関する政策指標と教育に関する動向および言語に関わる文化的側面を含む教育の捉え方について見てきた。欧州諸国では移民の統合に向けた共通の指標が作成され、移民の統合に重要

●スウェーデン・ストックホルムの成人教育協会

●ドイツ・ベルリンでのNGOによる補習授業

とされる言語教育に関して政策上においても共通基盤が確認され、そして背景には複言語主義による発想が見られることがわかった。これによって、移民政策に関する整備状況、移民に対する教育の取り組み、そして主要な課題とされがちである言語教育の扱いについて多文化環境としての捉え方という3つの点を、形式的な統合のための準備であることを確認できた。

　移民の社会統合に関する政策が移民に関する現在の重点課題として認識され、指標化されることで各国の比較と課題を洗い出し、同時に経験を共有する機能がMIPEXには存在する。だが、参加した国々が異なる文脈を持っていることから、単純にこの指標で示された「最良事例」としての目標が普遍的ではない。教育政策と実践に関しても、各国における必要性が異なることもあり、多様な取り組みが行われている。どの国も教育を受ける基本的権利を保障し、受入国の教育システムでは言語教育が重視され、移民の母語と文化の維持も積極的になされている。また、異文化間教育アプローチは学校、教室レベルで行われているほか、教員養成・研修にも導入されている。しかし、その評価は今後の課題であることもわかった。

　さらに、本章では、その移民に関する政策・法令の現状を指標化した結果、平均のドイツとトップに位置づけられたスウェーデンを見た。ドイツは今後の法整備が求められることがわかった。スウェーデンでは、その社会福祉制度の強みが指標に大きく影響しており、政策や制度面での充実ぶりがうかがえた。

　ドイツにおいては、国際学力調査の結果が悪かった原因として移民家庭が取り上げられ、特に言語教育に課題があることが知られていることも本章では述べた。最近まで「ドイツは移民の国ではない」という立場を取り続け、最も良い統合は同化であると移民寄りである緑の党でさえも発言したことがある。ドイツの統合政策には、学校教育をはじめ広く異文化間教育が重要な役割を持つことが考えられる。

　ところで、制度が整っていればMIPEXのような指標は高くなるが、たとえば移民を支援するスウェーデン人の市民活動について調査を行えば、スウェーデンが移民の統合に最高水準の社会的背景を持つ国であるとは言いにくいことになるかもしれない。著者が行った現地調査[29]では、権利として認め

られ、場所も補助金も保証された環境下で、施設を使いながら移民たちが活動を展開する様子が多く見られたものの、その活動への参加者は移民出身者たちであり、スウェーデン人の参加が少なかったことが挙げられる。

　それを示唆するものとして、たとえば失業率の差が挙げられる。移民問題は労働問題と直結しており、ネイティブの失業率との差がドイツよりもスウェーデンの方が大きいのは、難民が多いためとはいえ、就職の際に不利な条件下にある移民の姿も想像される。スウェーデンの宗教社会学者であるLarssonとSander（2007）が指摘するように、長らく同質的な社会を構築していたスウェーデンの歴史の中でこの40年ほどで急激に宗教的背景の異なる移民が流入し、それを受け入れることが「統合」であると考えるようになるとも言えよう。移民・難民を受け入れることによって、スウェーデン人がかつて持っていた優生的な考え方を政治的正当化のため隠される一方で、他方では実質的に「統合」は同化の要求を意味している可能性はある。スウェーデンについては、本研究ではこれ以上扱わないが、今後の課題である。

　移民に関する政策指標であるMIPEX、移民や異なる文化的背景を持つ者に関わる教育の比較、言語と文化を多元的に扱う共通枠CEFRなどの指標化や標準枠組み、あるいは比較のための構造は、標準化による制度整備として重要な意味を持つ。その一方で、「形式的な」統合の限界も同時に示す危険性も否定できない。たとえば、第2章で見たように、世界的にイスラモフォビアが強まるなか、市民はイスラーム実践に対しても支持する場合がある。いわば、建前としての比較分析と対策が進む一方で、「実質的な」統合と呼ぶべく、本音の分析を考える際、極めて重要な点となる。そのため、複言語主義によるアプローチは、制度の上の資格取得を優先した「形式的な」統合を意識化させる機能も伴っており、「実質的な」統合にも示唆を与えるものであると言えよう。

　次の第5章では、事例としてのドイツ・ベルリンを見ていくが、受入社会における多数派ネイティブによる積極的な関与に加え、移民が自ら社会参加していく様子が記述されることを再度確認しておく。

注

1 第5章第2節のLudin裁判参照。
2 アムステルダム条約はEU憲法と位置づけられ、それによって域内における人の移動などに関する法律を作ることができる根拠となっている。詳細は駐日欧州委員会代表部（http://www.deljpn.ec.europa.eu/union/showpage_jp_union.history.1.php; http://www.euinjapan.jp/union/what-is-history/; http://www.euinjapan.jp/wp-content/uploads/COM-10-004_12lessons_JP_V04_web.pdf）など参照。当然のことながら、本条約以前から域内の移民に関する政策に必要性などについて共通認識は存在した。
3 当時、フランスでは5.6％、ドイツは8.9％、英国では4.2％、北欧諸国は80年代以降、積極的に難民を受け入れてきたこともありスウェーデンでは5.3％、デンマーク5.0％、フィンランド1.9％。
4 規則（Regulations）は直接加盟国に適用され、各国における立法手続きを必要としない。指令（Directives）は、加盟国は目的を達成する義務を負うが、達成の方法や形式については任されている。決定（Decisions）は、特定の国あるいは全加盟国に対し、当事者のみを束縛する。勧告と意見（Recommendation and opinions）は拘束力を持たない。
5 Eurydice（2004: 12）。
6 ただし、フランスやベルギーなどにおいて国内法より移民に非寛容であるという指摘もある。
7 2015年刊行報告書（234-245ページにおける各国データ）を参照。http://www.pewforum.org/2015/04/02/religious-projections-2010-2050/
8 報告書では「移民」とは、第三国市民でEU加盟国において合法的に滞在する者としている。
9 たとえば、家族呼び寄せでは、呼び寄せられるのが配偶者と登録したパートナーの両者とも無条件で資格を得るならば、満点がつけられた。配偶者のみの場合は2点、年齢制限や他の条件がある場合は1点であった。
10 http://www.migpolgroup.com/（2016/6/1最終閲覧）。
11 http://www.cidob.org/（2016/6/1最終閲覧）。
12 ただし、日本の数値が反映されたのは2012年からであり、第三報告書には含まれていない。
13 カナダ、ノルウェー、スイスは、情報共有と将来の参考とするため参加した。これにより、現在EUに加盟していない国々とも、似通った欠点あるいは異なる解決策などを共有し、EU外あるいは大西洋を越えた場所では水準がなぜ異な

14 報告書では「移民」とは、第三国市民で EU 加盟国において合法的に滞在する者としている。
15 ベルギー、オランダ、ルクセンブルク。
16 これにはイスラーム教徒に差別的な内容が含まれるとして、批判を受けた州もあった。
17 B1 レベルのドイツ語。これは要点が理解でき、簡単かつ理路整然と話すことができる水準で、2005 年の国籍法改正以降、それを達成するため 600 時間の学習義務が生じている。なお、欧州言語における語学力の基準は CEFR で定められているとおりである：初歩（A1&A2）、基本（B1&B2）、応用（C1&C2）。
18 しかし個人、子どもの背景には最も配慮すべきこととなっている。
19 http://www.mipex.eu/download-pdf（2016/6/1 最終閲覧）。
20 http://www.mipex.eu/download-pdf（2016/6/1 最終閲覧）。
21 MIPEX III（2011: 188）。
22 そのほか、OECD でも報告書を発行している。たとえば、2000 年の OECD-PISA 最初の調査サイクルの結果分析の時点から、移民を背景に持つ家庭の場合はパフォーマンスが低いことが指摘されており（長島、2003）、2006 年には PISA2003 年調査の結果と追加的調査の結果を用いて、移民の子どもの数が多い 17 カ国（豪州、オーストリア、ベルギー、カナダ、デンマーク、フランス、ドイツ、ルクセンブルク、オランダ、ニュージーランド、ノルウェー、スウェーデン、スイス、米国、香港、マカオ、ロシア）を分析対象として、移民の教育に関する報告書 "*Where Immigrant Students Succeed*（移民の子どもと学力）" を発行している。なお、本稿で扱う Eurydice 報告書では OECD-PISA のデータも用いられており、他方で OECD（2006）にはその報告書のデータが用いられている。
23 ドイツ、エストニア、スペイン、キプロス、ラトビア、ハンガリー、マルタ、スロベニア、フィンランド、英国、ブルガリア、ルーマニア。
24 デンマーク、リトアニア、ポーランド、スウェーデン、アイスランド。
25 そのほか、フランス、ルクセンブルク、オーストリア、フィンランド、英国では、義務教育内のオプションとして提供されている。
26 たとえば、チェコでは学校へ監査官が訪問し、校長と教職員が教育青年スポーツ省のガイドラインに従っているかを個別に評価をする。デンマークではフォルケスコーレ関連法で言及されている学校実践をデンマーク評価院（Danish Evaluation Institute）が行う。英国では、学校が生徒個人の発達を涵養していな

い点を指摘し、教育水準評価院（Ofsted）による報告書が発行されている。またノルウェーでは、最近発行された教師用補助教材が用いられ、多文化的視点をはぐくむ取り組みを見ている。また、教員養成・研修においては、異文化間アプローチを内容に組み込む国々が多い。

27 Council of Europe（2001: 9）。
28 杉谷ら（2005）。
29 2008年10月24〜29日にかけて訪問したストックホルム、ヨテボリ、マルメでの関係組織および団体への聞き取り調査。

第5章
トルコ移民の統合・参加：ベルリンの事例

●ベルリンの「アンペルマン」信号

前の第4章では、EU加盟国を中心とした移民に関する統合政策指標、教育ネットワークの報告、言語教育と文化的背景に関する枠組みについて見た。なかでも制度上の整備が最もなされているスウェーデンとEU平均に位置するドイツについては、やや詳しくみた。本研究では、制度面の充実による「形式的な」統合に加えて、移民の側からみた統合状況を捉える試みとして「実質的な」統合を扱っていることから、スウェーデンを扱うことによって、形式的統合と実質的統合の間における差異を見ることが可能となる。しかし、従来からスウェーデンを含む北欧諸国が高い水準の福祉を保障する国々であることから、本研究においては、まずはEU諸国で平均を示したドイツに着目し、その制度的な課題および実質的な統合に向けた試みを把握することにする。ドイツからは、次のような示唆が得られるだろう。すなわち、ドイツにおいて、メルケル首相が「多文化主義は失敗」と発言したことは議論を呼んだが支持もあること[1]、欧州の中でイスラームに対してドイツ人が最も非寛容であるという研究成果が示されたこと[2]、これらはドイツ社会における一側面を示すもので、この傾向は他の欧州諸国でも同様である。

そこで、この第5章では、ドイツに焦点を絞り、文献調査と現地調査を行った結果を中心に報告する。第1節では、文献調査をもとにドイツにおける移民の歴史などを含むトルコ移民の背景についてまとめる。まず、移住・移民の略史として、出稼ぎの時代（1960～70年代）、呼び寄せの時代と定住および保守化（1980～90年代）、移民の社会問題化（1990年代後半以降）と3つの時期に区分し、それぞれの特徴を記す。

次に、ドイツにおける学力問題とそれへの取り組みを扱う。学力との関係ではドイツ語能力が大きな課題とされているが、これは子どもだけの問題ではない。たとえば、トルコで一定の教育を受けずに移住した成人であっても病気の際にドイツ人医師とのコミュニケーションが成立しない、あるいは制度や仕組みをわかっていないために学校からの連絡が意味するところを把握できない保護者など、成人教育・生涯学習に関係することがわかる。2005年1月の移民法改正により、成人移民のドイツ語研修の受講が義務化され、査証更新時の判断基準とされるなど管理が強化されている。その一方で、母国における人間関係も考慮に入れた態度がドイツ社会で求められているのも

事実である。たとえば、移民の間では成人男性でも「ドイツもん」として嫉妬の裏返しである一種の軽蔑の対象となり、特に若い女性は「ドイツかぶれ」としてその本人以上に家族の名誉に関わる対象となるため、家族の中の男性は常に敏感となる。そのため、女子が通学の時にはスカーフを着用し、女性が1人で何らかの活動に積極的に出かけようとしない場合が多々ある。

第1節の最後では、ベルリン市の統合政策に関する計画を扱う。ベルリン在住の約50万人の移民のうち約10万人がトルコを背景に持っているなか、ベルリン政府（Der Beauftragte des Senats von Berlin für Integration und Migration）は2008年に"*Encouraging Diversity – Strengthening Cohesion Integration Policy in Berlin 2007-2011*（多様性の奨励――ベルリンにおける統合政策の強化）"を出版し、具体的な行動計画について示した。本研究では、それらの戦略計画のうちノンフォーマル教育を含めた教育と社会関係資本に関わるものについて取り上げる。その中では、教育現場における連携、地域活動への参画、教育を通した統合が示されている。

第2節では、ベルリン市ノイケルン区を事例とした現地調査の結果を報告する。まず同区の特徴をまとめとして、かつて東西に分断していたベルリンでは一般的に旧東側では移民の居住割合が低く、旧西側で東と接していた区では高いことが指摘できる。ベルリン12区の人口約340万人のうち30万人強がノイケルン区に居住しており、リトル・イスタンブルと呼ばれる一角を持つ隣接区クロイツベルクやミッテと並んで移民の多い場所である。ノイケルンは住宅が密集する北側と経済的に裕福な南側とに分けられ、両者はおよそ半分ずつの人口を持ち、移民の多くは北側に居住する。そうした背景に続いて、次に行政支援による取り組み、イスラーム団体の活動、教育NGOの活動を取り上げる。それら3つの団体が実施する活動に対する訪問調査の結果を、次の3点から報告する。すなわち、1）概要と活動内容全般、2）特徴的な活動、3）移民の父親の担う役割と受入社会の多数派に対するアプローチの点から聞き取りした結果を報告する。

最後に第3節において、上記3つのうち行政支援による取り組みであるトルコ移民女性を特に対象とした社会福祉事業「地域の母」事業を調査した結果を示す。この節の事例研究が本研究において、最も重要となる。なぜなら、

この事業の前身となる活動は、トルコ女性移民が自ら始めたという経緯があり、行政が支援するという点で、実質的な統合に関して最も興味深い対象となっているためである。そのため、次の第6章の考察は、この事例をもとに展開される。この節の最後には、この事業を管轄する非政府組織（NGO）が委嘱した外部有識者による、事業の評価レポートも紹介する。

　その重要な事例となる「地域の母」事業について、ここで簡単に示しておくと、それは移民の統合を扱う行政である青少年局がNGOに委託する社会福祉事業である。その目標は次の2つである。第一に、移民家庭の教育と福祉を改善することで、保護者として必要なドイツ社会の生活に関する知識を深め、ドイツ語能力をより高めることを目指している。第二は、移民が就職や社会活動へ参加するなど、ドイツ社会において新しい生活ができるよう、保護者である女性移民の潜在的能力を高めることである。それらの目標のため、事業では講義と実習のコースを提供し、その研修を受けた女性移民が「母」となり、他の移民家庭を訪問し、学んだ内容について他の移民へ伝える活動を行っている。元来はトルコ移民女性たちが私的に情報交換を茶話会として始めたものが、組織化され、行政が支援するようになったことに特徴がある。現在は2年ごとに事業が継続され、参加する30～60代の移民女性たちが半年の研修を受け、アクセスがしにくい女性移民たちへアプローチしている。この事業は今も継続されており、現在はベルリンやドイツだけでなく、他国でも同様のアプローチが取り入れられ、活動が拡大している。このことから、本研究で注目する「地域の母」事業の持つ持続可能性は示唆深いことがわかる。

1．トルコ移民の背景

（1）**移住の歴史**
ⅰ）**出稼ぎの時代**（1960～70年代）
　ドイツにトルコからの出稼ぎ労働者が増加したのは、第二次大戦後の経済復興における労働者不足、特に経済規模が拡大した頃、両国の間で1961年

に雇用双務協定を交わし、安い労働力をドイツが「輸入」したことによる。送り出す当時のトルコも国内の経済不況・政情不安にあえいでおり、増え続け余剰となっていた労働人口を吸収させるためにも、トルコ共和国第一次国家開発計画（1963〜67年）で記されたとおり[3]、出稼ぎを奨励した。重工業が発展していたドイツでは、労働者としてやってきた彼らを駅や空港で歓迎の式典でもって迎えた[4]。この出稼ぎ第一陣となったトルコ系移民の特徴は、当時の義務教育を終えた、または技術学校を終えた主に働き盛りの男性層で、都市部からの出身が多かった。本来ならば彼らはトルコの発展を支えるべき層でもあった。にもかかわらず、ドイツで用意された仕事内容は、単純労働であったり、危険な仕事、または工場の工具でもあった。

　このときの労働者は、ドイツ社会からは労働力を提供してくれるお客様的一時労働者「ガストアルバイター（Gastarbeiter）」と呼ばれ、彼ら自身も出稼ぎとしての一時滞在のつもりであった。稼ぎが大きかったため、帰国し故郷に錦を飾るようになった彼らは「ドイツもん（Almancı）」などと呼ばれ、当時のトルコ国内では嫉妬の対象ともなった[5]。たとえばドイツでの稼ぎによって、車を購入したり、トルコの地方で家やアパートを購入したり、TVなどの電化製品をトルコへ持ち帰った。そこで、国内の都市部へ出稼ぎをするよりドイツへ直接渡った方が良いという認識がトルコの地方にも広がり、1964年には出稼ぎ者の半分が大都市出身であったが74年にはそれは約3分の1になり、受けた教育や技術の熟練度合いに移民間で差が生まれてきた[6]。

　受入政策の大きな転換点は、1973年に発生した「エネルギー危機」だった。経済的影響を受けた欧州諸国は、EC（当時）加盟国以外からの新規労働者の受け入れを停止した。ドイツも例外ではなく、ケルン・フォード自動車工場で大規模な外国人労働者のストライキが発生したこともあり、増え続けていた労働者の受け入れを同年11月23日に停止した。ただし欧州諸国では基本的人権として家族がともに暮らすことを認めていたため、出稼ぎ労働者たちの移民による、ドイツへの家族の呼び寄せが始まった。ここで一時的な出稼ぎであった彼らの移民としての定住化が進むことになり、これまで経済・労働問題が主であったが、その家族や子どもたちに関係する課題、すなわち社会・教育問題も大きくなった。

1960〜1970年代初頭に出稼ぎに来た者の多くは、世俗的であった[7]。その間、母国トルコは世俗主義を貫いており、彼らはイスラームをそれほど意識していなかったが、後述のように次第にイスラームを実践していくようになる。また、1979年にイランではイスラーム革命が起こり、米国大使館が占拠され、その宗教が危険であるという認識が西側諸国では広がり始めていたのも、1990年代から強くなるイスラモフォビアなどの受入社会の反応の要因となった。

ⅱ) 呼び寄せの時代と定住および保守化（1980〜90年代）

1980年代になると、世界的な動向にあわせてトルコでもイスラーム復興の動きが大きくなり、イスラーム系政党が大規模な集会を行ったことを受け、1983年に世俗主義を維持するためのクーデタが生じた。このクーデタで国外へ逃げ、ドイツで活動を始めたイスラーム指導者たちが重要な役割を担うことになった[8]。家族を呼び寄せ、同居するようになった移民の男性（父親や兄）の多くは、ドイツの生活環境が彼らの家族、特に妻と娘にとって望ましくないものであることを危惧していた。そのため、イスラームの教えに反することを自ら避け、家族の者にもトルコの地方での常識に従って生活するように求めた。

他方で、移民の中でも大都市出身者や女性たちは、ドイツの自由について否定的な態度を地方出身者ほど持っていなかったものの、言葉の問題によって生じる一方的に不利になった労働条件、移民を人間と認めないような言動など日常的な差別の経験の蓄積によって、彼らもトルコ移民同士で結束する必要性に駆られていった。この当時の労働条件の過酷さは、一部やり方に批判があったものの、トルコ人に変装して最底辺で働いたジャーナリスト[9]が記しており、人間扱いされていない状況ではイスラームによる相互扶助の教えが、それまで信仰の厚くなかったムスリム個人の中でも正当化されるのに十分であったことが想像できる。

そして1989年にはベルリンの壁が崩れ、1990年に統一ドイツが生まれた。それ以降、東欧からドイツの労働市場へ労働者が流入し、旧東ドイツの経済状況が深刻であったため、ドイツは不況に陥った。旧東側からの労働者は資

本主義経済や競争に不慣れで、彼ら自身はドイツ人であるという認識のもと、外国人労働者がドイツ人から仕事を奪っているという考えを強めた。その結果、ネオナチなど外国人の排斥運動へとつながり、それまで旧西ドイツ経済に貢献してきたという自負が少なからずあった移民たちは不満を高めた。

1990年代に入ると、イスラーム全体に対する敵対意識が強くなり、欧米を中心にイスラモフォビアが拡大した。ドイツの移民たちが所属する団体は多様で、かつては世俗主義的団体もイスラーム系団体も同じぐらいの規模であったが、1990年代には後者の方が勢力を上回るようになった[10]。これは、移民がイスラームを求める傾向が強まったことを示し、より結束を強めていったことを意味する。

ⅲ）**移民の社会問題化**（1990年代後半以降）

イスラモフォビアが決定的に強くなったのは、2001年ニューヨークはじめ米国で起きた9.11以降である。欧州では、2004年にマドリッドでの列車爆破事件、2005年にロンドン多発テロ、フランス全土で生じた暴動、ムハンマド風刺画への反応、ドイツでの転向ムスリムによるテロ未遂等に関連してイスラモフォビアは強くなっていることはすでに第2章で見たとおりである。繰り返すが、たとえば、欧州人種差別・外国人排斥監視センター（European Monitoring Centre on Racism and Xenophobia）が2006年5月に発

●ベルリン「リトル・イスタンブル」

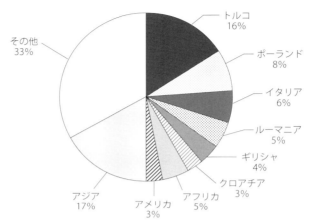

連邦統計局（Statistisches Bundesamt）より公表されているデータより著者作成[11]

図 5.1　ドイツにおける外国籍者（2015 年 12 月 31 日現在）

刊した移民の受けた被害に関する報告書では、ドイツにおける 200 万人以上のトルコ移民を対象に調査がなされ、23％が就職で差別を受けた他、私生活あるいは公共の場で（19％）、商業上（15％）、制度上（13％）、買い物や食事の時（11％）にそれぞれ日常的な差別を感じていた。これに対して、移民の中でトルコ系に次いで大きな集団であるイタリア系移民の場合は、就職以外では 10％を下回っていた。

　他方で移民側も自己防衛のようにイスラームのもとに結束する傾向が見られ、イスラーム法（シャリーア）に従って刑が処されるべきだという報告や、「名誉殺人[12]」も発生した。2005 年 2 月 7 日、トルコ（クルド）系の若い女性がその弟によって殺害され、「名誉殺人」とされた。報道は一時加熱し、第三世代の移民でも統合は困難であるとされ、また周辺となったノイケルンの 14 歳の少年たちの発言が取り上げられた。それは女性を擁護するのではなく、自業自得であったような発言だったからである[13]。トルコ本国でも 2002 年の国政選挙で圧勝した親イスラーム政党がトルコ史上初の単独政権を担うようになって、増加傾向にある。名誉殺人は直接イスラームとは関係がない

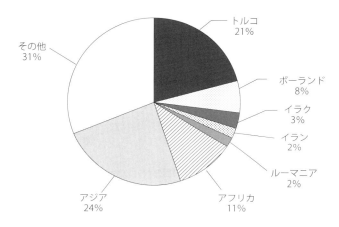

連邦統計局（Statistisches Bundesamt）より公表されているデータより著者作成[14]

図 5.2　2014 年に帰化した者の背景

が、伝統的社会習慣を持ち込んだ移民の文化であり、ムスリムの風習である受入社会は見がちだ。

このように、受入社会の多数派はイスラームが過激で攻撃的であるというイメージを強く持ち、これまでの移民への排他的な態度に加えてイスラモフォビアが加速される一方で、ムスリム移民側はより結束し、イスラーム回帰へと動機づけるという循環が成立していると言える。図 5.1 は 2015 年現在の外国籍者の比率、図 5.2 は帰化した者の比率を示し、どちらもトルコ系移民が多いことを示す。

(2) ドイツ在住トルコ移民の教育ニーズ

教育上の課題として、どの移民の子どもたちもが共通に抱える問題は学校の教授言語であると言える。国際比較教育調査の結果は彼らの成績はネイティブに比べ低いことを示しており、たとえば OECD（2006）により移民の子どもたちが 3％以上抱える欧米諸国間の比較分析がなされた。その結果によると、ドイツでは移民の第一世代よりも第二世代の方が成績は悪く、これ

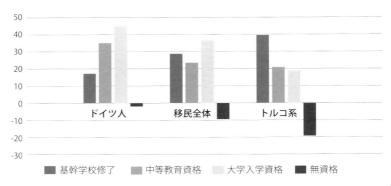

「ドイツにおける教育（Bildung in Deutschland）2014年版」（B5-9web）より著者作成[15]

図5.3　ドイツ人・移民全体・トルコ系移民の教育の修了傾向

は特に家庭で使用する言語がドイツ語でない場合に顕著であることがわかった。この結果も踏まえ、移民の子どもたちおよび保護者がドイツ語を習得することを教育政策の方針とした。ただし、別の調査によると、イスラームが学力に影響しているという実証的なデータはない。なぜならイタリア人移民（ローマ・カトリック教徒）もトルコ系移民より良い成績ではないからである。[16]
図5.3はドイツ人・移民全体・トルコ系移民の教育達成の傾向を示したものである。この図からも進学の差が見られることがわかる。

　ただ、ドイツ語能力が十分でない成人移民で、トルコの村出身の労働者が高い教育を受けていない場合、病気の際にドイツ人医師との意思疎通が成立しないことも報告されている。たとえば、頭痛の自覚症状を説明する際に「地震が起きている」、精神病の場合は悪魔が呪っているなどの表現のため、医師が血液の病気と告げても意味が通じず、コミュニケーションが困難なのである。[17]

　そこで、他の欧州諸国に比べると少ないものの、ドイツの教員養成・研修養成課程には異文化に関する内容（外国語、地理、社会）が導入されており、教員研修では多文化的背景を持つ児童生徒を知るために異文化の側面が扱われている。[18] 学校の体育（プールなど）では、希望に応じて肌を露出しない水着の着用をムスリムの女子に認めている学校も多く、授業における性教育の

内容についても保護者からの要求にできる限り応じている。また、2005年1月からは移民法の改正により、成人を対象にドイツ語600時間の学習とドイツ文化を学習する「オリエンテーション・コース」を必須とする教育プログラムが始まっている[19]。コースを受けない移民には、滞在許可の更新を不利にするなどの具体的な対応が定められている。

　これらのドイツの取り組みは評価されるべきものであるが、ムスリムが求めるイスラーム教育が学校内に含まれず、外で学習するしかなく不公平を感じる移民は積極的な参加・協力をしにくい。特に女子教育に関する課題は複雑で、「ドイツかぶれ」と娘が見なされることを保護者は恐れている。そのため家庭の教育問題は、ドイツの文化や生活習慣に対する態度の世代間の違いによると言える。しかし、それも生徒同士の話題や行動を制御できるものではなく、特に年頃の生徒の間では信仰と実践の間における葛藤が生じる。たとえば、保護者の希望で思春期を迎えた男女を隔離して教育を受けさせ、男女別学の学校での教師の性別という問題を乗り越えても、生徒の希望は異なることもあり、また近年の若年層の高い失業率が示すように、高学歴であっても就職が困難であると判断されたら女子には高度な教育は不要であるという考えが残る。女子学生の間で人気の職業である学校教師は、ムスリムにとっての役割モデルでもあるため保護者からの理解も得やすいが、移民の多い旧西ドイツの8つの州ではスカーフ着用が禁止されるようになり、その進路も困難となっている[20]。

(3) ベルリンの統合政策の基本戦略

　さて、ここで本研究が扱うベルリンの状況を確認しておこう。ベルリンにおける外国人の数は2010年12月31日現在で457,806人であり、そのうち最大の民族集団は104,556人を占めるトルコ出身者で、それに続く46,174人の旧ユーゴスラビア、40,988人のポーランド、15,332人のロシア、15,842人のイタリアをしのぐ[21]。最新の情報においても、外国籍人口は増加傾向にある（図5.4）。

　Der Beauftragte des Senats von Berlin für Integration und Migration (2007) が出版している "*Encouraging Diversity - Strengthening Cohesion*

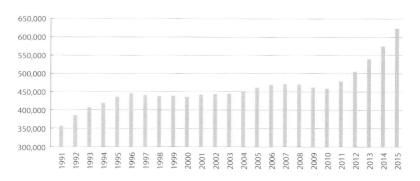

ベルリン・ブランデンブルク統計局（Das Amt für Statistik Berlin-Brandenburg）より著者作成[22]

図 5.4　統一後ベルリンにおける外国籍人口の推移

Integration Policy in Berlin 2007-2011" によると、ベルリン市政府の取る統合政策の方向性として次の7つの基本戦略（fundamental strategies）が明記されている。

1) 国際的アピールと文化的多様性：ベルリンの強みの発展
2) 労働市場への参加を通した統合：研修と労働市場における移民、投資家として
3) 教育を通した統合：個性の認知と促進
4) 都市部の団結を強化することによる統合
5) ベルリン市行政の全市民に対するサービス提供：異文化間開放による統合
6) 市民社会による参加と強化を通した統合
7) 難民のための統合観点

本研究では、この中で学校教育とノンフォーマル教育に関わる2）および3）ならびに6）、そして社会関係資本に関する4）と5）について取り上げてみよう。ドイツ社会の社会通念として勤労があり、2）では移民を背景に持つ者がいかに労働市場にアクセスし、仕事を見つけるか、始めるかを扱っ

ている。そして、公的支援に依存することなく、職業に関する能力を少しでも多く獲得すべきとし、まずは機会均等（アクセス）を目標に掲げている。職業技術教育を受ける者の割合で、移民の背景を持つ者と持たない者の差をなくすよう勧告している。そのために、言語教育の補助を含めた職業訓練、アクセスの確保、職業情報提供センターでの異文化間能力の研修などのプロジェクトをすすめている。

　3）の教育を通した統合では、学校および保育所の充実を地元の状況に応じて促進させることにしている。その過程において保護者の関与を重視し、文化的および宗教上の配慮を行い、言語教育、学社連携、教員の継続的研修、移民出身の教員の採用増加、保育所の設置などを謳っている。また、ここでも OECD-PISA が言及されており、その結果による法改正などによって、それらの具体策を実施している。さらに、学校の裁量権を改めて記しており、地元にあわせた運営をするよう記している。プロジェクトとしては言語教育および保護者のネットワークに関するものが実施されている。

　4）では、日常における社会的協力を重視し、スポーツや自助団体などの可能性を記す。まずは家族と友人関係の強化を目指し、しかし同時に隔離された、たとえば民族的に閉ざされた状態にならないよう留意すべきとする。移民の背景を持つ者の多くが自営業を行っていることもあり、周辺地域社会でのみ経済活動が成立している現状も記す。そのため、都市生活の利便性を享受できるよう、機会均等とつながりを強化することを目的にプロジェクトが組まれている。目的の中には、統計の整理、社会的つながりの整備、社会参加の促進などが含まれ、コミュニティへの参加機会の均等、関係者に移民を含めること、スポーツなどのイベントへの移民の参加を高めることなどによって、評価するとしている。プロジェクトとしては、異文化間能力の開発、コミュニティを扱う事業への参加がある。

　5）のサービス提供では、「異文化間開放（Intercultural Opening）」によって、行政サービスへのアクセスを保障することを謳っている。これは、公共機関が言語をはじめ情報提供ならびに移民を背景に持つ者が職員として採用されるなどが含まれる。その目的は、サービス提供の均等であり、移民の受益者からの満足度や行政職員の異文化研修の受講度合いなどによって評価さ

れる。

6）市民参加とは、あらゆる差別に反対し、市民社会を形成する過程に移民も参画することである。政治参加の可能性向上、民主主義の保護と敬意、ジェンダーと統合という観点からの権利の保障、イスラーム・コミュニティとの拘束力のある交流が、含まれる。つまり、イスラームに関する対話、女性の参加の確保、段階的な帰化の対応などが挙げられ、存在の安全を確保するためにはシェルターの設置と活用などが提案されている。その目的は、政治参加、文化的認知・平等、反差別といった認識を向上させるためである。

●ベルリンの多言語併記の公園の看板

●多様な背景を持つ者が集い輪になって対話する公園内のサークル

評価は、帰化した者の数、投票者の数、移民出身の議員の数、近隣社会の運営に関わる者の数、国際結婚の数などで判断される。

こうした戦略を作成した背景には、2000年、2003年のPISA結果が移民に帰着されたことも小さくない。前章のMIPEXでも見たように、ドイツでは移民の統合についての指標を多く必要とした時期でもあった。そして特に、3）教育を通した統合では、個性を認め、それを高めることを保障することを謳っている。成功している統合とは、保育園と学校を再定義するものであるとし、ベルリン保育補助金法、ベルリン教育法、「教育を通した統合」概念の導入による改革を行った。

なお、2011年を過ぎて、この基本戦略に関するレビューや後続の動きなどは、まだ形あるものとして展開されていない。

2. ベルリン・ノイケルンにおける取り組み事例

(1) ノイケルン（Neukölln）の特徴

ノイケルン区はベルリンの南側、旧東側との境に位置し、クロイツベルク（Friedrichshain-Kreuzberg）、ミッテ（Mitte）に並んで移民が多い。ベルリン12区の人口約340万人のうち10％に近い約30万人がノイケルン居住である。

図5.5は、ベルリンにおける非ドイツ国籍者の比率をしめした地図である。人口の50％以上の地区が最も濃い網掛けで、10％未満が最も薄い色で示されている。一般的に旧東ベルリンでは割合が低く、旧西側で東と接していた区では高いことがわかる。

著者が調査した時期である2008年ではノイケルン居住の302,801人のうち、移民を背景に持つ住民は117,102人（38.7％）で、これは最大のMitteの44.5％に次いで多い[23]。ノイケルンは、住宅が密集する北側と経済的に裕福な南側とに分けられ、両者はおよそ半分ずつの人口を持ち、移民の多くは北側に居住する。移民の母語であるトルコ語やアラブ語を頻繁に耳にすることができるノイケルン北側では公立学校の質は低いと進学を避ける保護者も少なくない。他方、南側には裕福な家庭が多く、移民の中にも経済的に成功し、

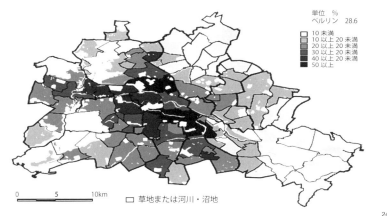

図 5.5　2014 年のベルリン各区における移民背景をもつ者の割合

南に転居した者もいる。

　もう少し詳しいデータを取り上げると、区の総人口は、成人移民を扱う青少年局によると 2011 年 5 月現在、305,230 人で、北側 49.96％、南側 50.04％の人口比率である。移民を背景に持つ者は 156 カ国からの 119,168 人で、区の人口 39.04％を占める。彼らのうち 66％が北側に、34％は南側に住むため、

● ノイケルン区北部の市庁舎と礼拝所の位置

社会全体における移民の比率は北側全体のうちの51.5％、南側の26.6％を占める。彼らの主な出身国をみると、トルコからが36,816人（移民内の比率：30.9％）、アラブ諸国が25,631人（21.5％）、ポーランド13,901人（11.7％）、旧ユーゴスラビア12,817人（10.8％）、旧ソ連圏4,710人（4.0％）、アフリカ系が約5,000人（約4.2％）である。移民の失業率は23.4％である。88,300人が社会福祉に依存して生活している。区内に礼拝所は約800あり、北部には20のモスクが存在する。

以下では、行政、イスラーム団体、教育NGOの取り組みについて、それぞれの性格、活動、ムスリムの父親の扱いと多数派への取り組みについて記す。

(2) **行政による取り組み**

行政の取り組みは、上記ベルリンの戦略における4）と5）に該当する。

i）**移民の受け入れ経験と統合への試み**

ドイツが犯したミスは、当初は出稼ぎ者たちを3年ほどで帰国していく労働力として捉え、長期にわたる滞在や市民権の取得をする移民となるとは想定していなかった点であったと青少年局担当者は語った。特に、彼らの言語能力をまったく重視しておらず、出稼ぎ労働者として、意思疎通には通訳を用いることで対応できると考えていたのである。現在のドイツでは移民のドイツ語能力が低い点が統合に対する最大の阻害要因として考えられている。

もう1つの要因として、移民の間における結束の強さが挙げられる。アラブ系移民は300人ほどが同じ通りに住み、トルコ系は出身村の風習や関係性をそのままベルリンに持ち込んで、村の人間関係を再生している。出身地から食材を輸入し、同胞の医者にかかり、遺体は出身地へ空輸される。このように自己完結の世界の中で生活しているとされる。特に移民の中でも年配の者は、新たなことを学ぶ意欲がないという認識も行政側にはあったようだ。

しかし行政としては、そのようにドイツ社会から隔離して生活する移民たちにアプローチしたいと考えている。たとえばトルコの田舎から連れて来られた（ドイツでは婚姻が認められない）18歳以下の母親は、移民集団内の世界

で生活し、外の社会を知らずに母親として子どもを育てることになる。このことは、移民の子どものアイデンティティに大きく影響する。そのため、母親に参加してもらう方法として、車の運転であったり、他の女性と接する機会を確保することである。

移民は自己アイデンティティを失ったとされるが[25]、ドイツやトルコといった大きな国家アイデンティティではなく、ノイケルンという生活している環境に帰属意識を持ってほしいと青少年局は考えている。たとえば、若者はドイツのパスポートを持っていても何も感じず、お金さえあればいいといわれるが、2006年の世界杯サッカーの時のようにドイツが勝てば大変嬉しく、2008年のヨーロッパ杯準決勝でのドイツ対トルコ戦では、移民はどっちが勝っても嬉しいと述べていたとのことである。一般市民の家の窓からはトルコとドイツの国旗が掲げられていたのである。

このように、帰属意識を共有する、きっかけ作りが重要であり、そのためには鍵となる人の存在が必要であると考えている。行政側は「通訳者」とも呼べる人との連携を重視している。それは移民集団の意見リーダーであり、高等教育を受けた者や上流の生活をしている人が主である。行政は団体から薦められた者だけでなく、毎年11月下旬にコミュニティ補助金の配布に関する会合を開くため、そこで集まる人たちから動きを観察して選ぶ。その補助金事業の1つが、本章後半で扱う本研究の事例「地域の母」事業である。

ⅱ) VHSの言語教育、母親教育と「地域の母」事業

ドイツの成人教育を担うフォルクス・ホッホシューレ（VHS）では、ノンフォーマル教育に関わるベルリンの統合戦略の2）および3）ならびに6）の事例に該当する。移民など含めた生涯学習を提供するノイケルン区VHS代表によると、ドイツでは2005年には統一法ができ、新規に入国する移民はすべて言語コースの受講が必須となった。VHSである仕事センターや成人教育センターも存在し、そこでコースが提供されている。B1レベルに達成するまで600時間だけではなく、追加的に300時間を受講することになる[26]。1998年からはVHSでは移民の母親を対象にしたコースを、特に移民の多い区の北側で設置している。その内容とは、ドイツ語に加え、母親のニーズに

対応するように健康であったり、職業訓練の内容を充実させ、育児や子育ての関係と連動させて幼稚園（kindergarten）を始めた。これは家庭での言語が移民の子どもたちの母語となるためである。ドイツの移民問題の1つとしてよく指摘されることが、多くの移民の子どもたちが学校でドイツ語を学んでも、家では一切使わない状況が学業に大きな影響を及ぼすのである。

　詳細は改めて見るが、「地域の母」事業とは半年の研修を受けた移民女性が他の母親を説得して、教育に対する意識向上を図っているものである。移民にとってドイツの学校とVHSなどの成人教育・生涯学習の仕組みを知らしめるため重要な役割を担う。また研修を受けた参加者自身とその家族も、研修を受けたこと、地域社会に役立つことをしていることに誇りを持っている。これは内側にこもりがちな女性を外の世界へと橋渡しするきっかけ作りになっているといえる。2008年度では年間200万ユーロが予算として設置された。[27] 詳しい内容は、後述の事例で示す。

ⅲ）父親の参加と多数派へのアプローチ

　1960年代に来た出稼ぎ世代の多くは工場で勤務する労働者たちであった。1989年のベルリンの壁崩壊後、単純低賃金労働と保障がなくなり、約75％の出稼ぎ者が失業した。そのため、彼らの中には仕事を得るために教育は重要であると考えた者も少なくないとのことであった。

　だが他方で、図書館などで行われる学校外の補習に対して、特に娘を家から出さない父親も少なくない。これは伝統的に女子に教育が求められていないと考える場合であると言えよう。家庭によっては、学校の教育より質の高い家庭教師を雇う場合もある。先行研究でも示されたように、父親が失業した場合、父親が自らの誇りを維持するため、より保守的、宗教的になる傾向があるとのことであった。そのため行政としては失業対策が最優先であると認めている。

　父親に対するアプローチとして、トルコ系の心理学者が中心に、「父親グループ」を始めたばかりである。トルコ系移民が多く集まるカフェを回り、話をしていくというものである。これからどうなるか不明だが、情報の流れから外れた人を作らないようなネットワークを作る試みとなっている。

もう1つのドイツの犯したミスは、幼稚園の保育士が女性ばかりであったことだと担当者は述べた。子どもに男性が何をすべきか、すべきでないかを教えられなかったことにより、伝統的な性役割モデルが移民の子どもたちの中に再生産されているとのことであった。

　統合政策には、少数派が多数派の文化などに一方的に合わせることを強要する同化政策と異なり、多数派も歩み寄る必要性が存在する。しかしながら、ノイケルン青年局はドイツ人に対する特別な取り組みを持っていない。ただし、VHSで提供する成人教育における英語やコンピュータなどの更新が必要となる技能に関するコースでは、ドイツ人も移民も一緒に学んでおり、そこでの学習体制は混合の状況であることから、その学習目的に向かって統一された方向性を持っているといえる。

　ユース・センターでは、レストランを運営し、その客の50％が女性の移民である。その他、区の運営、祭り、料理教室などを、移民とネイティブが共同で行っている。そうしたコミュニティが実施する多くの活動に、1999年からは合計約2000万ユーロが草の根補助金として、少額ずつ提供されている。

(3) **イスラーム団体による取り組み**
　イスラーム団体もノンフォーマル教育の教室を運営していることからも、戦略2）および3）ならびに6）に該当する。

ⅰ）宗教教育活動
　ベルリン市最大のイスラーム団体であるベルリン・イスラーム連合（Islamrat fur die Bundesrepublik: IFB）はトルコ系の団体で、教育活動を行っている。イスラーム団体であるから宗教教育を提供し、そのチャネルとして二分できる。1つはモスクにおいてトルコ語で実施するノンフォーマル教育で、他方はドイツの学校においてドイツ語で行う宗教教育の提供である。モスクで行う教育は、独自に開発した教科書（写真5.1）のとおり使用しており、それらの教科書は他のイスラーム団体からもコピーさせてほしいと大変評価されている。トルコ語で行うこともあり、IFBが所有する80のモスクに集

(2008 年 10 月 23 日、著者撮影)

写真 5.1　IFB で開発した教科書

う者は全員トルコ系移民である。ノイケルンに存在する 20 のうち 11 が IFB のモスクである。トルコの伝統やトルコ・イスラームについて指導し、相談を受ける。コースは大きく 3 つに分かれており、1 つは低学年用（第 2〜7 学年）で、もう 1 つは高学年用（第 8〜10 学年）、そしてそれ以上の年齢は全員成人クラスへ参加する。ただし、厳密に区分けしているわけではないので、第 2 学年以下の 6 歳児が通うことも、低学年であっても高学年用クラスへの出席も認めている。すべてのモスクの合計として、約 3,200 人の生徒と 60 人の指導者がいる。

　学校におけるイスラームの授業のためには、内容的に適切にする更新を毎年するテキストを使用している。対象となっているのは 4,600 人の生徒で 21 人の教師がドイツの公立学校に勤務している。IFB の予算は 90％がベルリン政府からの補助金であり、教師は学校から給与を受け取る。

ⅱ）**トルコ人のアイデンティティ問題およびトルコ政府、他団体との関係**

　以下、アイデンティティに関して結果を記す。ドイツ生まれのトルコ移民の場合、自分が何者かがわからない自己アイデンティティ問題を抱えること

が少なくないと言われる。18歳でドイツの市民権を取得しても、ドイツ社会は彼らをドイツ人としては日常的に認めない。トルコ移民の多くは酒を飲まずにドイツ人と一緒に過ごす時間も少なく、ドイツの異性と付き合うことも稀なので、成人しても友達は移民同士ということも多い。ただし、移民たちもドイツに住む多くの者が純粋なドイツ出身ではないことを知っている。そこで結局、移民たちが共通に見出す価値観・拠り所がイスラームになる。そこではアラブ系、東南アジア系、トルコなどの出自にかかわらず、ムスリムであるというアイデンティティが支えとなる。ただし、IFB 代表の Burhan Kesici 氏自身もトルコのイスラームから少々離れてきたとも感じている。

　イマーム[28]がトルコ政府から派遣されているが、トルコ語で語られても生徒が分からない場合も多い。ドイツにおける教育の仕組みが違うこともあり、教育に対する考え方が合わないこともある。2002 年以降、母国トルコは公正発展党（AKP[29]）政権になって、派遣されるイマームの言動にも変化が生じたと見られる。それまではアタテュルク[30]について厳格に教える必要が指摘されることもあったが、それ以降にはそれほど指摘を受けないようになったため、イマーム自身は気が楽になったそうである。また AKP 側もブレーンには欧州に留学した者が多くいるため、ドイツに住むトルコ人は、国内のトルコ人とは大きく異なると考えている。「社会的イスラーム（social Islam）」を求める者は、IFB モスクに来るようになっている。トルコのイスラーム・ネットワーク、ミッリ・ギョルシュ（Milli Görüş）とは良い関係を持っている。彼らは 90％は IFB と同じ特徴を持つと言えるが、広報活動の専門家がいないため、最大の違いであると IFB 代表 Kesici 氏は語った。

iii）父親の参加と多数派へのアプローチ

　IFB の行う金曜礼拝では、教育が重要であると繰り返し述べている。ここでの教育とは、宗教教育と科学的な教育の両方を指す。モスクに集う半分以上の女子の父親は教育水準が低いという問題がある。だが、父親が失業などをきっかけに自信を喪失し、保守的になることはない。ベルリンに限って言えば、親よりも子どもたちの方が宗教的知識をより多く持っていることが多

親子の関係としては、親は子どもを守るために、コミュニティ内で生活してほしいと考えるが、多くの子どもが外に行き、帰ってくると、生活態度が悪いと考えることがある。そこで宗教的アイデンティティが重要だと考えるようになった。ただし、父親が役割モデルになる必要も感じるようになったのである。

　多数派に対して、IFBはムスリムを対象としていることもあり、アプローチと呼べるような動きは取っておらず、その必要性も特に見出していない。ただし、ドイツ人でイスラームに興味を持つ者、学生、新聞記者などいつでも対応している。また、公開セミナーなどを開き、イスラームの専門的用語や知識について解説する場合が多い。

（4）トルコ系教育NGOによる取り組み

　ノイケルンには区によって認可され、支援を受ける教育NGOが2008年調査時、106団体あり、そのうちの1つが「教育と訓練センター（Bildungs-und Schulungszentrum）」である。2008年10月21日に著者が訪問したこのノンフォーマル教育NGOは、学童を対象とした進路指導や補習などを行う教室を開設し、その運営においてはトルコ移民とドイツ人の協働も見られた。

ⅰ）活動内容：家庭教師から補修センターに

　このセンターは1999年に代表であるBulent Yildirim氏がトルコ移民の子どもたち数名を対象に自宅で家庭教師を始めたことをきっかけに、2008年10月20日現在で約60名（女子が65％を占める）の第2学年から第11学年までの児童生徒を、放課後（平日の14:30-18:00）に補修を行うNGOにまで成長した。センターのキャッチフレーズは「ハンスとハサンは平等」であり、そして教師とは「土地を整備し、耕し、整え、大きな植物やきれいな花を育てる、育つのを楽しむ庭師（トルコ語でbahceci）である」とする。

　教員となっているのは、主に大学生や大学を出ても仕事がまだ見つかっていない者がボランティアとして約20名（女性が60％前後）である。生徒数も教員数も変動があり、著者の訪問時はちょうどベルリンの学校の秋休みが始

まる日で、登録が始まったばかりの日[31]でもあったため、正確な数字が不明であった。学期が終わるごとに応募者は増加傾向にあるとのことであった。

　センターの補習は2学期制である。1学期につき授業料は250ユーロである。教室は4つあり、第5から10学年はそれぞれ2時間ずつ入れ替わりで学校の授業と受験対策のために補習を受ける。

　第7学年の女子児童3名に直接聞き取りを行ったところ、学校の友人から紹介されセンターの存在を知ったが、その後、父親とともに訪問して、通うようになったとのことであった。近辺の学校へ毎日通うが、自宅までは地下鉄やバスを乗り継いで、3名はそれぞれ10分、20分、45分かけてセンターにも通っていることがわかった。

　センターに通う児童生徒は、60人のうち60％がトルコ系であるが、ドイツ、アラブ系、ポーランド、ユーゴスラビア、スペインの出身者も含まれ、国際的である。これは後述の通り、代表のYildirim氏が意図的に「統合」を目指しているためである。

　行政側からより支援を期待しているが、目下、人員の不足が大きな課題であった。特にボランティアとして定期的に活動に従事する教師の確保が困難で、他に補習を行う私塾などでは給与が出されていることから、センターは運営上、不利な状態であると言える。

ⅱ）行政支援のプロジェクト

　このセンターは、ノイケルン教育局と欧州連合（EU）から支援を受け、コンピュータ・コース、ドイツ語（統合）コース、法的助言サービス、幼稚園訪問パイロット（Sprachlotsen）の、4つのプロジェクトを実施している。コンピュータ・コースには男性20名、女性24名が参加している。ドイツ語（統合）コースには女性20名が午前中に、男性20名が夕方に参加している。法的助言サービスは予約制となっており、相談内容として多いのは家庭のこと、交通関係、労働関係、市民権関係である。幼稚園訪問パイロットには8名のメンバーがおり、2名のリーダーに従って、地元の幼稚園を訪問し、ドイツ語を移民の背景を持つ子どもたちに教える活動を行っている。高校3年生の2名のメンバーに話を聞くと、彼女たちはセンターのプロジェクトを支

持していること、活動によって自分自身が成長できると考えていることから、活動にやり甲斐を感じているとのことであった。

ⅲ) 父親の理解と参加、ドイツ人へのアプローチ

　ドイツでは「PISAショック」が大きく報道され、ドイツの成績が悪い要因の1つに移民を背景に持つ子どもたちの成績が取り上げられたりもしたが、移民の保護者にとってはそうしたことは「ショック」でもなく、子どもたちがいかに仕事に就くことができるかが重要であった。それはドイツにおける移民の失業率がドイツ人のそれに比べると非常に高いためだ。すなわち、2007年平均でドイツ人が15.9％なのに対して、移民は37.4％（女性は44.8％）である[32]。

　ドイツにおけるムスリム女性と学校における世俗主義について大きな議論を巻き起こす裁判に勝訴したLudin氏[33]もこのセンターの近くに居住し、センターでボランティア教師として従事していた。センター代表のYildirim氏の娘も大学生となり、Ludin氏に教わっていたそうである。なお、現在Ludin氏はベルリンの私立学校でスカーフ着用のまま教鞭を執っているようだった。訪問調査で観察したところ、圧倒的に女性が多く、これは彼が「女性が教育に熱心である」と理由づけることに加えて、女子学生ボランティアの場合はイスラームのルールをわきまえているこのセンターが安心であることも想像された。

　ドイツの教育における言説でよく用いられるのは、多文化主義アプローチであるが、具体的にはこのセンターの場合、教室の多様性を意味する。元来、統合政策とは、移民側が一方的にドイツ文化に合わせることではなく、ドイツ側も異文化に対して歩み寄ることである。移民たちはドイツを文化的にも豊かな国にしたいと考え、ドイツ行政側も多文化であることは有益であると表明している。しかし、現実との乖離が激しいそうだ。

　センターの運営にはドイツ人も関わっていることも「統合」に向けて示唆的であった。長年、事務を行ってきた女性秘書によると、当初はボランティアとして始めたが、現在は彼女が抜けたらセンターの活動は成り立たない。特に重要なのがプロモーションの点であり、パンフレットの作成と配布は時

としてドイツ人が行う方が、外部の団体から受け入れられやすいためであるとのことだった。

　Yildirim 氏は、ドイツ国内にいるトルコ移民の状況について、次のように語った。ドイツ社会から二流市民として差別を受け、高い誇りを維持したいと考えがちなトルコ人は、自らの身を守るために宗教を盾にすることがある。最大の課題はドイツにおいて移民が所属先を失ってしまったことであると述べた。これは移民の歴史にも関係している。出稼ぎでやってきた第一世代は、自らの収入だけに関心があり、10年以上アイデンティティや教育についてはまったく意識していなかった。1970年代に家族を呼び寄せ、1990年代になり第二世代、第三世代が成人、学童となり、改めて所属先（アイデンティティ）の重要性に移民たちは気づいたと説明した。移民たちは、統合という名の同化政策に強い反発を持ち、ドイツ社会を信用できずにいる。センターの位置するノイケルンの人口の33％は移民を背景に持つ者であるにもかかわらず、市民権を得た者を含めた区の公職に就く移民は1％にすぎないとのことであった。

　彼自身の背景は、次のとおりである。彼は分類としては移民第二世代にあたる。彼の妻がドイツ生まれのトルコ系移民で、彼はその父親と一緒にベルリンへ渡ってきた。なぜなら妻とトルコ国内で一緒に住み始めたが、「ドイツもん」として社会的圧力を強く感じ、より「自由な」ベルリンへと移住したのであった。彼自身の母親はトルコ在住であり、彼も時々帰省する。

　2010年1月の追加調査によると、通学してくる生徒数は増加しており、11カ国からなった。ボランティアスタッフも増加し、教室の拡張が計画されていた。

3.「地域の母」事業の詳細と評価

　上記、3つの団体による活動は、移民の参加、教育、支援という点でいずれも興味深い。本研究では、実質的な統合を扱うにあたり、内発的な参加および外部からのアクセスから最も遠い女性ムスリム移民に注目している。そ

こで、上記3つの調査結果のうち最初のもの、すなわち、「地域の母」事業を以下では詳しく見ていこう。それで展開されるノンフォーマル教育の実態と成果、前提となる構造的背景を分析することで、彼女たちが社会へ参加できるようになる過程を見ることができる。本事例の現地調査では青少年局事業担当官、事業コーディネータたち、参加した女性たちに対して聞き取り[35]を行った。ただし、本来は事業活動に含まれる家庭訪問における相互作用の観察が移民個人の変容を捉えるために重要であったが、高度に私的な内容を含むため著者の調査は許可されなかったことを記しておく。ここではそうした限界を踏まえたうえで、事業の成り立ちと仕組み、活動成果と課題について順に記す。

(1) 事業の成り立ちと仕組み

「地域の母（独語 Stadtteilmütter、トルコ語 Örnek Anne。以下、「母」と呼ぶ）」事業は、ノイケルンで移民女性の社会参加を促進することを目的に、青少年局が主に NGO「Diakonie」[36]へ委託する社会福祉事業である。事業の第一目標は移民家庭の教育と福祉の改善で、保護者として必要なドイツ社会の生活に関する知識を深め、ドイツ語能力をより高めることを目指している。たとえば、入学の際に保護者が書類を作成し、子どもの就学義務を理解するために必要なドイツ語レベルである。第二の目標は、移民が就職、または何らかの社会活動へ参加する等、ドイツ社会において新しい生活ができるよう、保護者である女性移民の潜在的能力を高めることである。それら目標のため、事業は講義と実習のコースを提供している。そして、その研修を受けた女性移民は「母」となり、他の移民家庭を訪問し、学んだ内容について他の女性移民へ伝える。

ノイケルンにおいて事業化のヒントは、複数のトルコ移民女性たちが他のトルコ女性移民らに幼稚園へ子どもを送ることをインフォーマルな茶話会などで勧めていたことであった。そこでは、ドイツ社会の基礎情報や学校制度等の情報交換がなされていて、個別のニーズは多様であった。そのため 2004 年 1 月には、トルコ系移民も多く関わる「Diakonie」が立ち上げた保護者対象の取り組み「異文化保護者センター」を原型とし、1990 年代に

(2016 年 6 月、ノイケルン区提供)

写真 5.2　「地域の母」となった女性たち（新市長と）

見られたオランダの Meeuw 基金による事業を参考モデルに、「母」事業が考案された。この「母」事業は 2005 年に最も成功した活動として市からも表彰もされ、都市開発、職業センター、青少年局の間で協力体制ができた後は、ノイケルン北側においてモデル事業が始められた。このパイロット段階は 2006 年から 2008 年まで継続され、研修 5 コースが 2006 年 9 月には設置された。2009 年 1 月 19 日には新たな協力体制が予算も確保でき、ノイケルン区全体へ拡大することになった。現在は 2 年ごとに事業を継続することになっている。

　「母」になるための明確な条件はないが、活動対象とする女性層の関係から 30～60 代の母親であることが求められる。彼女たちは青少年局または活動中の「母」を通じてコーディネータに研修の受講を申込む。「母」候補者は 6 カ月の間に、週に 2 度ほどの合計 30 時間の研修コースを受けた後、個別に 10 分ほどのプレゼンテーションを成功させれば「母」の資格を取ることができる。研修における 1 回の講義は 3 時間ほどで、20 名ほどの研修で

(2011 年 5 月 23 日、著者撮影)

写真 5.3　多言語による教材

は小グループに分かれてディスカッション形式で行われる。全研修時間のうち 20％以上の欠席があれば落第となる。研修修了までに 10〜20％の女性が、子どもの世話や夫からの反対などの家庭の事情を理由に辞める場合もある。「母」に任命された後の任期は最大 3 年である。

　研修の教材は、地区コーディネータが中心となり、参加する母親自身によって決められている。研修内容は、ドイツ社会の規則や学校の仕組み等を基本とするが、家庭訪問の際に話題にする 10 のトピック（幼稚園と学校制度、バイリンガル教育、子どもの人権、保健衛生の向上、成長期と性認識、自動車とバイクの技能、メディア、健全な栄養、薬物防止、子どもの事故防止）は必ず教材パックを用いて学習する。その教材パックは、パンフレットや書籍、チャートなどで構成されており、「母」が実際の訪問先のニーズに応じて用いるものである。ただし、1 つのトピックに必ずその教材を用いなくてはいけないという規則もなく、柔軟に対応することが求められる。すべての教材は、ドイツ語の他、トルコ語、アラブ語、ロシア語、ポーランド語、フランス語、スペイン語、クルド語、ボスニア語など「母」が用いる各言語で作成

されている（写真 5.3）。

(2) 活動の成果と課題

　研修を終え、「母」となった女性たちの実際の活動をみていこう。「母」の主な業務は各家庭を訪問し、対話を通して移民家庭の社会参加を促すことである。具体的には、午前 10 時にその家庭の母親をたずね、研修で扱った 10 のトピックのうち 1 つまたは複数を状況に応じて話題にし、その家庭の抱える課題や相談に対応する。訪問先の家庭を決める方法には、リーフレットや事務所、モスク等を通したものがあるが、最も多いのは「母」に、口コミで直接舞い込んでくる情報である。情報が寄せられた家庭を「母」はアポイントを取り、時には突然に訪問し、女性移民の母語で話を始める。たとえば、ある女性はまったく外出をせず子どもの学校関係の処理はすべて父親が行っていた。だが、「母」による別の家庭訪問の際に口コミで情報提供されたことで、外出しない彼女の存在が知られ、訪問対象に加えられた。ただし、この最初の段階では 10 のトピックを扱わず、世間話だけで終わることも少なくない。

　「母」たちが対象とするのは、社会から隔離された、シングルマザーも含む女性移民・母親である。訪問する家庭数は平均 2 軒で、訪問 1 回あたり 2 時間の対話業務をこなす。1 回の訪問で 18 ユーロ、月に 10 回の訪問が平均的で、180 ユーロの収入を「母」は得る。基本的に平日に訪問が行われ、まれに週末に連絡が入ることもあるが、その場合でも負担感は小さいとのことであった。訪問された家庭の満足度は非常に高い。詳細な評価内容は未公開であるが、2008 年になされた本事業の外部評価の結果概要によると、社会的な認知度が高まったこと、小学校へのアクセスが保障されたこと、対象地域を広げたことが挙げられた。ノイケルンすべてで実施されるようになると、活動は新聞で「スカーフ部隊」と頻繁に掲載された[38]。これまで「母」が訪問した家庭の数は表 5.1 のとおりである。

　「母」事業の実施体制としては、大学で社会科学を専攻した経歴を持つ地区コーディネータが「母」たちの活動を総括し、教材開発の調整や研修の進行を担当する。その地区コーディネータの上に地域間を統括し、外部資源や

表 5.1 「地域の母」が訪問した家族数

2007	2008	2009	2010	2011	2012	2013	2014	2015	2016
501	956	1,394	1,017	726	1,166	1,199	1,157	818	247*
計	1,457	計	2,411	計	1,892	計	2,356	計	1,065

注：＊2016 年は 3 月までの数値

各回の聞き取り調査から著者作成

行政機関との調整を担う受託した NGO 所属の主任コーディネータが存在する。2011 年 5 月現在、トルコ系以外も含む実働の「母」が 63 名、地区コーディネータが 4 名、主任が 1 名であった。2012 年 5 月には 85 名の「母」が活動中で、27 名が「母」になるべく研修中のため、今後 10％ほど訪問家庭の数も増加することが予想されることがメールによる追跡調査でわかった。2016 年 5 月 4 日の追加的聞き取りでは、ノイケルン区のすべての家庭を少なくとも一度は訪問したことがわかった。

新人「母」には地区コーディネータが随伴するが、対応できると判断されれば単独で活動するようになる。「母」たちは区役所内にある事務所で毎週の会合を持ち、継続的な意見交換を行う。家庭訪問以外の活動には、学校や幼稚園での保護者カフェ、週末に開催される「母親の朝食（写真 5.4）」、地

●ノイケルン区移民担当室長 メンゲルコッホ氏

(2011 年 5 月 25 日、著者撮影)

写真 5.4 「母」が他の母親を招待し情報交換を行う「母親の朝食」

域の公民館等で「母」への参加の呼びかけがある。保護者カフェを開催する「母」たちによると、本人は約 20 年前に婚姻のために地方都市から来て戸惑ったが、「母」になってから自分自身に自信を持つようになったとのことであった。

　現在、事業の最大の課題は事業に直接対応する法律がないため、3 年の「母」任期が終わると公的に活動はできなくなることである。ただし、地区コーディネータ等優秀な人材が一般企業へ転職するなど、「母」は社会参加のきっかけとされ、移民女性のキャリアパスとしても奨励されている。今後も任期と活動についての制度の変更は予定されてないものの、ノイケルン以外でも「母」経験が通用するように、「Diakonie」が事務局となり、新たに「異文化家庭・保健支援」という資格制度を作ることを目指している。

　個人の空間としての課題を取り上げると、まず着目すべきは、「母」事業によって情報アクセスを得た女性が、それまでの生活世界に抵抗を感じ、離婚を選ぶことが増えている点が挙げられる。これは今後の大きな課題になるだろう。なぜなら、そうした女性の行動は夫の反発を生むことが想定されるためである。1976 年に設立されたドイツ最大のイスラーム団体 IGMG

(Islamische Gemeinschaft Milli Görüş) は、家族の分裂を伴わない社会サービスとして、1) 結婚生活に困難を増加させるように思われるため、トルコにいる親族との婚姻を推奨しない、2) 若い女性に父親による決定権から防御するためのクルアーンの解釈の仕方を含む権利についての教育を提供する、3)「西洋風」な脅威とならないように、家族形態を維持することを支援するなどを検討している。このことから、最も身近な所属先を失った者が、宗教保守系のIGMGに接近する可能性もある。仮に宗教のみを心の支えとするならば、ドイツ社会に依存する必要はほぼなくなり、その人の参加は成立しないことになる。

シングル・マザーや離婚した女性トルコ移民は増加しているにもかかわらず、研究対象とされることはほとんどないが、重要な所属先としては家族が挙げられるため、より質的な研究が求められる。

(3) ノイケルン区による「母」事業の評価

キリスト教系社会的非営利団体（NPO）「Diakoniewerk Simeon」は、かつて「Diakonisches Werk」と呼ばれていたが、プロテスタント教会を代表して、支援を必要とする人々を支える NPO である。ベルリンとブランデン

●区庁舎ビルから出た「母」事務所の新住所（2016年5月6日、著者撮影）

(2014年11月18日、著者撮影)
写真 5.5　ベルリン・ノイケルン区のNPO事務所

ブルクにおいて100以上の事務所を持ち、1,300人以上の職員が仕事に従事している。ベルリン・ノイケルン区の事務所は移民が多く居住する公営アパートの一角に位置する（写真 5.5）。この立地は、トルコ移民にとって意味が深い。つまり、外出時には見栄えを重視する彼女たちにとって、買い物や散歩の折に立ち寄ることが可能となる立地である。これは行政側からはアクセスに時間がかかるなど、あまりメリットと見なされないかもしれないが、移民に対しては敷居の低さをアピールすることになり、統合の実質的アプローチと呼ぶことができる。

　Diakoniewerk の活動目的は、社会における平等を促進することである。そのため、たとえば妊婦から高齢者、青少年や保護者とその親族に至るまで、さまざまな生活における支援を提供している。また、ホームレスの人や障害を持った人など、精神的・物理的に問題を抱えた人たちに対する保護や保障も行う。さらに、異なる文化的背景を持つ人が助言や支援を見つけられるよう調整する。組織の構造としては、ノイケルン区の福音主義教会ネットワークにつながった形で、支援対象によって5つの担当部署（ケア・支援、青少年と家族サービス、統合補助、社会と統合、子どものケアセンター）が存在する。

　ここでは、Diakoniewerk 部署のうち、移民の社会統合に関わる、「社会統合」部門と「統合補助」部門についてみてみよう。まず「社会統合」部門には、カウンセリングセンター、異文化間コミュニティセンター、社会統合プロジェクト、多様な背景を有する社会教育の専門家などが含まれる。この部

門は、統合に向けた一般的支援、移民・社会的弱者・保護者や妊婦への支援、そして物理的・心理的・社会的に困窮した人たちへの支援・誘導を行うことで、対象者たちが尊厳ある、自立した、平等の生活を送ることができるよう強くサポートする。また、その際、信条や国籍に関係なく、守秘義務の他、匿名かつ無償での支援を保証している。カウンセリングセンターは、対象者の就職先やドイツ語教室を探し、移民関連の書類作成を補助する他、医療や家庭に関するサービスの相談・情報提供をする。異文化間センターでは、彼らだけでなく、ドイツ人とともに学習を通して音楽などの芸術活動やスポーツを行う。

社会統合プロジェクトには、1）ドイツ人以外の無職の母親たちが活動し2006年から承認されている「地域の母」事業（次節でその評価を扱う）、2）異文化を持つ女性たちがチームを作りトルコからドイツに来た女性たちの中でも困難な状況（例：ひとり親世帯、高齢者、暴力の被害者、貧困ラインや危機的状況にいる女性、交流を希望する女性）を対象にする支援「UGRAK（トルコ語で「出没」の意）」、3）父親を対象に子どもの教育やコミュニティ活動を中心とし2009年1月から2011年12月まで継続した「BABA（トルコ語で「父親」の意）」などがある。

他方、「統合補助」部門では、大きく2つの補助がなされている。1つは物理的・精神的な障害・困難を持つ人たちへの支援が中心の内容で、もう1つはホームレスや各種中毒性の課題を持つ人たちへの支援となっている。これらは移民だけを対象にしていないが、移民の中には社会的に不利な立場にあって困難や課題を抱える人もおり、ドイツ人とともに支援の対象となっている。

最後に、本研究によるインタビューによってわかった重要な点は、このNPOは周辺住民にキリスト教徒が減少し、他方でムスリムが増加したことを前向きに捉え、ムスリムの代表を買って出ていることである。組織論としては、ムスリムを代表する集団となるモスクや宗派の長などが考えられがちであるが、ノイケルン区ではモスク間における力関係や代表性を判断できない経験を持っていたことから、行政側がより柔軟に対応するNPOを探していた。また、教義上、イスラームに集団の代表という立場は存在しないが、

実際の利害関係を整理する際に必要とされる交渉窓口という意味で、モスクの代表たちはあまり適任でなかった。

(4) **評価報告書から**

　ノイケルン区が移民の就業支援の一環として NPO に委託する社会福祉事業「地域の母[41]」についての評価レポート[42]をもとに、その活動がいかに認識されているかを振り返り、移民の統合に向けた可能性を探る。

　まず、評価レポートの概要を概観する。この評価レポートは、ベルリン・ノイケルン区役所から依頼を受け 2010 年に出版された、Behn ら外部有識者による調査結果（*Evaluation des Modellprojektes "Stadtteilmütter gehen in die Schule (2009-2010)" Abschlussbericht*）である。ここでは、それを参考にみていこう[43]。

　2006 年から 2008 年までの「母」パイロット事業は、それ以降 2 年のサイクルで公式な事業として継続されている。当初から、0 歳から 12 歳児までの子どもを持つ家庭に対して通学をすすめるために事業は始まった。2009 年から本格始動したこの事業は、ノイケルン区北部に居住する対象者と連携できる小学校を探すことになった。その後、「母」になるために研修制度が整い、小学校と連携して週末などに開催する学校カフェにおいて、「母」たちと対象となる移民女性たちとの交流の場を設けるようになった。また、事業展開のための資金は、不就労者の就職を促進するジョブ・センターの施策の一環として連邦政府とノイケルン区役所の予算から用意されており、現在はそれ以外にも EU の補助金や別の予算などから工面している。ただし、これらの財政的調整はノイケルン区長（当時）のハインツ・ブシュコフスキー氏のイニシアチブによるもので、継続中の事業とはいえ恒常的な予算が設置されていないことから、同氏の任期満了とともに事業の継続も不透明になることが予想される[44]。

　事業に対する評価レポートは、目的の達成度合い、届いた対象者集団の数、参加した女性たちに与えた影響、訪問先の数、そして事業の実施に関する内容を主に質問紙への回答といくつかのグループで聞き取り調査の結果をもとに報告している。レポート内容として、1) 対象者となるノイケルン区

表 5.2　評価レポートに貢献した関係者

調査方法	対象者の背景	調査協力人数
「母」による報告	訪問を受けた移民家庭	1,110 名
質問紙	現在「母」である移民女性	84 名中 65 名
半構造化インタビュー	現在「母」である移民女性	3 名
同上	過去に「母」だった移民女性	6 名
同上	訪問を受けた移民の母親	15 名
グループ・ディスカッション	事業運営委員	7 名
同上	ネットワーク関係者	4 名
個別インタビュー	地域の関係者	5 名
オンラインの質問紙調査	公共機関係者	24 名中 12 名

Behn ら（2010: 11）より著者作成

北部の移民家族へアプローチできたか、2）幼稚園や小学校といかに協力し、その際どのように協力者と連携したか、3）「母」たちが獲得した技能と、その技能の職探しへの影響はどのようなものか、5）事業の継続にむけて参加者から得られたフィードバックは何か、そして6）事業は継続可能であるか、という6つのテーマが扱われている。本節では、教育の観点から、1）と3）を中心にみていく。

まず、このレポートに協力した回答者や使われた複数の調査方法も、表5.2で示すとおりである。訪問を受けた移民女性のうち、1,000名以上がこの調査に協力し、現役の「母」たちのうち77％が回答したことがわかる。

訪問を受けた家庭を対象にした調査（Behn ら 2010: 16-25）の結果、主に次のようなことがわかった。なお、括弧内は比率で、「n」は有効回答数である。

- 訪問を受けた移民家族（女性）の85％が婚姻状態にあると回答していた。（n=1,063）
- 彼女たちの子どもの数は、1 または 2 人（58.6％）、3 または 4 人（34.2％）、5 または 6 人（5.9％）、7〜9 人（0.8％）、子どもはいない

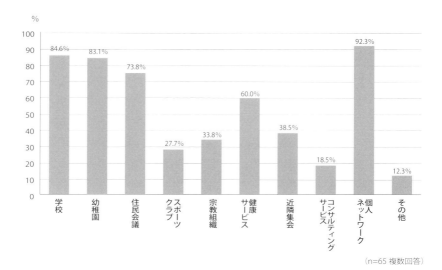

(n=65 複数回答)

Behn ら(2010: 28)より著者作成

図 5.6 対象者を見つけた契機

(0.6%)であった。(n=1,105)
- その子どもの通学状態は、小学校(68.3%)、レアルシューレ(10.4%)、ギムナジウム(7.2%)、ゲザムトシューレ(6.8%)、ハウプトシューレ(6.1%)、その他(1.2%)であった。(子どもの n=1,538)
- 彼女たちの生まれた国は、トルコ(42.7%)、アラブ諸国(26.8%)、ドイツ(17.4%)、その他(13.0%)であった。(n=1,096)
- 彼女たちがドイツに来た時の年齢は、11〜20歳(36.4%)、10歳まで(29.1%)、生まれた時から(17.7%)、21〜30歳(13.3%)であった。(n=1,075)
- 彼女たちの中等教育段階以上の学歴は、無し(76.9%)、教員養成系(12.1%)、職業技術系(9.1%)、高度専門・大学(1.9%)であった。(n=825)
- 本人の収入は、無職・無し(68.0%)、給与(30.4%)、政府補助金等

第 5 章　トルコ移民の統合・参加：ベルリンの事例　205

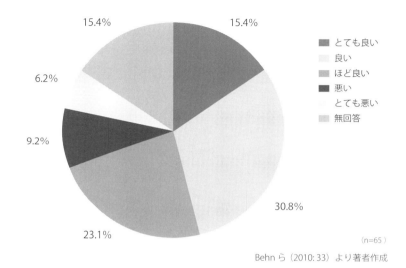

Behn ら（2010: 33）より著者作成

図 5.7　学校との協力関係

（1.3％）、私的な収入（0.4％）。(n=1,039)

　現在「母」である移民女性に対する調査の結果、個別につながりを持っていることが重要であること（図 5.6）、また連携にあたり学校との協力がうまくいっていることもわかった（図 5.7）。

　「母」たちにインタビューした結果、移民女性の抱える共通の課題として社会的な孤立、ドイツ語能力、長期にわたる失業の状態、教育機会や社会活動に関する深刻な情報の欠如が言及された。対象となる移民女性のために、トルコ語、アラビア語、クルド語などを用いて、さらに個別のネットワークやモスクまたはデイケアセンターを重視しながらアプローチすることを心がけたとも報告されている。個別のネットワークとは、彼女たちの友人だけでなく、祝祭の行事や礼拝の場、または茶話会などにおける交流機会を指す。

　こうした言語やネットワークの課題を解決するために下支えしていたのは、「母」たちの持つ文化的背景であるとレポートは述べる（Ibid.: 40-41）。なぜ

なら、「母」たちは業務を通して自信を持ち、自らの経験を相対化し、勇気を持つようになるからである。

では、「母」たちはどのような能力を身につけたのか。事業としてはドイツ社会の労働市場へアクセスし、就職することを目的としているが、「母」たちがキャリア・プランを立てることも重視している。レポートは6つのインタビュー結果にもとづいて報告がなされている。①彼女たちの背景と動機で、職に就いていない者が多く、専業主婦であったこと、子育てが優先されたこと、しかしながら一部の者はたとえば教員経験を活かして仕事に戻りたいという意志を持っていた。

②キャリア形成における「母」の経験については、良い経験と考える者とそれほど有益でないと捉える者がいることがわかった。③職能技能の習得について、高度な技能を身につけるため進学することにつながった例や、保健衛生に関する専門知識を得ることができた例、事務の運営方法やドイツ語が身についた、異文化間環境での能力や他人との協働ができたなど前向きな意見が示されている。④スタッフ育成について、自らも自信を持つようになり、1人で外出できるようになったなどの意見が紹介されている。⑤家族や日常生活における有益性について、3分の2の「母」たちが有益だと考え、事業を評価していることがわかった。そして⑥民主的な価値教育とドイツの歴史について、人権と関連して、クルド系の一部の「母」からは強い関心を持つ

●バイエルン州・ニュルンベルク駅におけるNGOの広告

ことができ、多くの者はこの機会が重要であると話したことがわかった。

　レポートの最後に「母」を辞めていく理由についても報告されていることは見逃せない。つまり、彼女たちは業務と家族生活を両立させるのに困難を抱えていたり、親族の男性から辞めるように言われたり、専門的な職業を目指すことをあまり求められていなかったりと、移民コミュニティにおける影響があることもわかった。

第 5 章のまとめ：ベルリンでは制度整備が進み、自発的集団に支援が見られる

　本章では、まずトルコからドイツへの移民についてその歴史的背景を概観した後、ベルリンの統合政策について整理した。ここから、増加する移民を抱えるベルリンは統合政策に関する制度整備を行っていることがわかった。特にノンフォーマル教育とそれを可能とする社会的なつながりという点において、参加者自身が鍵となっていることがわかる。

　そして移民の多いベルリン・ノイケルン区の状況と、行政および民間による教育活動について調査結果を示した。ノイケルン北部では住民の約半数が移民を背景持つ者で、行政として成人教育機関 VHS など公式ノンフォーマル教育（第ⅠとⅡ象限）における言語教育の他、ノンフォーマル教育と分類可能な福祉事業（第ⅡとⅣ象限）としての移民を対象とした事業を展開していることも確認した。そのなかでも行政と民間が共同で行う「地域の母」事業について、事業の成立と仕組み、その活動成果と課題を記した。「母」事業は当初はパイロット事業として始められたが、現在は恒常的な予算が組まれていないものの、メディアで取り上げられ、他の地域でも拡大していることから、本格的に制度化したと言えるだろう。その事業の中では、参加者である移民女性自身が、それぞれの母語を用いて、教材を開発し、その教材を用いて同胞移民女性の自宅へ訪問し、社会と接するきっかけ作りを行っていることがわかった。しかも、事業化のヒントはトルコ女性移民が母国で行なっているような茶話会にあったことも確認できた。

　次章では、この事業を主たる対象として、実質的な統合につながるトルコ女性移民の社会参加をノンフォーマル教育、社会関係資本から分析、考察する。

注

1 http://www.newsweekjapan.jp/stories/world/2010/10/post-1754.php（2010/11/3 閲覧）
2 http://www.radikal.com.tr/Radikal.aspx?aType=RadikalDetay&ArticleID=1031276&Date=03.12.2010&CategoryID=81（2010/12/7 閲覧）。
3 ケレシュ（1991: 63）。
4 野中（1993: 14）。
5 野中（同上 : 98）。
6 野中（同上 : 36）。
7 内藤（2007: 189）。
8 内藤（同上 : 192）。
9 Wallraf（1985）。
10 内藤（同上 : 193）。
11 https://www.destatis.de/DE/ZahlenFakten/GesellschaftStaat/Bevoelkerung/MigrationIntegration/MigrationIntegration.html（2016/6/1 閲覧）。
12 婚前の男女が関係を持ったり、親の意に反した結婚を求めて駆け落ちをした場合に、娘を肉親が家族の名誉のために殺害すること。
13 Ewing（2009: 151）。
14 https://www.destatis.de/DE/ZahlenFakten/GesellschaftStaat/Bevoelkerung/MigrationIntegration/EingebuergertePersonen/Tabellen/AufenthaltsdauerStaatsangehoerigkeit.html（2016/6/1 閲覧）。
15 http://www.bildungsbericht.de/de/datengrundlagen/tabellen-und-daten-2014-1（2016/6/1 閲覧）。
16 Söhn & Özcan（2008: 110）。
17 野中（1993: 69）。
18 Eurydice（2003: 7）。
19 ただし、600 時間で習得すべきドイツ語のレベルが高すぎる、オリエンテーションでは統合ではなく文化的同化を求めているものだと批判もある。内容的に、ドイツの歴史などが含まれるのみで、移民に関する情報や内容が多数派に習得すべき内容として扱われてないことから、その批判もある程度の正当性を持つ。
20 トルコでは教師だけでなく、生徒も学校ではスカーフの着用を禁止している。加えて、トルコでは男性教員のあごひげも禁止されており、世俗主義が徹底されている（内藤 2007: 145）。
21 Statistik Berlin Brandenburg（2011）. Statistischer Bericht: Melderechtlich

registrierte Einwohner im Land Berlin am 31. Dezember 2010. pp.34-35 を参照。
22 https://www.statistik-berlin-brandenburg.de/（2016/6/1 閲覧）。
23 http://www.berlin.de/imperia/md/content/baneukoelln/allgemeingoedecke/mh_statistik_31.12.07.pdf（2008/11/4 閲覧）。
24 https://www.statistik-berlin-brandenburg.de/publikationen/stat_berichte/2015/SB_A01-05-00_2014h02_BE.pdf（2016/6/1 閲覧）。
25 中山（1998）など。
26 初級（A）、中級（B）、上級（C）レベルはそれぞれ2つの水準に分けられており、Bレベルには、中級の下レベルである「B1」と上である「B2」が存在する。B1 は、次のような水準であるとされる：職場、学校、余暇において定期的に遭遇する、馴染みのあるものごとについて明確で標準的な投入の主要な点を理解できること；その言語が使われている場所を旅行中、発生しやすい状況に対処できること；馴染みのある、または個人的関心の話題について、簡素に連結したテキストを作り出せること；経験や出来事、夢、希望、熱望を描写でき、その理由と意見や計画の説明を簡単に与えることができること。
27 2010 年 1 月の追加調査によると、予算確定が遅れており、プロジェクトの一部が滞っているとのことであった。
28 礼拝で主導する立場の者で、トルコ国内では職業訓練校を卒業して資格を得る。男性のみ。
29 トルコ共和国建国以来、選挙で地滑り的勝利を収め、史上初となる親イスラーム政党が単独政権を成立させた。2016 年現在、党首はエルドアン大統領である。
30 トルコ共和国建国の父とされる。軍人出身の彼は、第一次世界大戦でオスマン帝国が敗北し、事実上の列強による占領が始まった際、独立戦争を指揮し勝利へ導いた。その際、トルコ国民というアイデンティティを掲げ、国民国家を成立させ、初代大統領に任命された。現在も同国内では不可侵の存在で、彼が唱えた世俗主義は国是となっている。トルコ国内の学校では、彼の人となり、数々の業績を社会の授業で学ぶ。
31 学期終わりに成績表を受け取った保護者には点数の低さを理由に申請してくる者が多い。
32 Commissioner for Integration and Migration of the Senate of Berlin（2008: 23）。他方で、スカンジナビアでは移民の失業率が低下している（http://e24.no/makro-og-politikk/article2267035.ece 2010/2/20 閲覧）。
33 アフガニスタン出身で、スカーフをかぶったまま授業を行い、裁判となり大きな議論となった。彼女自身は勝訴したが、その後、ムスリム移民の多い旧西ド

イツ諸州では次々にスカーフ着用を違法とした。詳しくは内藤（2007）を参照。
34 緑の党は外国人政策に最も寛容であるが、最良の統合政策は同化政策であると述べている。
35 序章第3節の研究方法で示したように、半構造的インタビューを計3回実施した（2008年10月21〜23日、2010年1月18・19日、2011年5月23〜25日）。その後、情報更新および追加的聞き取りを、2014年3月14日および2016年5月4日に行った。
36 19世紀半ばに始まった教会の社会福祉事業を行うプロテスタント系団体。事業対象は高齢者、失業者、若者、障害者などの他、移民を含む（http://www.diakonie.de/ 2016/6/1閲覧）。
37 http://www.de-meeuw.nl/が公式サイト。この「ロッテルダム」モデルは子どもの発達を促進する目的を持つ保護者への教育・言語支援プログラムで、本「母」事業のように教材パックも存在した。
38 たとえばBerliner Morgenpost（http://www.morgenpost.de/familie/article1193048/Sie-helfen-wenn-Sozialarbeit-keine-Chance-hat.html 2009/10/20閲覧）。最近のロシアやポーランド系の「母」の増加に伴い割合は低下しているが、当時は約6割がスカーフを着用していた。
39 Ewing（2009: 79）。
40 Erel（同上 : 113; 189）。
41 Diakoniewerk Simeon（http://www.diakoniewerk-simeon.de/）の公式ホームページは次のサイトhttp://www.diakonie-integrationshilfe.de/sis-leistungen/projekte/stadtteilmuetter-nk/projektbeschreibung-nk.htmlにある。
42 Behn, S., Bischof, C. & Koch, L-B.（2010）. *Evaluation des Modellprojektes "Stadtteilmütter gehen in die Schule（2009-2010）"* Abschlussbericht [Evaluation of the Pilot Project "Neighbor-hood Mothers Go to School（2009-2010）". Final Report], Berlin: Camino gGmbH. などを参照。
43 ただし、本稿のためにドイツ語原本ではなく、その英訳を参考にした。ドイツの学校機関の表現は、日本比較教育学会編（2012）「ドイツの教育」『比較教育学事典』pp.283-284を参考にした。
44 2014年11月18日をはじめ、関係者に対する断続的な聞き取りによる。2016年5月にギファイ新区長への聞き取りでは、今後も継続する意図が確認できた。

第6章
考察：移民の置かれた状況とエンパワメントの構造

●「母」事務所に展示される活動の様子

先の第5章ではドイツに着目し、特にベルリンの状況および統合戦略をはじめとする行政の取り組みなど移民受け入れの環境整備を整理した。そして行政の支援も得ることができた「地域の母」事業について、その概要と活動を記した。

本章は、主にその「地域の母」事業の事例からの知見をもとに考察を行う。その「母」事業へ参加するトルコ女性移民は、事業が対象とする女性移民の相談に対応するだけでなく、研修時に行った学習への主体的参加を通して自らの可能性を認識し、自信を持つようになる。これはノンフォーマル教育による成果であり、エンパワーされた「母」はさらに当事者として社会参加の度合いを高めていると考えられる。事業が良い評価を得ることになった背景には、困難下にある女性移民へ文化的親和性のある手法を取り入れたこと、つまりトルコ女性が周囲から求められる役割と強みを活かすことができたことが挙げられる。そして、母語によって自らの経験を共有できることで、対象の女性が「母」へ深い信頼を寄せることができたことが挙げられる。

第1節では、ムスリム移民の置かれた状況を第2章で整理したグローバル社会およびドイツ社会、トルコ移民社会、そして移民の家族・親族という3つの環境からの影響下にあるとして考察する。まず、移民から見て最も社会的距離の大きい、グローバル社会とドイツ社会からの影響としてイスラモフォビアなど排他的な反応が挙げられる。特定の国民、民族、人種を対象とした嫌悪ではなく、宗教集団とそれに関わる事象に対する嫌悪が広く共有され、特に通りを歩く服装やモスク建設などムスリム移民のプレゼンスとテロ行為や中東などで発生する混乱などと連想されることで、過剰な防衛反応が正当化されがちである。

次に中間の距離に位置するのは、イスラーム規範やトルコ文化・伝統による同胞社会からの影響が挙げられる。ムスリムとしてのアイデンティティを重視する者が増えると、さまざまな規範についての知識と実践が求められるようになる。そこでイスラーム教義に照らして他人を判断する場合が増える。同時に、母国トルコにおける公的福祉が不十分であるものの、福祉の一部を私的なネットワークが互酬性を持って代理しており、それに支えられていた伝統がある。そのため、見返りや再分配などの他、時に儀式を伴う伝統文化

第 6 章　考察：移民の置かれた状況とエンパワメントの構造　213

による規範の期待が強要されることもある。こうした文化的背景を整理する。

　最後に、移民から見て最も近く、あるいは内部とも言える家族および親族からの影響としては、女性としての役割期待が挙げられる。それは、育児と家庭の仕事を継続することによって、男性の役割期待も保持され、自らの家族生活を保障しうる最も確実な方法と考える場合があるためである。親族が母国トルコの地方に多く居住している場合は特に、里帰りの際にネットワークを維持することが重要であることから、この構造は変化しないこともある。このように、トルコ女性移民は 3 つの影響の下で生活していることを改めて確認しながら、「母」たちへの影響を記す。

　第 2 節では、ノンフォーマル教育の成果について考察する。事例で見た「母」は、教師も定められた教室も存在しない環境下で、厳密に構造化されていない研修を受け、しかしながら公的に資格を得ることから、この相互作用は第Ⅰ象限のノンフォーマル教育（NFE）であると言える。そして「母」候補者たちは研修を通して、活動する「母」たちは訪問とお互いのフィードバックを通して、そのノンフォーマルな学びを経験し、社会参加と自らのエンパワメントを達成する。前節で見た彼女たちにかかる 3 つの影響に対して、NFE は次のような機能を持つ。

　最も遠い位置づけのドイツ社会に対して、その社会生活に関する知識の蓄積とドイツ語の運用能力を保障することになる。移民社会からのイスラーム規範などについても、参加者同士による意見交換などで自らの認識あるいは解釈を相対化させる。そして最も身近な影響に対しては、他の同様の環境下にいる同胞との対話によって自らのアイデンティティの使い分けや希望を認識させることになる。その参加する姿は、参加の段階でも最も高度な参加状態であると言える。つまり、ただその場にいるだけでもなければ、他人から与えられた活動や評価に満足せず、自分で機会を活用する主体としての積極的参加を展開していることがわかる。そしてその背景には、社会関係資本の蓄積と生産が見られることを最後にまとめる。それは、規範意識と信頼の構築であり、それによってネットワークによるエンパワメントと相互の支持となる。また、社会関係資本論において今日的には重視されるべき、行政サービスへのアクセス強化についても示唆を持つことも示す。

最後に第 3 節では、「実質的な」統合を扱う。第 1 章で繰り返し記したように、「実質的な」統合には、移民側からの主体的な参加が条件となる。その参加の条件には、自主性・内発性が求められることが本研究の事例によって示唆される。「母」事業が継続され、他の地域にも広がりを見せていることは、統合に向けた重要な要因が存在することを意味するのである。トルコ女性の多くが持つ文化的慣習であるインフォーマルな情報交換の場である茶話会は、ドイツ社会における生活相談から同胞ならではの話題を母語で話せる場である。他者に教える行為となる NFE の第Ⅳ象限から始まった「母」事業は、トルコ移民女性の文化的親和性が高い。そこには、感情的なつながりが最初に存在し、それを事業の中でも重視したことは大きな要点と言えよう。他方、ムスリム移民を宗教保守化させるのは、むしろ受入社会における多数派の影響が存在することを考察の最後に指摘する。

　欧州社会において世俗主義あるいは人の理性にもとづいて定められた法律や規制と、理性と感性を越えた宗教実践との間で揺れるムスリムの葛藤を多数派は受け止める必要がある。仮に法律などを根拠に「劣った・遅れた者たち」と一方的に判断されているとムスリム移民が捉えると、信仰のみを拠り所とし、忠実な宗教実践のみを優先させるという選択肢しか残されていないと考えるようになる。そのため、受入社会がいくら制度整備を行っても、むしろ整備するほどに、移民の自主的な参加が遠のく可能性が指摘できるのである。しかしながら、ノンフォーマル教育の点から言えることは、ドイツ人の中で教育水準が高いほど、また外国人と接する機会が多いほど、自民族中心主義が弱いことから、ムスリム移民との接点をより増やすことが妥当であると言えよう。そのため、「母」事業が開かれた接触の場面を作り出し、アクセスが困難であった女性移民と触れる機会を設けたことで、ムスリム移民を多数派がイスラーム実践のみに追い込むことなく、実質的な統合に向けた試みとして捉えられるのである。

第6章　考察：移民の置かれた状況とエンパワメントの構造　215

1. 移民の置かれた状況

　ムスリム移民は異なるイスラーム団体・宗派に所属し、世俗化の度合いも欧州へ来た背景も異なることが欧州でよく知られている[1]が、事例で示したトルコ女性移民の環境を、第2章で示した3つの層でまとめると、次の図6.1のようになる。トルコ女性移民から見て最も外の世界はグローバルな社会とドイツ社会となり、そこからの影響にはイスラモフォビア等の排他的圧力が挙げられる。次のレベルに位置づくのは母国トルコからの影響と、その延長にある移民社会で、イスラーム規範やトルコ文化が考えられる。最も内側の所属先は家庭や親族の関係になり、出身地の伝統や習慣が影響する。また、後述するが、この図はノンフォーマル教育の機能についても示している。

	所属先	圧力要因	ノンフォーマル教育の機能
外	ドイツ社会	イスラモフォビア	社会生活の知識蓄積とドイツ語技能習得
⇕	トルコ移民社会	イスラーム規範	ネットワーク化と規範の相対化
内	家庭・親族	村の伝統・慣習	アイデンティティ再構築とエンパワメント

図 6.1　トルコ女性移民の環境とノンフォーマル教育の機能

（1）グローバルな動きとドイツ社会からの影響

　ここではまず、グローバリゼーションによる影響を、特に一般的な排除とそれを加速するイスラモフォビアについて見ていこう。「中心－周辺」階層構造の拡大再生産が進むなか、中央から周辺に一方通行として影響が及ぶのではなく、たえまなく文化的相互関係が発生する[2]。これは本事例においても見られることで、1960年代以降の労働条件の良い「中央」であるドイツと、不利あるいは不足の条件下にあった「周辺」に位置づくトルコという両者の間で、前者から後者へ常に一方的に影響があったわけではなことを意味する。ドイツで「並行社会（Parallelgesellshaft）」と表現されたように、受入社会と移民社会が分断されているような事態が発生していた中で労働市場だけを取

り上げても労働力としてのトルコ移民が影響を持っていたことも事実で、その点からも相互に影響し合っていたと言えよう。しかも近年のベルリンにおいては、移民はトランスナショナルに移動する、情報を交換する手段を容易に確保し、欧州地域に限らず世界的な宗教団体を背後に持つネットワークによる影響力を持つようになっていることからも、社会の多数派との相互作用も持つようになっている。

　他方、グローバリゼーションによる負の影響の１つの例は、世界的に拡散したイスラモフォビアで、受入社会においても見られる。第３章で確認したとおり、それは特定の国民あるいは民族・人種を対象とした差別ではなく、宗教集団とそれに関わる事象に対する嫌悪である。この嫌悪感がグローバルに共有され、ムスリムと日常的な接点を持たない者は偏見を強めることになった。このような反イスラーム感情は同時に、反移民感情や反外国人感情でもありうるため[3]、イスラームを主要因とする意識ではない。しかしながら、2001年の9.11事件を象徴とするイスラーム過激派の行為に対する防衛反応はさまざまなレベルで正当化されやすくなり、感情的に黙認されることが少なくなかった。そのため、グローバルに拡がった反イスラーム感情は、多数派の中においても、ムスリムによるインターネットなどを支えとしたネットワークと同様に、共有されるようになった。

　もう少し具体的にドイツ社会の影響を見てみよう。ドイツ国内の「平行社会」は深刻な課題として捉えられ、連邦政府も移民の統合政策を進めている。だが、2007年7月12日に発表された国家統合計画（Der Nationale Integrationsplan）の前文において、メルケル首相も統合は自動的には成功しないし、上から命令されて成功するものではないと述べており、政府主導でのみ移民の社会統合は進められるとは考えられていない。むしろ、移民側は「統合という名の同化を強いられている[4]」と感じており、政治だけではなく、地域や個人の試みが求められる。人類学者のHenkel（2008）は、ハーバーマスを引用し原理主義的な文化を統合することには限界があるとした上で、しかしイスラーム法はドイツの法律に適合するものの、欧州のアイデンティティが長期間にわたってイスラームと対比させることによって成立しているために、ドイツ社会の忍耐が少ないとも指摘する[5]。また、移民に対する

受入社会への適応に向けたドイツ人の期待は1994年以降強まっているという報告もある。

しかし一般的に、ドイツ人のトルコ系移民を含むムスリムに対するイメージは、前述のとおり世界的なイスラモフォビアの影響を受け悪化しており、聖俗分離が成立しないイスラームの教えを守ろうとする個人差のあるムスリムの行動を、細かく区別して、判断することができなくなっている。シンボル化したムスリム女性のスカーフをイスラーム脅威と見なすことになっている。さらに、ドイツの宗教都市ケルンにおけるモスク建造などのイスラームの顕在化に、自らの精神的支柱や欧州の伝統が侵略されていると捉え、ドイツ人の中には排他的な態度を強めている者も少なくない。

そうしたことから、ある1人のムスリムの行動をムスリム全体として捉えてしまいがちになる。つまりたとえば、スカーフをかぶったムスリム女性はすべて「原理主義」的なムスリムであるという捉え方は、過渡一般化であるにもかかわらず、一般的な支持を受けると認識されてしまうことになる。本事例で扱ったムスリム女性は、まずはこうしたグローバル環境に影響し合うドイツ社会の中で過ごすことになっている点が、移民集団からみた最も外部からの影響と言えよう。

(2) **母国トルコおよびトルコ移民社会から**

次に、出身国トルコおよび移民社会からの影響をみていこう。トルコには伝統的な相互扶助が地域社会の中にセーフティネットとして存在し、強い福祉制度を持つ国家でない同国の公共サービスの不足を補っていた。たが、特に都市部においては、経済的関係により失われたという指摘もなされ、農村部出身者は地縁による人間関係を維持しているものの、金銭の貸し借りなどでは世間体により援助を求めることができない場合もある。このような新自由主義的な流れのなか、行政サービスが縮小されると、住民の中で疑問や不安が芽生えてくる。

元来、イスラームには共同体の考えがある点について第2章で述べたが、近年の情報通信技術の発展に支えられ、また他の中近東諸国のオイルマネーを資金的源泉として、イスラーム色の強い思想による言動も強まっている。

先の Henkel は、一般に近代社会では民族から文化（宗教）へのシフトが生じている点を強調し、同時にトルコ系ムスリムの価値観はドイツのものとは相容れないと語るトルコ系の宗教団体（宗教系最大の団体 Milli Görüş）の発言に着目している。こうした動きは、ドイツで困難に直面する移民たちをイスラームという傘で囲い込むものであろう。

トルコでは国是である世俗主義を維持するための軍部によるクーデタが発生した 1980 年代に、宗教保守層に支持を持っていた指導者たちはドイツへ移り住んだ。当時はすでに労働者の受け入れは終わっていたが、彼らの属する宗教関連団体——その多くは文化協会」とも呼ばれるようになった——は、1990 年代には宗教色の強い団体として大きく成長していた。それらがトルコ本国で親イスラーム政権になった 2002 年以降においては母国からの支援も拡大したと言われている。そして近年のイスラーム・ネットワークを通じて、資金提供を受け、活動範囲を広げているとされる。

トルコ移民は以前から、政治的、経済的に移民となったこともあり、母国の政治・経済には強い関心を持っていた。ドイツで調査された、母国トルコの政党別支持率の集計結果では、ドイツ在住のトルコ系移民の 3 人に 1 人が現在の単独政権与党である親イスラーム政党を支持し、他の数多くの政党への支持を圧倒していた。これは同時期のトルコ国内における支持政党の割合とほぼ同じであることから、かつては世俗主義が多かったトルコ国内の動きが、在外移民のイスラーム主義への動きと近くなり、関係も強化される素地となっていると言えよう。母国トルコにおいてイスラームがより多く教えられる学校イマーム・ハティプ校により多くの保護者が子どもたちを送りたがっている。イマーム・ハティプ校は、普通高校（後期中等教育段階）における一般教科教育に加えて宗教教育が取り入れられており、普通高校には道徳に関する風評があること、強まる受験競争に加えて高等教育機関が少ないため大学進学が難しいことから、高校までの進学で十分だと考える保護者はその娘を同校へ送ることを望むのである。また、生徒も性的道徳に関する個別の指導を受けられることから普通学校よりも良いと考える事例についても、報告されている。

ドイツ在住トルコ移民の家族にとって現実的な最大の問題は、ドイツ人よ

り高い失業率にあえぎ、仮に就職できても賃金などで差別を受けていることだ。[16]以前からトルコとドイツの物価格差によって利益を上げることを目的に持つスーツケースを使った個人輸入と販売は多く見られたが、トルコ国内の物価上昇やグローバル資本による大量販売の影響、そして世界的な経済不況の影響によって、個人商店は以前ほどメリットが生まれない状況にある。また経済成長が続くトルコにおいても失業率は10％を越えており、[17]人口規模に対するインフラ整備が未完であるイスタンブルにおける生活苦の情報が共有されていることから、ドイツ国籍を持つ移民の中でもトルコへの移住帰国に躊躇する姿が見られる。

そして移民集団の内部における動きとして、イスラームを唯一の選択肢とするしかない状況が見られるのである。受入社会から拒否されたように感じた移民は社会に対して閉鎖的になる分、代わりに福祉や相談などのサービスをドイツ語ではなくトルコ語で提供してくれる宗教系団体のサービスに頼るようになった。個人の責任が強調されるドイツの環境下で、トルコ農村部出身の移民の場合は、出身地の生活をそのまま持ち込んだこともあり、ドイツの習慣に不慣れな上、都市部の生活にも戸惑いを感じ、近い価値観を共有する者同士で結束を固めている。トルコ都市部出身でかつては世俗的な考えを持っていた移民たちは、移民史で見たとおり、冷戦後の環境変化以降の経験によって自らはイスラームに覚醒し、愛国心が強いため移民の第二世代、第三世代である家族がトルコのことをよく知らず、またムスリムとして不適切な言動を取るようになると、本人の加齢も要因に加わり、保守的な態度を持つようになる。鴨澤（1990）は、トルコ人の帰化申請率は最低で、同国人としか交際せず、西独国籍取得は仲間から変節したとみなされると記しており、当時から結束が強かったことがわかる。

(3) 親族および家庭から

このような背景で、イスラーム主義者たちは伝統的な家族の価値観にもとづいた、より公正な社会の構築を目指しており、それは受入社会では女性よりも（ドイツ人と社会的接触の多い）男性の方が差別を受け、ムスリム男性は男性の権威を再度正当化したいためでもある。[18]これは次のようにも説明され、

移民が意図的にドイツ社会を拒否しているためだけではないことが言える。

　　　　今日でも依然として残る農村社会の生存維持機能を、できるかぎり保持しつづけようとするであろう。それは、伝統への執着や規範・慣習の強制といったものではなく、それが自らの家族の生活を保障しうる最も確実な方法と考えるからである。[19]

だがベルリンで移民に関する運動について発言を続け、民事裁判を主に扱う弁護士で、自らも移民一世であるAteş女史へのインタビュー[20]によると、イスラームでは男女ではもともと役割が違うという考えがあるため、男性が権威を維持したい場合、ドメスティック・バイオレンスなど強い反応が発生することがある。[21]仮にドイツの女性団体が被害者を保護して「これから自由です」と告げても、その女性はどうして良いかわからず、自信に溢れ他人に主張するドイツ女性のようには決してなれないと感じ、これまでどおりの生活を希望することもある。他方で、女性として独立して生きる決心をしたなら、過激な思想を持つ者から命を狙われたり、安全を確保するために関係してきた者たちと別れる必要もある。

こうした環境下で、少数派の生きる術として一層イスラームを拠り所とする傾向が強くなり、これはイスラームの共同体志向と地方出身者による伝統的な文脈により、近代社会（ゲゼルシャフト）における自己防衛としての共同体（ゲマインシャフト）傾向となっているといえる。そして母国トルコの宗教保守化によって、それが強まり、世俗主義的だったトルコ系移民も、移民の中において主流に従うようになってきているのである。すなわち、移民はドイツ社会からは認められず外堀を埋められ、内堀は上のとおりなくなっていき、残された橋はイスラームに回帰するか、自らの存在をほぼ否定する形で誰からも支援を受けない覚悟でイスラームから決別するかという選択を迫られているとも言える。トルコ文化における母親、また女性としての役割に対する期待が、信仰と親和性をもって言説空間を作ることになるのである。

2. ノンフォーマル教育の成果

　事例で見たとおり、「母」事業は公教育の枠外で、構造化されておらず、免許を保持し指導する教師も特定の教室もない。またドイツの成人教育機関とも異なり、テーマ設定と教材開発は学習者が定めてきた。第3章の図3.1および図3.2で横軸が示すように、文脈に依存した、つまり参加者の個別ニーズやその時空の状況に応じて、教育・学習が成立する。そのため、この「母」事業はノンフォーマル教育となる。

　では、図6.1に示した3つのレベルにおいて、ノンフォーマル教育の観点から見た「母」事業と活動はどのような機能を持っているのであろうか。事業では、ドイツ社会へのアクセスを保障するため、「母」を通じて知識の伝達の他、「母」自身のドイツ語技能の習得を促進している[22]。移民社会におけるイスラーム教義についても、「母」研修中における他のムスリム移民との意見交換により、自らの解釈を相対化できる場となっている。そして家族や親族からの期待や圧力については、「母」自身のアイデンティティが再構築され、力づけがなされている。

(1) 参加によるエンパワメントと均衡ダイナミズム

　こうした機能を持つ事業による最大の成果は、上の3つのレベルの阻害要因を克服できる機能を持った学習によって、トルコ人女性移民の社会参加が促進されたことである。同時に、補完する形で自身および事業の対象である他の移民女性のエンパワメントがなされたことは重要な成果である。参加にはいくつかの段階または水準があり、その過程を経てエンパワーされた女性参加者は、さらに参加の度合いを高めていく。

　ノンフォーマル教育の参加者に焦点をあてた3つの参加形態、すなわち、1) 既存の活動へ誘われてその場へ出るプレゼンスとしての参加、2) 他人が用意した活動へ積極的に参加すること、3) 自らが活動を始める、あるいは活動内容や評価を定めていくコントロールできる参加に当てはめてみると、次のようになる。初めて誘われて「母」事業へ関心を持った者は、まず

は言われるがまま出席するだけかもしれない。だが受講生は積極的に活動へ参加することが求められ、研修の中で議論と発表を繰り返し、自ら教材を作成し、最終的には学習の評価基準をコーディネータと共に作成する。特に「母」が訪問先で用いる 10 のトピックと教材は、地区コーディネータによる調整が重要だが、具体的な内容と扱い方について「母」たちが自ら選び（コントロールし）、活用方法にも裁量が与えられている。そのため、自ら作成した教材に対する思い入れと責任感は強く、訪問先の他の母親の抱える課題へ対応するため、それら教材を活動の中で自信を持って駆使している。

　イスラームおよびトルコという文脈での期待と役割が求められる女性移民にとって、「母」であることはドイツ社会に限らず、トルコ移民社会および親族の中でも、公的に当事者として認められた存在になる。そして、訪問先の移民女性に以前の自分の姿を投射することになり、それが「母」としての使命感を強くする。このことから、外部からはアクセスが困難な事業対象のムスリム女性だけでなく、「母」自身のエンパワメントにつながる。これらはベルリンの統合戦略に適合しており、また副次的に、事業を知って妻を連れてくる夫が増えるように、家庭内の男性の持つ女性観に影響を与えている。そのため、新たな「母」候補者が事業へ参加を希望するという、参加とエンパワメントの好循環が見られるのである。

　ただし、第 3 章の図 3.2 で示した、ノンフォーマル教育の縦軸という点からの考察は重要である。というのは、事例となっている本事業が NGO によって独自に展開される活動であったならば、社会的インパクトは小さいままであったと考えられるためである。第 5 章の事例報告のとおり、行政は NGO に事務局を任せて黒子に徹して、しかしながら「母」という公的な認証を行った。これにより社会的な居場所が約束された「母」たちは自信を持って、他の移民女性たちへとアプローチできるようになった。エンパワーされた女性たちは、自分たちをそうした対象となる女性移民に投射しながら、さらに活動に対する動機を高めていった。

　世界にはノンフォーマル教育活動は星の数ほどあるが、政府と対立していたり、政府に懐柔されることを避けて展開されたり、または政府の提供する教育サービスよりも民衆から支持されるものもあり、公的機関・公的認証と

第6章　考察：移民の置かれた状況とエンパワメントの構造　223

は無縁のものが多い。本事例で見た「教育」事業は、確かに従来どおりの判別ではおよそ教育とは言いがたいかもしれない。だが、そこで見られた相互作用は、誰かが設定した内容を身につけるといった学校教育の手法とはまるで逆であり（四象限の右側）、しかしながらノイケルン区から公式に認められていた（第Ⅳ象限から第Ⅰ象限に）。この認証が参加者を勇気づけていた。これは、行政からの認証や支援を得ることの重要性、すなわち、改めて制度整備の強みが確認できるのである。さらに、この制度化される過程においては、当事者たちの持つ文化的背景を支援する形で始めることが、持続可能な事業の展開につながっていった。この、認証と予算確保は、行政でこそできることであり、さまざまなノンフォーマル教育の制度設計において重要な示唆に富む。[23]

　前節では女性ムスリム移民が、自らの存在をほぼ否定する形で誰からも支援を受けない覚悟でイスラームから決別する選択を迫られていると記した。実は、ここにこそ力のモーメントの支点を動かす可能性が含まれているとも考えられる。ノンフォーマル教育研究では、対象とする事象の柔軟で動的な側面を重視し、文脈化された現実を捉えることを目指している。そのため、本研究においても、受入社会における少数派移民に関するダイナミズムを捉えようと試みてきた。そのため、力学を整理するために、ここでは力学のモーメントを用いて、ダイナミズムについて記してみる。

　モーメントは図6.2のとおり、方向を持つ力量であるためベクトルである。[24]図中の棒の重心はOで、その重量は質量と重力の積mgで示されている。それにかかる力$F1$と$F2$はmgと同様に矢印で示されている。[25]支点Pから物体Aの距離をa、物体Bまでの距離のうち、棒の重心Oまでをb、残りをcとする。そして、その棒にかかる力が均衡状態にあるならば、Pからの距離と力の積であるモーメント（N）は、Pを挟んで等しいため、次のように表現できる。

$$N1 = F1a;\ N2 = mgb + F2(b+c)$$
$$\therefore F1a = mgb + F2(b+c)$$

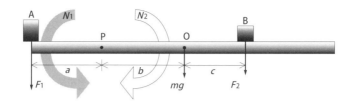

図 6.2　支点 P を中心に回転する力で示されるモーメント N1 と N2

　当然のことながら、P より右側により質量の大きいものを、より遠くにぶら下げる、あるいは力（F）を大きくする（例：おもり B を重ねる）と、均衡が取れなくなった状態となるため、N2 の方が大きくなり、不均衡な状態となって時計回りの動きが出る。

　このことから、この棒をめぐるモーメント（N1 と N2）を、ムスリム移民に関わる内外の力の状態を示すと、かつて問題が一般的に意識されていなかった状態（均衡状態）から、左辺を「問題意識が大きくなり、9.11 事件以降のイスラモフォビアが強い環境となったこと（N1 が大きくなった）」と示すならば、棒は反時計回りに回転を始めることが表現される。他方、ムスリム移民をめぐる実践や支援など複数の取り組みなどの努力はモーメントの右辺で示すとするならば、問題に対する取り組みを増やす、あるいは強化することで、モーメント（N2）を大きくすることになり、左右の辺の間で緊張感を伴いつつも、P を中心に均衡状態を保つことができる。

　しかしながら、物体 A が大きく・重くなり（例：イスラモフォビアを表現する人の数が増加）F1 が大きくなると、支点 P を中心にモーメント N1 によって反時計回りの動きが強くなる。これは、欧州諸国だけでなく世界的にイスラームに対する風当たりが強くなる近年の傾向を意味する。それに対して、モーメント N2 を大きくして均衡状態を保つには、右辺の物体 B を大きくする、または同じ物体を重ねるなどによって F2 を大きくすること（例：支援を増やす）が求められる。しかし、A が常に B よりも大きい場合、時に距離 c を大きくした状態で物体 B を位置づける、あるいは物体 C（例：別の集団による支援）を追加するなどの方策が考えられる。しかし、物体 B も増やす

ことができず、物体Cも存在しない場合、「$N1 = N2$」の均衡状態にするには点Pを左側にいかに動かすことができるかが重要となる。

　それは、支点Pを固定化しない可能な方策を探ることである。支点Pとは要となる社会的位置を象徴するため、政治、制度、行政など公的な意味として捉えることができる。したがって、左辺aを短くするには、Pが物体Aに近づくことで、均衡状態を作ることが可能となる。やや飛躍した比喩に聞こえるだろうが、たとえば、イスラモフォビアを表現する人（物体Aの質量）が増えているのであれば、行政はその対象となるムスリム（物体B）に近づくのではなく、表現者たちに近づいて対応する必要があることを意味する。ただし、ここで主張したいのは、ムスリムたちから距離を置くという意味ではなく、多数派に対する抑制的・理性的アプローチが重要であるという点である。

　同時に、ムスリム側がPから距離を取ることとは、たとえば、彼ら・彼女らが複数のアイデンティティを確立する機会を持ち得ることを意味することが可能である。Sen（2006）やジンメル（1976など）が示唆するように、アイデンティティには複数性があるためで、ある1人のトルコ移民が「ドイ

●ベルリン・国会議事堂の一角

ツ人」「移民」「トルコ人」あるいは「ムスリム」という唯一のアイデンティティに固執する必要がないことを意味する。クルアーンに従ってイスラームを求めて良いムスリムを目指す場合、アイデンティティの複数性は否定されがちである。しかしイスラームは解釈の仕方とその実践が最大の特徴でもあり、イマームなどの指導的立場の意見が必ずしも絶対視されない環境が生まれてきている現在、個人のアイデンティティという観点では、個別に行動をコントロールできる。また、父親が失業という状態になった場合であっても、父親としての役割と男性性を維持する義務はなく、その状態が一時的なものであると捉えたり、「父親グループ」などの地域活動に参加するなどの他の属性によるアイデンティティを確保できれば、事例で示されたような保守的あるいは宗教的になる必要は薄れるのである。

　また、重要になるのは、周辺との関係性である。移民の中における力学として結束が求められる場合、結合型社会関係資本（紐帯）で見たとおり、その方向性は排他的になりがちである。したがって、異なる個人・集団の間で共益性を見出して信頼を寄せる、情報ネットワーク機能として構築するなどの橋渡し型の社会関係資本が求められ、その蓄積を可能とするノンフォーマル教育が重要になる。社会関係資本をもとに始まるノンフォーマル教育は、さらに参加者・学習者の間で社会関係資本を蓄積させるという、両者の間における循環が見られるのである。

(2) 社会関係資本の蓄積

　移民たちが集団としての結束する傾向が以前にも増して強くなっていることは前述した。それは、イスラームのネットワークとしての外部との連携が時空を越えて低コストで可能となっている。ただし、その結束には積極的な参加から消極的なものまで存在することも見てきた。つまり、伝統文化を守ることで出身地に近い生活環境にしたいと考える移民たちは、宗教系団体の支援やイスラーム主義者との連携を選ぶ。他方、ドイツ社会で経済活動で成功している者や世俗的な移民たちはドイツの環境を前向きに捉えてきた。だが彼らでさえドイツ社会において差別を受け、その理由をムスリムであることに帰着することで、自らもイスラームの正当性に気づいたこともあり、頼

る先として影響力を増している宗教系団体を選ぶというものだった。ここで、社会関係資本論の規範意識・信頼、ネットワーク、リンク型のつながりの3点について考察する。

ⅰ）規範意識と信頼

　都市化、近代化によって人間関係や共同体意識が失われていく社会において、母国では当然のように存在した人と人のつながりを、移民たちが求めるのは自然なことであり、そうした価値観を重視するイスラームの教えと実践に魅力を感じているのである。Fukuyama（1995）によると、トルコは信頼の低い社会（親族優先）に分類でき、他方、ドイツは組織化が他人との間でも可能となっているため、信頼の高い社会となる。しかし、それはトルコ人にとっては「冷たく」映るため、[27]トルコ人同士の関係が安心感を持たせるため、感情的に信頼できることになる。たとえば、トルコの伝統では法律によって裁かれる窃盗行為よりも、他人を裏切る行為の方が悪徳であると理解されるため、信頼は重要な要素である。

　反グローバリズムとしてのナショナリズムの高揚が一般的だとしても、トルコ移民の場合はトルコ・ナショナリズムではなくイスラームを基盤とする結束が強まっていることは上記のとおりである。その結束は、同じ価値観を共有する集団内の関係性を強化することで集団と成員の利益を確保するという社会関係資本の結合型で説明できる。グローバル化による経済・社会アクセスの格差に対して疑問を呈し、反イスラモフォビアへの反応という力も加わり、自らの防衛目的を持って、強化されていると理解できるのである。

　移民集団内の結束は、信頼や規範への期待およびそれらに反する行為に対する制裁によって強化され、その集団成員はさまざまな利益を守ることができる。イスラームという価値観と規範、信徒間の信頼によって、これまで「弱者」としての社会的立場にあった者が、反グローバリズムや反格差、そして移民集団内において自らのアイデンティティを確立させるためにも伝統文化を保全するという位置取りによって、さらに結束を強める傾向を持つようになる。教育の成果を学校の成績や就学率のみで捉えるのではなく、社会的成果と捉える国際的な動きも増加しているなか、高い規範意識を持ったム

スリムとしての成長を促すイスラーム教育を求める保護者の増加は、その一例と言えよう。

　だが、結束が強ければ強いほど、価値を共有しない者に対して排他的になることが弊害である。ムスリム移民にとって受入社会の与えるさまざまな情報・機会は、ハラームへの誘惑として、家族を呼び寄せた移民男性には映り、それが特に身内の女性に関係すると想定されたならば、規範意識を強化することを加速する。ムスリム移民の男性が職場周辺の環境における経済活動でのみ関係性が構築できないならば、それはちょうどColeman（1988）がユダヤ商人や韓国の学生の世界を描いたように、閉鎖的な社会となる可能性がある。社会関係資本という点では、結束と排他性が強い関係性の状態と解釈できる。

　グローバリゼーション下における課題が「排除」であり、これまで「排除されてきた」と感じている母国トルコ在住の者また移民の中でも宗教保守側が、社会関係資本の排除の形態である制裁や規範への圧力を、受入社会との比較的高い親和性を持つ世俗派の移民に与える可能性もある。イスラームの場合、知識に加えて日常的な実践が求められていることから、社会の中で「正しい生き方」を求められることが増えるためである。世俗派ムスリムであっても神を信じ、来世のことを年齢とともに考えるのは当然で、そこへ提示されたイスラーム教義の正しい論理を否定することは困難となる[29]。特に第一世代が高齢となっている現在、これが当てはまると言えよう。そしてムスリム移民間における結束が強いことで、その期待や信頼に反する行為に対する制裁の恐怖が、その集団内のさまざまな固定化を引き起こす弊害もある。子どもたちを取り巻く環境はますます急速に変化し、メディアやネットを通してムスリムにとって道徳的でない情報が氾濫する時代において、イスラームを中心に保護者の求める教育の保守化が加速するのである。

ⅱ）**ネットワーク**

　「個々人が移民するのではなく、ネットワークが移民する[30]」と言われ、また、「ネットワークの利用について、男女のあいだで差異がみられるのは興味深い。すなわち、広域のネットワークを利用して流動的に移動する

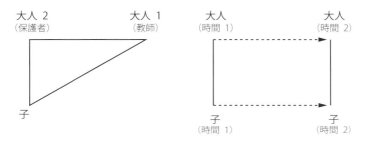

Coleman（1990: 591）より作成

図 6.3　子育てのための社会関係資本が形成される社会的構造形態

のは男性であり、女性の場合、家族の居住地に規定され（household-based startegies）、男性移民のアクセスする情報からは排除されている場合が多い。……女性の場合は、男性よりもはるかに強く家族や出身地共同体との結びつきに規定され」るのである。移民にとっての教育がムスリムとしてのアイデンティティを保つためだけでなく、たとえそれを社会上昇の手段にすぎないと捉えてでも、ノンフォーマル教育として実生活に大きく関係するイスラーム教義の原則を個別に解釈することにより、現実的な利益を受け取り、閉鎖的で排他的な社会を阻止するものであれば、受入社会との接点は保たれる。

　本来、社会関係資本論では、異なる集団間における関係性の強化が、その集団と成員に幅広い利益をもたらすと捉えるのだが、結束だけを強めていると変化に弱く、得られる利益も限られるという落とし穴がある。つまり、移民の中の宗教保守派と世俗主義派の間、移民と受入社会の多数派の間、多数派の中の寛容性の高い集団と低い集団の間などにおける橋渡し的な社会関係資本が求められるのである。

　事例の「母」と、対象とする同胞ムスリム女性（あるいは過去の「母」自身）の関係は、親子の垂直の関係に加え、大人と子どもの斜めの関係に似ている（図6.3）。元来は親子と教師・生徒の関係を描いたものであるが、訪問する「母」が訪問される女性に、なんらかの助言を与えるノンフォーマル教育の形態と解釈も可能であるためである。特に、身内からの圧力が強いムス

リム女性にとって、図で示されるように、深い信頼を背景にした斜めの上下関係、そして同じ上下関係でも時間の経過によって関係性が変化することを指す。

　この図から、外部者が接触できないムスリム女性のアクセスできる環境・情報がネットワークとして拡大することを示すことができる。つまり、「母」から情報を得た女性は、外界との接触機会によって変容し、ドイツ社会の者、ムスリム、母親など複数のアイデンティティを確立する機会を持ち得る。

　「母」事業では、子どもをめぐって学校で開かれる食事会などを通して親同士が関係性を構築しており、こうした関係性はGranovetter（1972）が示した「弱い紐帯」で、完全に構造化されてないフォーマル性の低い参加の形を示すと言えよう。さらに、この食事会などには多数派のドイツ人保護者も参加しており、「橋渡し」にもなっている。このことは、ドイツ人を対象にした調査で外国人と接触の機会を持つ者の方が社会統合を支持している[32]と示されていることからも、実質的な統合に寄与すると考えられる。

ⅲ) 行政サービスへのアクセス強化と課題

　社会関係資本の第三の観点として、橋渡し型とは明確な区別をしない研究者もいるが、行政サービスへアクセスを保障するリンク型が移民のエンパワメントに貢献するという点が指摘できる。すでに言語教育と教室の相互作用についてはCummin（1986）がエンパワメントとして明らかにしているが、欧州でまだ課題の多い制度的な統合について分析する際には、リンク型は重要である。

　ベルリンの統合戦略では公的な場でもインフォーマルな場においても「異文化間開放」および「異文化間能力」が重視され、著者の調査でも第4章第2節で記したとおり、多言語環境を整えていることがわかった。文化的多様性を強みとし、日常社会における協力やスポーツを通した交流などによって、多数派と移民が接する機会を確保しようとしていることも、本調査研究によって判明した。[33]

　Eurydiceで示された教員養成・研修における異文化間教育が必須になり、

多数派である受入社会のネイティブも言語の共通枠（CEFR）によって言語意識を高める教育機会が増加している。これらのことから、行政職員やその周辺の職種でも、異文化に対する意識を強め、対応する能力が求められ、それに向けた取り組みがなされている。LaveとWenger（1991）が「正統的周辺参加」と示したように、ある場における新参者が直接に指導を受けなくても、暗黙知を蓄積する形で自らインフォーマルに学び取り、はじめは周辺から参加するが、次第に中心的位置にコミットする移民が増える可能性が、リンク型の社会関係資本を確保することで得られるのである。ノンフォーマル教育としては、「母」になるために研修の最中、警察や大学の専門家と接する行政から支援を受けながら、構造的により「中心」へと近づくことになる。「母」事業における学習材開発と評価は、参加者自身によるもので、これはノンフォーマル教育で指す自らコントロールし、エンパワーを可能とする最も高度な第三段階の参加形態にあたり、行政サービスが支援するNFEによって生み出される橋渡し型の社会関係資本の具体例と言えるだろう。

最後に、社会関係資本論の点から第5章2節(2)で課題として記した点について考察する。「母」事業によって情報アクセスを得た女性が、それまでの生活世界に抵抗を感じ、離婚を選ぶことが増えることは、夫の反発を生むことになる。彼らがトルコ社会またはムスリムの規範を根拠に、結束型社会

●「母」コーディネーターたちとNGO職員

関係資本を強め、排他性を高めることもあり得る。

また、「自由」を選んだ女性は、所属していた移民コミュニティから排除されることもあり、自身のアイデンティティを再度作り直すことが必要になる。[34] 自らの意志による離婚には、私事であることから、ドイツの行政は対応せず、今後さらに増えるようであれば、民族文化がコミュニティ形成の中心的役割を持つ[35]と言われるように、移民社会にとって深刻な課題となるかもしれない。しかし、母国トルコの農村部においてもグローバル化による伝統文化の変容は進んでおり、移住先において新たな文化の創造が求められてくるであろう。伝統的役割を求めるトルコ移民社会および自立と市民化を促す受入社会の双方からの移民女性に対する圧力は小さくないものの、トルコではタブーとされる女性の性の問題などは受入社会において初めて認められるため、移民女性が自尊心を獲得することも報告されている。[36] また、「母」事業自体も、当初の対象であったトルコ女性よりアラブ系および東欧・旧ソ連出身の者が増加傾向にあり、彼女たち参加者自身がさまざまなことを決めていくことから、変更が増えると予想される。

こうしたことからも、行政や制度設計など中心的要となる支点Pの位置づけが重要となる。行政サービスへの移民集団によるアクセス可能性や制度設計に向けた交渉など、社会関係資本論から整理することが重要となる。

3. 実質的な統合：多文化社会の構築プロセスの１つとして

(1)「母」事業の持続性

さて、最後に改めて、どのような条件が「母」事業を持続可能にしているのかを見ておきたい。まず挙げられるのは、「母」事業が出身地トルコの慣習を応用している点である。事業は、トルコでは伝統的に家庭内におけるキーパーソンである年配の女性または母親という立場の者が内と外の橋渡しを担うようにデザインされている。トルコ女性の多くにとって、互いの家庭を訪問し、トルココーヒーやトルコ式のチャイを飲みながら時間を忘れて話し込むことは日常的で、特に「母」の始まりが母国のように近所付き合いの

延長にあったことは示唆深い。

　少数派が抱える困難を社会で生きるための乗り越えるべき課題と捉えると、困難に立ち向かい、その結果むしろ自身を強くする[37]。婚姻を理由に移住した移民は、多くの場合は社会的に困難な状況下に近い環境にいるが、「母」の具体的なガイドによって課題を乗り越えられると認識することができるようになる。それを特に支えるのが信頼関係を築くに値する感情的なつながりである。つまり、相互扶助の伝統はトルコの都市部においては喪失されつつあるが[38]、地方農村部出身者で孤立したと感じられる女性移民には重要な支援となる。ノイケルン区行政当局も「事業の成功は感情第一」と認める「母」による心的支援が、個人による解決の可能性を高めることになっている。また、「母」個人もイスラーム実践により来世で天国へ行く最後の審判を受けるための徳を積むことができると信じることができる。

　さて、この「感情第一」、つまり理性的・知的なアプローチだけでなく、感性的側面を重視している点がムスリム女性には重要である[39]。その理由の1つには、生活の知恵から信仰までを含む総体であるイスラームを文化、宗教、知識、行動などと明確に分けることは容易ではないため、ムスリム自身の理解と実践が理路整然としているわけでないためだ。また、ドイツ側が移民は依存心が強い、閉鎖的であると感想を持ちがちであるため、またドイツ人の日常の何気ない言動で移民たちはそれを察知し、距離を置くようになる。他方、トルコ移民の多くはドイツ社会やドイツ人を「冷たい」と感じ、そうした環境で孤立したトルコ女性移民にとって、母語で話のできる大きな存在であり、強い感情的な信頼関係を構築できた。「母」をきっかけに当事者としてドイツ社会の生活に触れ、福祉サービスを利用し、狭い世界でのみ生活する悪循環を止めることができるようになるのである。

(2) **世界に展開する「地域の母」モデル**
　このように「母」たちは多くの便益を得ていたことが、第5章3節で紹介した評価レポートでも示されてきたわけだが、著者の2014年の聞き取りによると、移民女性などが自ら参画する「地域の母」事業は成功モデルとして認識されるようになった。ノイケルン区で始まった事業はベルリンの他地

区（Kreuzberg, Steglitz, Charlottenburg）でも導入された。さらに、2011年5月には、アウクスブルク、ベルリン（クロイツベルク、シュテグリッツ、ミッテ）、ボン、ラーティンゲンが導入したことが報告され[40]、2015年3月現在にはドイツ国内では加えてハンブルグ、ケルン、ニュルンベルク、エッセン、ボーラム、デュッセルドルフ、国外ではデンマーク・コペンハーゲンを含む複数の都市で「bydelsmodre」事業として、オランダ・アムステルダムでも同様の事業が展開されていることが確認できている。こうした転移が発生する理由は、制度整備という形式的統合だけでなく、実質的統合を補助する行政の支援体制が挙げられ、現場では女性移民自らが進める活動を通してエンパワメントする構造が指摘できよう。

また、活動に関わる女性トルコ移民たちは、認識を変化させていたことがわかった。一般的に、女性トルコ移民たちは、ドイツ社会を欧州社会全般として捉え、口コミで聞いていたように社会における日常生活の辛さと母国の発展による誇りと戸惑いを持ちがちである。彼女たちが視点を変えることになった契機は、ノイケルン区によるパリへの研修旅行であった。それまでベルリンにおける移民の待遇に不満を抱えていた彼女たちは、2013年にパリの状況を見学した。パリでは、移民が社会的に隔離されており、ネイティブたちとの交流がほぼ皆無であったことにそれぞれが衝撃を受けた。そのため、著者には「ベルリンは本当に恵まれている」と語った。

これは、あくまでも彼女たちの感想にすぎない。特に小さなベルリンとパリを単純に比較してしまったことは、許されるべき点であろう。だがそうであっても、彼女たちの直感は社会統合の本質を突いている。なぜなら、移民が社会参画する実質的側面が重要であり、その前提条件とも言えるであろう、自らの状況を相対化させて把握できた。ベルリンで不足している状態や不利な条件など、常に否定的な点に着目していた姿勢が、パリの状況を比較することによって、ベルリンにおいて自分たちの可能性を探ることに意味があると気づいたためである。

これは、イスラーム実践の面でも意義深いことになった。つまり、クルアーンにおいて預言者が都市から都市へと迫害を受けながら移動する場面が描写されている。これは神の意志であること、ムスリムが自分の統制できな

い社会の部分については運命的なものとして、神の意志に委ねることが頻繁にあるためで、その意味でも神の意志に従って生きることが重要であると認識できることもある。

　個人の信条からムスリムとしての生き方を求めても、居住するコミュニティではそれを公に認められない時、そのムスリムは、コミュニティから離脱（exit）するか、それができない場合、声を挙げる（voice）ことになる。[41] 欧州社会では声を挙げることが権利として（形式的に）保障されていることからも、社会にアクセスを持つ者は改善を求めて公的に訴えることもできるだろう。しかし、各種の市民権を認める受入社会だけでなく、イスラーム実践を重視する空間に所属するムスリム女性は、後者で共有される価値観を優先することが期待され、その結果、前者の空間で権利として認められていても、おそらく声を挙げることは難しいと感じるだろう。特に、単に移動距離が長いだけという認識で母国と同様のつもりで、婚姻のために欧州の移住先にやって来た、現地の言葉も習慣などの知識を持たない女性の場合、二重の空間が存在することも認識できないかもしれない。夫などの身内のムスリム男性が妻や母親を安心して送り出すタイミングとは、女性だけの集団による集まりであることが多い。これは母国においても習慣化されているためであり、参加する女性自身も規範に従ってそうした場を選びたい動機もある。

(3) イスラーム保守化させるのは誰か

　保守的なムスリム移民が増加したといっても、無差別殺人など過激派の行動に賛同する者などいない。特にトルコ移民は、母国が世俗主義を長年貫いていたこともあり、イスラーム主義を強く意識することはなかった。彼らは受入社会における扱いによってイスラーム化したと指摘され、[42] 欧州の受入社会においては、MIPEXやEurydice報告書を見る限り移民の統合に関する制度上の整備は進んでいるにもかかわらず、移民の統合は進まず隔離（排除）が進行している。こうしたことを本研究では実質的な統合の課題として扱ってきた。「母」たちがメディアで「スカーフ部隊」として取り上げたことも、一見、受入社会における歩み寄りと捉えることもできるだろう。ただし、これは「部隊」の対象が同じく移民であるため、多数派には心配に及ば

ないためであったとも言える。

　さらに、内藤ら（2007）は、ムスリム女性が着用するスカーフやヴェールを国家が公的な場所において禁止したことで、着用の自由を求めるムスリムとの対立が発生したというスカーフ論争に着目した。西欧社会において、スカーフが個人の自由である服装ではなく、イスラームの、またはそれによる女性抑圧のシンボルと捉えられがちななか、ムスリム女性が頭髪を性的部位[43]と認識する場合、「スカーフを取れ」とは、たとえば公共の場で「スカートを脱げ」と言われるのとほぼ同義であることを指摘する。[44]こうした場合、宗教的規範から切り離された世俗的、あるいは人の理性にもとづいて定められた法律によって、スカーフ着用が禁止される欧州社会において、宗教実践を義務とする行為規範の体系であるイスラーム法に従い、生活することを求め

●「母」研修の様子

●「母」事務所での準備

るムスリムの信仰との間で葛藤が発生するのである。このことは、本研究が考察で示すことを試みた「感情第一」が「母」事業成功の一因であったと示すように、可能な部分では、理性と感性を分離しない多数派の態度が重要であることを示唆する。

　伊豫谷（2005）によると、個人あるいは地域からみれば、国内移動と国際移動とはむしろ連続した過程として現れ、移動の流れは賃金格差やルートの存在など多様な要因によって規定されることになる。農村から排出された膨大な人口を吸収したのは肥大化した都市経済であるが、彼らはもはや生活を保障してくれる場を失い、帰るべきところを持たず、後方に控える予備軍が存在している状況下で滞在先においてなんとか生活ができる限り出自国へ帰ろうとはせず、したがって移民規制や帰国奨励策は効果がないとする。であるならば、統合に向けた制度整備だけでは統合が進みにくいことがわかる。そしてまた、国際協力やアファーマティブアクションなどさまざまな事業に対する示唆となるだろう。

　実質的な統合には、直接に多様な者が接触する場合が効果的である。たとえば、Albaら（2003）は民族的少数派についてドイツ人の反応や対応を記している。ドイツ人の中で年齢が低いほど、また受けた教育が高いほど、自民族中心主義が小さいこと、権威主義と自民族中心主義に強い関係があることも示唆した。さらに、外国人との接触を持つ者は移民の統合に対して支持が強いこともわかっている。そのため、社会のさまざまな成員が内発的に参加できる動機づけの機会を生み出すことが、各人の居場所を確保し、それが社会の持続可能性を高めることになると考えられる。

第6章のまとめ：トルコ女性移民はノンフォーマル教育でエンパワーされる

　本章では、トルコ移民の置かれた環境についてまず考察した。事例で扱ったトルコ女性移民の場合、社会的距離の大きい順に、グローバル社会・ドイツ社会、母国トルコと移民コミュニティ、親族や家庭という3つの影響下からの環境にいることを整理した。いずれの影響も連動しているが、まずグローバル・ドイツ社会からのイスラームに対する反応を見た。イスラームと伝統文化が影響していること、それに女性にとって役割期待が存在すること

を記した。ある種の重圧の中で生活するトルコ女性移民の様子が記述できた。

そのような状況下にある彼女たちが自ら参加し、内容を定める高度な参加形態を持つ、事例の「母」事業においては、ノンフォーマル教育が見られた。このノンフォーマル教育では参加者だけでなく、事業の対象となっている同胞女性移民たちのエンパワメントを生み出し、その背景と成果には「橋渡し型」社会関係資本が考えられることが示された。特に、ムスリム女性における信頼とネットワークはイスラームと言語を基盤として強みを発揮していることも記された。そのダイナミズムにおいては、社会における排他的な動きが大きくなるにつれ、ムスリム側の動態と行政または制度設計における位置づけが重要となることを力学モデルで確認した。

本章では、「母」事業の持続可能性として、元来トルコ女性たちが持っていた文化や習慣をもとにしていたことによって促進されていることを分析した。そして、実質的な統合、少なくともそれを目指すことが、社会の成員一人ひとりがその居場所を持つことができる持続可能な社会を構築することにつながることを記した。同時に現在、増加傾向にある課題も見た。従来の生活体系からの別離となる離婚があり、イスラームで家庭を重視する価値観との対立および女性のますますの孤立化が予想される。またその背後で、保守系イスラーム団体の入り込もうとする力学、他方で受入社会によってイスラーム覚醒が促されることが挙げられる。だがそこにもモーメントを動かす支点があり、「母」と対象者の時間軸を加味した関係性の深化に意味を見出した。

最後には、ムスリムを追い込んでいるのが社会の多数派である可能性も記した。これは移民より資源をはるかに多く持つ者が寛容であることを求めることになる。また、それは多数派自らが律するという理性のみによるアプローチではなく、より教育を受けた若い者が直接に移民と接点を持つことが重要であり、理性と感性によるコントロールの可能性を指摘した。都市化により、人のつながりが軽くなったと言われるなか、きっかけ作りは重要であると認識する行政も少なくない。[48]このことは、私達の社会は法律のみで制御されているわけでなく、NFEとしての教育的機会を内包する人と人との接点に可能性があることを示すと言える。

注

1. Daun & Arjmand (2005)。
2. 伊豫谷はグローバリゼーションの多義性を指摘し、経済の側面の著しい進展とは異なり、文化の側面では、それまで持ち合わせていた国民文化の差異化の装置や機能が問われているとする (2001: 7-16)。
3. 見原 (2009: 10)。また、2011年8月に発生したオスロの銃乱射と爆破事件はノルウェー人青年によるものであったが、動機の1つに移民に対する強い感情があったとされている。
4. 著者の聞き取り調査で繰り返し聞かれた。
5. Henkel (2008: 119-121)。
6. Terwey (2003: 72)。
7. たとえば、メリアンヌ (2004=2005) や見原 (2009) でも指摘されている。
8. ケルン市議が55mのミナレットを2本持つモスクの建設を認める議決 http://www.dw-world.de/dw/article/0,2144,3602182,00.html (2008/8/29 閲覧)。
9. このことは帰属理論 (Attribution Theory) からも説明が可能である。自らの集団に属する内集団成員の特徴は個人に帰着する傾向があるが、他の集団の成員の特徴はその集団に帰着する傾向を示すという判断傾向を整理している。たとえば、日系人に対して良く思っていない日本人が、ある日本人の失敗をその人個人に原因があるとし、日系人の失敗を日系人すべてに当てはめる傾向を持つ場合などが該当する。この場合、成功の理由は、失敗の場合と逆の理由づけがなされやすい。
10. 村上 (2006)。
11. Henkel (2008: 114-116)。
12. Kaya & Kentel (2005: 32-33)。
13. ただし、フィールドで著者の聞く限りでは、ベルリンにおけるトルコ移民の間でも世俗主義派は今でも多い。これは、著者のような外国人と接する機会が、イスラーム主義派の者は比較的少ないことも関係するという方法論上の制限が想像される。教義に含まれる再分配や伝統的価値観が見直され、家庭は子どもたちを宗教導師養成校へ進学させるようになった。これは、グローバル化に対する疑問や不安の他、伝統やアイデンティティを求める者が増えたためである。
14. 詳細は丸山 (2009) を参照。
15. Akpınar (2007)。だが大学生になった後のアイデンティティの揺らぎも指摘されている (Saktanber 2007)。
16. そのため自営業を始める移民も多いが、扱う物資は出身地からの輸入品で、移

民を相手に商売していることが多い。
17　2011年3月現在、11.4％。
18　Timmerman（2008: 125-126）；Ewing（2008）などを参照。
19　伊豫谷（2001: 102）。
20　米国で保守・リベラルともバランスよく視聴するNational Public Radioのポッドキャスト "Muslim Women Behind Wall of Silence in Germany（http://www.npr.org/templates/story/story.php?storyId=17819775）（2008年1月22日放送)" および "Muslim Activist Critical of 'Multicultural Mistake'（http://www.npr.org/templates/story/story.php?storyId=17847605）（2008年1月23日放送)" より。
21　Erel（2009）も同様に女性・母親の伝統的役割を求めるトルコ移民社会、同時に自立と解放、あるいは権利と主張によって女性が「市民」となると啓発を試みる受入社会、どちらからの圧力も小さくないことを指摘している。しかし同時に、女性の性的関係やトルコではタブーとされがちな課題については、受入社会において初めて認められるなどの自尊心の獲得を指摘する。
22　ドイツ語の教授はVHSなど成人教育機関が担い、「母」事業では連絡を密に取る。
23　ただし、「母」事業はノイケルン区の恒常的な予算によって運営されていない。このことは、「母」コーディネーターたちから頻繁に不満の声として挙げられる。一方で予算執行や関係書類の多さなど、ドイツ人の仕事のやり方に違和感を持ち、時に冗談まで飛び出してくるトルコ系コミュニティであるが、他方で3年毎の事業サイクルについて次の展開が計画しにくいという不満も漏れる。行政側の観点からは、このような状態のまま維持することは、移民たちの自主的な活動を「生かさず殺さず」、また政治家に利用させる側面もあるだろう。
24　ベクトルは量と方向によって表現されるが、力量のみを示すのはスカラー（量）である。
25　力をわかりやすく示すため、おもりを載せてある。
26　桜井はハディースの解釈やそれによる判断を仰ぎたい際、かつてのように直接話を伺いに行くよりも、インターネットで相談したり、検索してその結果で判断する時代になったことを報告している（第29回中東カフェ「イランの事態を受けた専門家の見方第2弾」2009/07/01）。
27　著者も移民にドイツ社会の一般的な印象をトルコ語でたずねると、一様に「冷たい」と述べていた。
28　イスラーム教義における禁止事項。ハラール（許容されたもの）の逆。
29　たとえば、サンドイッチに豚肉を含むハムが入っていると指摘されると、食べ続けることを止めるしかないという圧力がある。知らずに食べていたなら問題

はないが、誰かが口にした瞬間から、信徒は皆の前で信仰の度合いを品定めされるわけである。
30　Tilly（1990: 84）。
31　伊豫谷（2001: 145-146）。
32　Böltken（2003: 240）。
33　本研究では多く取り上げることができなかったが、調査訪問したスウェーデンにおいても同様であった。たとえば、学校におけるムスリム移民との交流という形で伝統行事の紹介や料理教室の共同運営、子どもの進路などのカウンセリングが確認された。
34　自身もムスリム女性移民で、弁護士であり、出版活動を行う Seyran Ateş 氏は「自由解放」を選んだが、出身集団との軋轢は避けられず孤立状態に陥ったことを告白している。National Public Radio ポッドキャスト "Muslim Women Behind Wall of Silence in Germany" と "Muslim Activist Critical of 'Multicultural Mistake'"（2008 年 1 月 22、23 日放送）より。
35　Portes（1999）。
36　Erel（2009）。
37　Ogbu（1991）で示されている。また、聖典クルアーンには困難な時に耐える指針を多く示している（井筒訳、1957; 1958; 1958）。
38　Bugra（2007）、村上薫（2006）。
39　自らもトルコ移民である主任コーディネータによると、他の欧州諸国では理性による制御を主体とする統合へ向けた研修デザインを構築しているが、おそらくうまく機能しないだろうとのことであった。
40　http://www.stadtteilmuetter.de/20-0-links-zu-projekten.html（2011/5/30 閲覧）。
41　この「離脱」と「発言」の議論は経済学者ハーシュマン（1970=2005）によるもので、ある製品やサービスに不満を持つ者は、二度と購入しない、あるいはクレームを出すという対応を取ることから来ている。組織が構成員の忠誠を獲得するためにはこの 2 つの選択肢が必要だとされる。坂口（2007: 65）も参照。
42　内藤（1996: 117-120）; トッド（1999: 246-250）。
43　クルアーンではそれらを家族の者以外に見せないよう記してある。
44　内藤（2007: 13, 146-149）。
45　伊豫谷（2005: 62）。
46　伊豫谷（2005: 104-105）。
47　Alba et al.（2003: 240）。
48　たとえば、2006 年 6 月に著者が実施した聞き取り調査の結果によると、水俣病

という医学的課題に加え、住民間における強い分断を発生させた社会的課題に対して、その復興において、当時の水俣市長だった吉井正澄氏は住民同士が接する場面、イベントをとにかく作り続けた。それによって、言葉だけでない直接経験が住民の相互理解を促進したのである。詳細は、永田（2007）を参照。

終章

結論と今後の研究課題

● ノイケルン区庁舎屋上
　からのベルリン

本研究を総括するにあたり、この終章では、まず各章のまとめを整理しておく。続いて、本研究が研究課題として設定した、欧州におけるムスリム移民の受入社会への統合は社会制度の整備だけで十分であるのか、それに加えて移民が内発的に社会参加し、多文化社会を構築するには何が必要かという点に対する示唆をまとめる。本章の最後には、今後の研究課題を比較教育学の観点から記す。

1. 各章のまとめ

本研究は2つのパートで構成されていた。第一部では主に理論的背景と研究枠組みに関する内容を扱った。第1章は研究の背景と課題、第2章ではムスリム移民の抱える環境に関する先行研究の整理、第3章では本研究の分析枠となるノンフォーマル教育と社会関係資本を整理した。第二部は、事例研究である。第4章において制度整備である形式的統合の取り組みについて文献調査から、第5章では実質的統合に関わる事例をフィールド調査からの結果をそれぞれまとめた。続く第6章では、第一部で整理した分析枠を用いて考察を行った。そして終章では本研究の総括を行い、今後の課題を示す。以下に各章で扱った内容を改めて確認しておく。

第一部は主に理論的背景と研究枠組みに関する内容を扱い、3つの章から構成されていた。まず第1章では、研究の背景と課題を確認するため、研究対象とするムスリム移民、定住化した元出稼ぎ労働者と呼び寄せられた親族、移住先で生まれた子どもに関係する研究内容について整理を行った。そして、ムスリム移民の教育研究には学際的手法を用いた個人と社会の変容を分析する必要があることが示された。前半では、トランスナショナルな移民研究の変遷と動向を概観し、後半ではムスリム移民を対象とした研究をまとめた。これによってムスリム移民の教育研究には学際的手法がより求められ、ムスリム個人と集団・社会の変容を分析することが重要であることを確認できた。なかでも女性移民の増加に伴い、彼女たちが非公式なネットワークを移民側

から見ることによって実質的な統合を扱うことができる点、先行研究によって示されたようにこれまで弱かった受入社会への取り込まれる様子を扱うことが可能である点、分析単位として個人とその社会関係ネットワークを扱い、そうした事例研究は意味が深い点、そして移民のイスラーム化プロセスにおける教育の役割について補完できる点を示した。

第2章では、ムスリム移民の抱える周辺環境を確認し、本研究が対象とするムスリム女性移民が多層的な外圧のもとでの社会参加には主体としての内発性が重要であることを示す存在となることを示した。まずグローバリゼーションの影響として見られるイスラームに対する強い反応を扱い、イスラーム嫌悪はムスリムを仮想敵と見なす動きとして欧米で広く見られ、感情的反応だけでなく、それをもととして不平等、法律、習慣など制度化および正当化が生まれている状況を指すことを確認した。同時に、自己防衛の反応を起こしたムスリム側にも日常的にもイスラーム規範を重視する者が増えていることも述べた。その例として、学校教育を越えたイスラーム規範への教育ニーズがより強まっていることも確認した。学校教育を中心とする教育だけではムスリムの求める教育や学習内容が提供されるわけではなく、また、イスラーム実践には個人差が大きく、一般化した上で行政などの対応が練りにくいことも指摘した。序章でも示したとおり、ムスリムを一枚岩として捉えることの限界を意味するものである。制度上の形式的統合として、法律などがイスラモフォビアをある程度制御できるが、移民と受入社会の多数派の実生活にかかる実質的統合の点では、当事者同士が直接に関係することが最大の解決と考えられることも示した。

この第2章の最後には、本研究の分析レベルを提示した。本研究で扱うトルコ女性移民は、次の3つの影響下にあることを確認できた。第一に、受入社会のイスラモフォビアが強まるなか、社会の多数派にとってムスリム女性はスカーフ等によってイスラームのシンボルとして捉えられていることであった。第二には、トルコ移民コミュニティ内において、イスラームの規範よる期待・圧力がかけられていること。第三に、家庭の中では、家族から女性や母親の役割を求められ、自らは高度なドイツ語を解しないため、外部へのアクセスが制限されていることを論じた。ただし、女性同士がインフォー

マルに集まり、情報交換の場となる茶話会は、男性からも「安全」と見なされ、これは女性が公に外出できる名目となっていることも確認した。これら3つの影響は第6章の考察で用いる視点となった。

　第3章は、ノンフォーマル教育および集団と個人におけるその成果を確認した。ノンフォーマル教育とは学校教育の枠外において、正規ではなくてもさまざまな組織がある程度デザインされた状態で提供する教育を意味し、学習者・参加者と状況に応じて変化する柔軟性が特徴であることを確認した。そのノンフォーマル教育の成果としては、個人にとっては生活への意味づけであり、それをエンパワメントで捉えることにした。エンパワメントの過程は、その当事者の社会参加そのものでもあることも述べた。参加には、その場にいること、設定された何かに加わること、自ら関与し制御することの3つの段階があり、最後の段階でエンパワメントは最も強くなることを記した。

　集団におけるノンフォーマル教育の成果としては、社会的つながり、あるいは社会的関係性の構築が挙げられることを論じた。これは主に社会関係資本論を用いることによって整理できるため、これまでの研究蓄積を整理した。信頼や規範といった社会関係資本の認知の側面だけでなく、ネットワークや形態などの構造について先行研究をもとに整理した。多くの研究では資源としての社会関係資本が主張されるが、本研究においてはノンフォーマル教育の成果としても捉えていることを示した後、ノンフォーマル教育と社会関係資本の蓄積の循環についても述べた。

　第二部は、第4章から第6章からなり、本研究における事例研究に該当した。最後には第一部で整理した分析枠を用いて考察を行った。まず第4章では、欧州受入社会では移民政策と教育の整備が進んできたことを主に文献調査の結果を次のように示した。まず、欧州諸国が中心となり、移民の統合に関する総合指標事業（MIPEX）を紹介した。これは、移民の統合に関する政策が移民に関する現在の重点課題として認識されるなか、指標化によって各国の比較を行い、それによって課題を洗い出し、同時に経験を共有する機能を持たせている動きであることを確認した。また、MIPEX平均のドイツは今後の法整備が求められること、トップに位置づけられたスウェーデンでは、

その社会福祉制度の強みが指標に大きく影響しており、政策や制度面での充実ぶりについても言及した。次に、欧州教育システム・政策ネットワーク（Eurydice）が出版した教育における移民の統合報告書を用いて、学校教育および保護者との連携に関する整理を行った。こちらでもドイツとスウェーデンについては国別報告書の内容も扱い、それぞれの情報を整理し、課題を示すことができた。最後に、欧州評議会が検討、導入をした欧州言語共通参照枠組み（CEFR）との背景の動向を示し、受入社会における多文化環境に対する準備と捉え方についてまとめた。移民の子どもに関する教育課題の多くは教授言語に帰着されるが、CEFRの取り組みは言語体系に言語意識と呼ばれる文化的要素を組み込んだ複言語主義による発想が背景に存在することを指摘した。このように第4章では、受入社会における制度整備を中心とした動きを整理し、本研究における、形式的な統合に向けた準備であることも確認した。

第5章は、トルコ移民が多く居住するドイツの首都ベルリンを事例に、文献およびフィールド調査の結果からの知見を示した。まず、トルコからドイツへの移民についてその歴史的背景を概観した後、ベルリンの統合戦略ペーパーの内容を整理した。なかでもノンフォーマル教育と社会関係資本に関係する内容、つまり、幅広い学習・教育の機会の保障と、移民とネイティブ多数派の地域社会への参加について参照した。

続いて、ベルリン市ノイケルン区においてフィールド調査を行った結果を示した。現地調査では、行政の対応および委託事業、イスラーム団体によるボランタリーな活動、そして教育NGOによる補習および職能開発支援という3つの取り組みを紹介した。そして、なかでも行政と民間が共同で行う「地域の母」事業について、事業の成立と仕組み、その活動成果と課題を詳細に記した。この事業は当初はパイロット事業として始められたが、現在はメディアでも取り上げられ、他の地域でも拡大していることから、本格的に制度化したと言える。その事業の中では、参加者である移民女性自身が、それぞれの母語を用いて、教材を開発し、その教材を用いて同胞移民女性の自宅へ訪問し、社会と接するきっかけ作りを行っていることを示した。さらに、事業化のヒントはトルコ女性移民が母国で行っているような茶話会にあったこと

も確認した。以上のことから、ベルリンでは制度整備が進み、自発的集団に支援が見られることがわかったのである。

　第6章では、事例の「地域の母」事業を主たる対象として、実質的な統合につながるトルコ女性移民の社会参加をノンフォーマル教育、社会関係資本から分析、考察し、トルコ女性移民はノンフォーマル教育でエンパワーされることを論じた。まず、第2章でも示したとおり、トルコ女性移民の置かれた環境について3つの影響を確認した。それらは社会的距離の順に、グローバル社会・ドイツ社会、母国トルコと移民コミュニティ、親族や家庭という3つの層による。それらの状況に対して「地域の母」事業参加者である女性移民たちは、自ら参画して内容を定める高度な参加形態を創りだした。この参加過程においてはノンフォーマル教育が展開されており、それを通して社会関係資本の蓄積と個人のエンパワメントが見られたことを説明した。この事業では参加者だけでなく、事業の対象となっている同胞女性移民たちのエンパワメントを生み出し、その背景と成果には「橋渡し型」社会関係資本の蓄積が見られた。特に、ムスリム女性における信頼とネットワークはイスラームと言語、そして文化的親和性を基盤として強みを発揮していることも述べた。

　次に、「実質的な」統合に求められる事業の持続可能性と少数派が参加する条件に向け、本事例研究から得られた示唆を論じた。「地域の母」事業の持続可能性は、まず元来トルコ女性たちが持っていた文化や習慣をもとにしていたことによって促進されていることを指摘した。ただし「独立した」女性が抱えるようになった課題にも触れ、たとえば、従来の生活体系からの別離となる離婚があり、イスラームで家庭を重視する価値観との対立および女性のますますの孤立化が予想される。またその背後で、保守系イスラーム団体の入り込もうとする力学、他方で受入社会によってイスラーム覚醒が促されることが挙げられる。だがそこにもモーメントを動かす支点があり、「母」と対象者の時間軸を加味した関係性の深化に意味を見出した。

　ムスリム移民を追い込んでいるのが社会の多数派である可能性も最後に記した。これは移民より資源をはるかに多く持つ者が寛容であることを求められ、多数派自らが律するという理性のみによるアプローチではないことも示

した。理性と感性によるコントロールは直接的な学習・教育機会によって生じる可能性を指摘し、直接に移民と接点を持つことが重要であることを述べることになった。このことは、私達の社会は法律のみで制御されているわけでなく、ノンフォーマル教育としての教育的機会を内包する人と人との接点によって社会における実質的な統合の可能性があることを示すと言える。

2. 本研究から得られた示唆

(1) 形式的統合に向けた標準化の動き

　本研究では、第一の研究課題として、欧州においてはムスリム移民の統合に向けて、どのような社会制度の整備がなされているのかを検証することを設定していた。これは、「形式的な」統合に関するもので、第2章および第4章で見た制度整備と多文化社会の構築に向けた標準化の動きが、それに対する答えとなっている。つまり、欧州諸国において、ムスリム移民に限らず移民などの背景を持つ者に対して、さまざまな法令や制度上の整備が進んでいることが確認された。また、第4章で示されたベルリンにおける統合戦略のように、国際的な動向が各国・各都市の行政に影響を与えていることもわかった。かつてドイツは移民の国ではないという立場を崩さなかったが、欧州諸国の動向が影響したと言えるのである。

　だが、地域社会のレベルではまだ課題が多いことも考えられる。第5章の結果で見たノイケルン区における実情では、行政だけでなく、宗教団体や市民団体がノンフォーマル教育に関わる多くの試みを展開していたが、いずれにおいても地道な取り組みが引き続き必要であることがわかった。ムスリム家族の場合には父親が教育アクセスに関して重要であるが、継続するという点では母親の役割も重要であるため、家族呼び寄せによって欧州社会へ来た母親について、これからより対応が求められる。たとえば、CastlesとMiller（2009）によると、現代の移住には一般的にグローバリゼーションが影響しており、人の移動が加速し、中でも女性が増加していることがわかっている。これには移民の家族呼び寄せによるものが含まれており、1960年

代以降は労働移住においても女性が多くを占めるようになったためで、先に移動し滞在を始めた女性との連絡を取る、渡航後は情報交換のためにコンタクトを取るなどのインフォーマルなネットワークの存在が女性の持つ強みであることもわかった。

　国際的な移住は社会の中での多様性を増加させているため、国家の社会政策（社会福祉、教育）には新たな方法で提供されるだけでなく、ミクロな視点では移民のアイデンティティも課題となっている。宗教・文化的に少数派であり、自らの意志で移住したわけでもなければ、社会成員の当事者としてのアクセスも持つことが意識されていないムスリム女性に、本研究は着目することで形式的な統合の精度を見てきたのである。孤立した者が社会に関わることのできる環境整備を確実なものにするには、本来は社会の多数派による受け入れが求められる。

　今後、一層の制度整備が必要であることは自明であるが、近年使われる「市民的統合（civic integration）[1]」を統治方法の1つとして捉えた場合、形式的な統合に関する課題が残ることも留意する必要がある。これは本研究が最初に指摘した点、「制度を整備したにもかかわらず、移民が社会統合しないのは、移民が悪いからである」という言説をさらに強く導きかねないためである。たとえば、「母」事業で見られた将来的な課題に、自立した女性移民がこれまでどおりの役割期待を求める夫との離婚が指摘されていた。これは、グローバル化やドイツ社会からの圧力によってイスラームと伝統文化への回帰がさらに加速されると、移民コミュニティにとっては大きな課題になる危険性がある。特にこのような私的な空間における問題は、欧州の受入社会では当事者である市民が主張しない限り取り上げられることは少ない。ムスリム女性にとって、出自コミュニティからの別離を覚悟した上で決断することが必要な場合、正しい選択だと受入社会で認められても、それが本人にとってどこまで意味を持つのか判断が難しいことがある。こうしたことからも、次に示すように、本研究では、制度の整備に加えて当事者たちが自主的に関わる実質的な統合が重要であると捉え続けた。

（2）実質的統合に求められる内発性

　本研究で第二の研究課題として設定していたのは、移民が内発的に社会参加し、多文化社会を構築するには何が必要かという点であった。これは、移民側から見た「実質的な」統合に関する問題である。

　本研究の考察によって、形式的な統合となる環境整備に加えて、実質的な統合によって持続可能な多文化社会が成立すると結論した。つまり、当事者としての社会の一成員になるため内発的に少数派の者が社会に参加することが重要であることが示唆される。本事例研究でみたように、「母」事業を始めたノイケルン当局は、ドイツ人と移民が別の世界で生活するドイツ国内の「並行社会」問題を克服し、統合をすすめるために、ノイケルン区北部で人口の半数に及ぶ移民の中にキーパーソンを見つける必要があった。そのため、すでに女性移民の間で開かれている茶話会をはじめ、トルコ移民の持つ習慣や言語、ネットワークを地域社会の財産として活用することを選んだのであった。この「母」事業は、規模としてはまだ小さいながらも、他都市や他国でも導入され、着実に成果を挙げていることも見た。

　「母」たちは、ノンフォーマル教育である研修を受けた後、公的なアイデンティティを持つことができ、それが社会的距離の大きなドイツ社会、移民コミュニティ、最も距離の近い身内・親族の者に対しても自尊心と有能感を持つようになった。そして、受入社会・移民コミュニティの中でかつての自分と同様の課題を抱える他の女性移民を支え、その活動を通してさらに自分自身のエンパワメントを導くことになった。「母」となるまでは、移住しただけの女性であっても、研修を受け、「母」活動を始める頃には、受入社会とコミュニティを橋渡しするキーパーソンとなった。他の女性移民にとって母語で同じような経験を持つ相談相手となり、彼女らが外へ一歩踏み出すきっかけを与えたのである。

　本研究がムスリム女性に着目した理由は、彼女たちが受入社会への統合から最も遠い存在であるためであった。亡命者を含めたさまざまな移民の中で、ムスリムの場合、男性成人は仕事や対外的な社会的ネットワークを持ち、それを通じて、または本人が直接役所を訪れことによって、行政側も彼らの情報を入手しやすい。子どもであれば、学校を通してアクセスできるうえ、教

育内容を通して受入社会のことを伝える方法がある。しかし、女性成人で、家族呼び寄せあるいは新婦として母国から来た者は、ドイツ社会の仕組みに関する知識やドイツ語も限られた場合が多く、またイスラーム規範と伝統文化の中で社会との接点となるはずの外出を控える場合、行政アクセスが最も限られた状況下にあるため、受入社会への統合が最も困難であると位置づけられる。

　本研究で見た事例では、外部の者が入り込み、時に強制的に彼女たちを社会に引きずり出したものではなく、彼女たちがトルコでも通常行うような茶話会の延長にノンフォーマル教育の機会が添えられた点が特徴的であった。このことは、社会の一成員になるため内発的に社会に参加すること、その仕組み作りが重要であることを意味する。孤立した者が関わることのできる実質的な統合のためには、当事者たちの持つ文化と親和性の高い手法が求められることを示唆するのである。

　さらに、実質的な統合には受入社会の法律などの理性的な制度の整備に加えて、移民の積極的な社会参加が重要であると考え、そのためには感性による関係性の構築も必要であることを示した。ムスリム女性の間における信頼関係の構築には、外部者が積極的に関わるのではなく、自らの活動をコントロールできるような高い水準の参加を保障することが重要であった。対面して自らの経験を母語で語り合い、食事を共にすることで感情的なつながりの構築を重視したことが、「母」事業の成功の大きな要因であった。この事業には定常的な予算措置がなされているわけではないが、まだ規模は小さいながらも、他の地域でも事例を模範として同様の取り組みを始めるようになり、当事者たちの評価が高いという点において質の高い取り組みであると言える。

(3)　**多文化社会の構築におけるジレンマと高度な参加形態**

　さて、こうした情的なつながりを重視した取り組みは、これからの多文化社会の構築に向けてどのような意味を持つのだろうか。

　2010年12月のチュニジアから始まった「中東の春」あるいは「アラブの春」と呼ばれるデモンストレーションは、失業や格差という共通項を根拠に

2011年9月17日からは米国のウォール街でも見られ、他の先進諸国にも一時的に広がった。アラブ諸国の一部では、それを原因として政権が代わり、一部の報道では中東においても民主主義が勝利したといった解説がなされた。だが、その後、選挙が行われてみると必ずしも民主主義が定着していないという報道も見られた。

かつて1979年のイラン革命は、多くの民衆が支持したことから民意であると見なされたが、その後の政治により宗教保守の動きが顕在化した。たとえば、公権力による宗教規範の実践の確認がなされ、外部にアクセスを持つ者は国外へ脱出し、持たない者は選択の余地を持たなかった。こうした歴史は、2012年6月にほぼ明らかになったエジプトにおける総選挙でムスリム同胞団が率いる政党が勝利した結果に対して、何か示唆を与えるものであろうか。つまり、イスラーム教義を求める者が多数派になった時、本来であれば教義の実践は個人レベルで判断されるはずが、将来的にはムスリム間で実践のための社会的圧力が、時に強制力を伴って働くかもしれない。本研究の射程を大きく超えてしまっているが、イスラーム世界における民主主義の間にはこうしたジレンマに近い動きが存在するのである。

あるムスリムが個人の信条からムスリムとしての生き方を求めていても、居住する場所からはそれを公に認められず、そこから離脱（exit）できない場合、声を挙げる（voice）ことになる。欧州社会では声を挙げることが権利として保障されていることからも、社会にアクセスを持つ者は改善を求めて訴えることもできるだろう。しかし、各種の市民権を認める受入社会だけでなく、イスラーム実践を重視する空間に所属するムスリム女性は声を挙げることもおそらく難しいだろう。ましてや、単に移動距離が大きいだけという認識で母国と同様のつもりで、婚姻のために欧州の移住先にやって来た、現地の言葉も習慣などの知識を持たない女性の場合、本質的な選択肢を持つことができるのだろうか。

イスラーム過激派によるテロ行為など暴力による意思表示のほとんどが男性によるものであるが、女性に異議申立ての意思がないわけではない。たとえば、ムスリム女性がメディアで裸体を晒すことで衝撃的な意思表示を行うことも見られている。しかしながら、日常的にムスリム女性が意思表示でき

ない環境下にある場合は少なくないのである。そのため、声を挙げられない女性を支えるのは同胞ネットワークなどインフォーマルなものとなる。移民を背景に持つ子どもたちの学力が教育上の課題であるという主張が受入社会でしばしばなされるなか、子どもたちと多くの時間を共にし、また女子の教育ニーズに影響を与えるのは母親である。したがって、多文化社会の構築には女性の参加は不可欠なのである。

ムスリムに限らず、社会的圧力が男性よりも影響しやすい女性の場合、外部者が女性のためのプログラムを作成し、そこへ参加するように促したとしても、女性たちは言われたとおりにその場と時間を共有するだけで終わるかもしれない。自らが求めていることを外部の者が認め、コントロールすることも許可し、行政は専門家のアレンジなど条件整備に徹することで、女性たちは「(つかの間の) 自由」を手にするかもしれない。夫などのムスリム男性が妻や母親を安心して送り出すタイミングとは、女性だけの集団による集まりであることが多い。これは母国においても習慣化されているためであり、参加する女性自身も規範に従ってそうした場を選びたい動機もある。

多文化社会の構築においては、より一層の文化的配慮と当事者の背景を根拠とする内発性に任せるアプローチが求められる。そこには、受入社会のルールが通用しなくなるというジレンマと同時に、本人たちの高度な参加によって継続性が確保できるという、モーメント均衡が見られるためである。このモーメント均衡には受入社会だけでなく、大きくはグローバルな影響、小さくは移民コミュニティや当事者の私的な空間が力の変化を生むため、絶えず支点を見守る必要があることを、本研究の結論としたい。

3. 今後の研究課題

最後に今後の研究課題について記しておく。本研究でも「統合」とは、社会の多数派と少数派の両者が歩み寄り、新たな文化を創造していく双方向性を持つ動きであると捉えてきた。本研究では、その前段階となる形式的統合と実質的統合の両者を扱ったものの、主にトルコ移民という少数派による統

合への歩み寄りを取り上げることしかできなかった。したがって、今後の最大の課題は、多数派も調査対象とした多文化社会の構築を目指す実質的統合の研究となる。そのため、今後はドイツにおいては多数派に対するアプローチについてノンフォーマル教育を中心に探ることが求められる。

また、形式的統合の条件である制度整備が欧州諸国で最も優れていたスウェーデンも比較対象にすることで、少数派と多数派の間における実質的な統合への可能性を探ることができるだろう。さらに、スウェーデンとドイツとの比較によって、欧州諸国における移民研究の蓄積につながることが考えられる。

2001年の9.11事件以降、特にイスラーム過激派によるテロ、そしてそれに対する欧米諸国における反応が増加し、互いの嫌悪は増強されているという見方が一般的となっている。しかし、テロ実行犯の実像を追いかけると、社会的孤立が背景にあったと考えることが可能である。米国中央情報局が想定するイランとイラク、シリア周辺がまとまった場合の仮想国の名前をタイトルにした映画『シリアナ（米国2005）』では、失業中で社会的に満たされないパキスタン青年が宗教学校に誘われ、そこでの学習につまずいていた際に、メンターから認められてテロを実行し、それによって自身が満たされる様子が描かれている。実際のテロでは実行犯個別の背景は把握されることは少ないが、これに似たストーリーは存在すると考えても間違いないだろう。

他方、2011年7月に欧州の中でも比較的安全だと思われていたノルウェーの首都オスロにおいて多数の犠牲者を出したテロを実行した、ノルウェー青年も周辺住民との交流は小さく、多文化主義的政策を持つ実社会における人間関係よりも深い関係をオンライン上で認識していたことがわかっている。イスラームや移民に関係なくとも、日本でも2008年6月には秋葉原でトラックを歩行者天国に突っ込ませ、通りにいた何名もの人をナイフで刺すという殺傷事件があり、動機となるその背後には孤独を増幅させた青年の様子が示された。これらのことから、過激派の動機は現実世界において社会的に居場所を保障されていないことが背景にあることが想像される。

ムスリム移民の欧州社会での生活について、母国や所属先がよくわからないという表現が著者の聞き取りでも何度か聞かれた。つまり彼ら・彼女らの

居場所が漠然としていることを意味すると言ってよいだろう。常に格差や貧困の問題をはじめ、排除とそれに伴う関連課題に晒される場合、その心的負担が大きいことは疑いようがない。つまり、ある場所に居住する者が当事者として関係し、意思決定過程にある程度は参加できる社会が居場所を確保した状態を指す。なかでも社会的弱者に分類されがちな少数派、女性、子どもたち等が持つ権利とその行使の機会を制度的に保障することは重要である。さらに、そうした制度上の保証に加えて、行使された権利の内容が社会的に意味を伴うものであるという認識が共有されることは、文化的多様性がその社会における豊かさを示すこととなり、グローバル規模で生じている格差が顕在化する今日において重要な点である。

　教育は学校だけで行われるものでもなければ、子どもだけが行うものでもない。「学校で学んだことよりも、経験の方が役立つ」と程度の差こそあれ誰しも感じ、大人になってから学んだことも多い。本研究では、こうした幅広い学びで身につけたもの、つけさせようとする側の意図と背景、それが社会の中の多数派とは異なる場合、どのような課題が出てくるのか、そして課

●ベルリン・ブランデンブルク門

題を解決する糸口はどこにあるのかを探ることを試みた。これは日本における教育の議論の多くが学童あるいは大学生までを中心としており、確かにそれらは重要であるが、知の体系と社会の変化が激しい今の時代においては学校教育のみを扱うのでは不十分であるように感じられたためである。また、私たちは瞬時に国内外の情報が共有されるテクノロジーを所有しているにもかかわらず、日本で共有される情報が狭くないか、欧米の主流文化で問題視される課題をそのまま輸入してしまっていないか、日本の独自の視点とは何なのかといった問題について疑問を持つ余裕がない。このような問題関心を今後の研究の延長線上に見据えていきたい。

注

1 Joppke（2007）。
2 TIME（2011-10-24: 24）。
3 トルコ共和国において、2016年7月15日、死者290名を出す、軍部によるクーデターは未遂で終わった。本研究で対象とするトルコ移民たちへの影響はまだ分からない。だが、トルコ共和国におけるエルドアン大統領による強権的な政治という印象については、ギュレン派に対する公職追放などに象徴されるように、歴史的なものとなることは確実である。同国における民主主義と統治のあり方を大きく左右することが予想され、現在進行形のシリア難民を抱え、何世代もの移民たちが住み続ける欧州諸国の移民・難民政策に対しても決して小さな影響とはならないだろう。
4 ハーシュマン（1970）および坂口（2007: 65）を参照。
5 パキスタン女優がインドの雑誌に掲載され、テロ行為と両国における緊張関係を揶揄した（http://www.bbc.co.uk/news/world-asia-16008958 ）（2011/12/5 閲覧）。

付録

付録1. 移民政策指標(MIPEX)I　抜粋訳
付録2. 移民政策指標(MIPEX)III　抜粋訳

付録 1. 移民政策指標（MIPEX）Ⅰ　抜粋訳

欧州市民性・包摂指標[1]

概要

背景

　欧州における移民の包摂（inclusion）は避けられない。EU15カ国の住民 1300 万人（人口の 3.4％）は、帰化していない移民である。グローバリゼーション、労働市場、人口動態の圧力によって、流入する移民は、EU 加盟国の生活において、ある事実となっている。欧州が、就職に関するリスボン目標を達成し、健全な社会を維持し、開放性と平等の基盤的価値を求めるのであれば、市民の包摂と市民性に関する政策をより詳細に見る必要がある。

意義

　欧州市民性・包摂指標は、欧州レベルにおける市民性に関する政策と包摂の間における知識の格差を埋めるものとして考えられた。加盟各国は、EU レベルの政策策定の現実および EU Common Space of Justice, Freedom and Security の急速な出現に追いつくために、欧州の視点から移民の包摂という課題を検討する必要がある。今回の指標は、幅広くかつ比較可能な形で市民性と包摂に関する EU の政策を紹介することを試みるものである。

目的
1. EU 加盟国が EU の平均と比較することを可能とする、市民性と包摂に関する政策のデータを示すこと。
2. すべての同意のもとで、市民性と包摂の原則をどの程度、実施しているかモニターできるようにすること。
3. 加盟国のなかで良い事例を確認すること。
4. 指標を毎年更新することで、時系列による比較を可能とすること。

方法

　加盟国の政策が共通枠で比較された。この枠は、次のような移民の包摂を扱う基

礎をもとに設置された。つまり、1. 労働市場への包摂、2. 家族呼び寄せ（再結合）、3. 長期滞在、4. 国籍取得（帰化）、5. 反差別である。これら5つの分野において、数多くの細かな政策指標が開発され、各国はそれぞれの政策指標において点数化された。指標群は、各国が移民に与えている権利と既存の義務をもとに作られ、およそ100の指標で構成されている。EU15カ国を点数化したデータは、各国出身の専門家によって収集された。[2]

主な知見

1. 加盟国によって収集されたデータには、移民の包摂と市民性の分野において欠如が存在した。
2. 加盟国は、さまざまな方法で共通の責任を果たしていた。
3. 加盟国は、5つの分野で一貫して点数化しがちであった。
4. 国の間において移民に関する経験の長さは、政策において大きな違いは見られなかった。
5. 移民の状態が把握しにくく、あまり保護されていない場合であっても、彼らは重要な権利は持っていた。
6. 反差別に関する規制が存在しても、その実施は遅れ、国籍による差別は極めて広範囲にわたっていた。
7. 国籍取得は、加盟国にとって最大の課題の1つとして残っていた。これは、移民は長期的か、一時的なものとして見られるべきかという、継続中の議論を反映している。

報告書の内容は、指標の構成、方法、EU15カ国における知見、そして各国報告からなる。

リスボン・アジェンダは、現在の労働不足と技能格差を示し、EUへの労働移民を推進する必要性についての議論を創りだした。欧州の高齢化社会、業務別の技能不足、あるいは活力不足に対する解決策の1つだと言う者も多かった。しかし、労働移民は、新規の移民が幅広く社会と労働市場に成功裏に内包されることによってのみ、欧州の人口問題に対する有益な解決策となりうるのである。EUは現在、第三国の国民をEU市民なみの権利を持たない者とみなし、合法的に「最下層」とし[3]

て抱えている。欧州は自由、正義、安全の「共通空間」を建築中で、移民は部分的にそこからは除外されている。

　欧州は、活力ある社会を創造するために、社会的・政治的排除と戦わないといけない。市民性はEUに居住する者すべてにとっての共通基盤となり、第三国出身者に向けた統合政策の欧州枠組みの一部となるだろう。このような統合政策は、EUの法的・政治的平等と社会包摂を維持したまま、社会の結束と経済の競争に貢献するだろう。

　移住に関する新たな課題と機会に対するEUの対応の限界は、信用できるだけのデータに不足していることが挙げられる。

　指標は、加盟国のみならず、欧州の各機関および非政府組織（NGO）にとって、移住にかかる現在の課題への対応を評価する機会となり、これによって、移民の包摂に関して良い事例を把握でき、加盟国がそれぞれの基準を高い水準となる共通枠まで強化し、政策を評価し、そのインパクトを理解することができる。

　当然のことながら、この指標には限界がある。まず、指標がどの分野をカバーしているのかを留意する必要がある。たとえば、移住について報道するメディアは難民、亡命、他の移民を厳密に分類していない。難民とは迫害を逃れた者で、文明化した人道的国家および国際的な制度は、彼らを保護する義務がある。多くの移住者は難民あるいは亡命者ではなく、経済移民あるいは労働移民として流入し、合法な第三国労働移民については、指標はその家族についても扱っている。また指標は、EU市民権を所有する民族的少数派についての情報も持っておらず、帰化した者についての把握ができていない。

　この段階では指標は、意図は持っているものの、移民の文化的統合または政治参加について何も言えない。市民性・市民権と労働市場に関するEU加盟国の取る政策を測定しているため、たとえば、移民が地域社会にどれほど包摂されているか、あるいは政治的にどれほど参加しているかがわからない。

　また、指標は成果ではなく政策を測定しているため、政策と移民の状況の間における相関についても何も示せない。指標が設定している規範枠は、移民の包摂に向けた望ましい条件を構築する政策を明確にするためのもので、測定された政策の実施状況と移民の実際の状態の間に強い相関があるとは言えないのである。さらに、各国はそれぞれの移住に関する歴史とコミュニティを持ち、それに関する政策を放棄できるわけではない。

　また、指標が目指していないものにも留意したい。指標は決して特定の国を名指

しで恥をかかせるものではなく、透明性がある比較可能で、調整を行う余地を持ち、モニタリングを可能とすることで政策の強弱を確認し、それらを改善するためのものである。

また、指標は移民の数の大小を是非とするものではない。欧州では技能職や福祉制度の解決策として移民を受け入れるか否かで議論されている[6]が、指標はこれらの回答を示すものではない。むしろ、移民が到着した時、どのように扱われるべきかに焦点をあてている。

指標の構成

指標は労働市場への取り込みと市民性を持つ国籍をもとにしている。特に、長期滞在、家族再結合、帰化、反差別は、「市民性を持つ国籍」に貢献するものである。

規範枠

指標は上記5分野の政策について示したもので、規範枠として加盟国の関与によって共通の分析枠を構築している。規範枠は、移民の包摂にむけた望ましい政策条件の作成についてデザインされており、多面的に測定することになっている。規範枠は、EUの既存の規制、国際的な慣習、NGOの提言をもとにしており[7]、5つの分野にわたるおよそ100の指標が用いられている。

規範枠は、当然のことながら、価値判断による。この規範についての判断は、平等と包摂にかかる主流の議論をもとにしている[8]。だが、いくつかの国においては、この規範枠は統合の公的な考え方にそぐわない場合もあるだろう。

指標に含まれる各5分野の概要は次のとおりである。

労働市場への包摂：就職できるアクセスの欠如は、ほとんどの国で統合の最大の課題で、国レベルの政策で最重要視されている[9]。アクセスを制限することは、排除的で、社会異動を阻害し、経済における技能喪失につながる。

滞在：長期滞在は滞在許可証の交付によって確保され、EU市民と同等に扱われることになる。移民はその出身国との関係を維持し、EU域内を自由に移動できるような社会へ貢献することになる。登録された第三国市民として、移民は可能な限り

早くその身分が保証されるべきである。

家族の呼び寄せ・再結合：基本的人権で、移民の生活と生活設計に重要である。同時に、家族と社会の安定にも重要であり、欧州の人口均衡にも有益である。家族呼び寄せは可能な限り早く行われるべきで、対象者は配偶者のみならずその親族も含まれるのが望ましい。

国籍取得・帰化：帰化は権利と義務という観点からEU市民の一部に移民を位置づけることになる。国籍取得には限られた年数のみ必要とし、その子の世代は生まれながらにして国籍を与えるべきである。

反差別：すべての加盟国において基本的人権である平等について促進する必要がある。それは、経済、社会、文化の各側面におけるすべての社会成員の参加を促すためである。人種、民族、宗教・信条、出自・国籍が対象となり、就職や公的・私的サービスの提供、教育などを少なくとも扱う必要がある。

政策の次元

　上記5分野の下には、下位分野が設けられている。各分野において4つの重要な次元を用いて、移民が与えられている地位と保護を調査している。

　第一次元で扱う内容：身分・滞在許可証等のための資格要件、反差別の法令等の範囲、労働市場へのアクセスの容易さ

点数化について

　各指標において、規範枠は3つの尺度で解釈されている。すなわち、移民包摂に対して望ましい、やや望ましい、望ましくないという状態を1から3で示したものである。[10]

指標の構成

　以上のことから、まとめると、総合指標は、100指標からなり、それぞれ1から3で点数化されており、5つの分野（労働市場、長期滞在、家族再結合、帰化、反差別）について4つの側面から示したものである。各指標と構成については次の表のとおりである。

指標の内訳

	分野	労働市場への内包	長期滞在	家族再結合	帰化	反差別	合計
各側面	資格と射程	3	3	5	4	11	26
	条件と対策	2	5	5	6	11	29
	安全性、公平性、機関、統合施策	2	7	4	3	4	20
	権利、団体、積極的政策	2	8	5	2	7	24
	合計	9	23	19	15	33	99

指標の読み方

　各国の指標には、分野内のすべての数値を平均化した平均値が5つ示されている。次元の平均は各次元の4つの平均値が示されている。

指標の値と点数化された数値

　調査結果は、点数と指標の値による2つの等式で示されている。点数は国ごとに規範枠との比較がなされ、移民の市民性と包摂に関する政策がいかに望ましいものかを、平均を2とし、1から3の間で示している。

表示範囲	(1－3)
望ましくない	1 - 1.25
あまり望ましくない	1.25 - 1.75
やや望ましくない	1.75 - 2.25
やや望ましい	2.25 - 2.75
望ましい	2.75 - 3

　2004年のEU平均は標準化された後、各指標として示されている。100を超える数値は、EU平均を超えるもので、それ以下のものは平均以下を指す。

EU全体の結果

　以下の図表では、5つの分野について調査した結果が示されている。ただし、ここでの国別比較は簡素なもので、詳細については国別報告の部で示されている。

表 5.01　指標の総合結果

労働市場への包摂

1	スペイン	127.55
2	ベルギー	122.45
3	オランダ	117.35
4	ポルトガル	112.24
5	スウェーデン	107.14
6=	フィンランド	102.04
	イタリア	102.04
	英国	102.04
	ヨーロッパ	100.00
9	フランス	96.94
10	ドイツ	91.84
11=	オーストリア	86.73
	アイルランド	86.73
13=	デンマーク	81.63
	ギリシャ	81.63
	ルクセンブルク	81.63

長期滞在

1	オランダ	113.40
2=	ベルギー	111.41
	フランス	111.41
4	スペイン	109.42
5=	フィンランド	107.43
	スウェーデン	107.43
7	デンマーク	103.45
	ヨーロッパ	100.00
8=	ドイツ	99.47
	ポルトガル	99.47
	英国	99.47
11	イタリア	95.49
12	オーストリア	93.50
13	ルクセンブルク	91.51
14	ギリシャ	81.56
15	アイルランド	75.60

家族再結合

1	フィンランド	115.94
2	スウェーデン	113.53
3	ベルギー	111.11
4=	フランス	106.28
	ドイツ	106.28
	ポルトガル	106.28
7=	オランダ	103.86
	スペイン	103.86
	ヨーロッパ	100.00
9=	イタリア	99.03
	英国	99.03
11	アイルランド	94.20
12	ルクセンブルク	91.79
13	ギリシャ	86.96
14	オーストリア	84.54
15	デンマーク	77.29

国籍取得

1	フランス	113.59
2=	ベルギー	107.77
	アイルランド	107.77
	ルクセンブルグ	107.77
	英国	107.77
6=	ポルトガル	104.85
	スウェーデン	104.85
8=	イタリア	101.94
	スペイン	101.94
	ヨーロッパ	100.00
10	フィンランド	99.03
11	オランダ	96.12
12	オーストリア	93.20
13	ドイツ	90.29
14	ギリシャ	84.47
15	デンマーク	78.64

反差別

1	ベルギー	133.51
2	ポルトガル	128.07
3	オランダ	122.62
4	スウェーデン	119.89
5	アイルランド	114.44
6	スペイン	107.63
7=	フィンランド	100.82
	フランス	100.82
	ヨーロッパ	100.00
9	英国	99.46
10	イタリア	95.37
11	オーストリア	85.83
12=	ドイツ	79.02
	ギリシャ	79.02
14	デンマーク	69.48
15	ルクセンブルク	64.03

国別の結果

　表5.01で示した国際比較に加えて、格差の背後にはどのようなものがあるかを理解することは重要である。ここでは、各国における第三国市民の環境および政策について示している。しかし各国の政治選択と課題を包括的に説明するものではなく、むしろ2つの情報セットをもとに各国を紹介することになっている。1つには、第三国市民の経済的状況と取り組むべき課題である。他方は、政策の共通分析枠で示された取り組むべき政策課題である。

　ここでは具体的な政策選択を画一化するために詳細な国内分析を行う意図はなく、それら選択肢を確認、比較できる基準を提示することを目指している。国別分析では、次の3つのパートに分かれている。1) 各国における移民の状態と包摂に関する政策、つまり人口的特徴、政治および法的要因を、コンパクトにまとめた。2) 第三国市民も扱った欧州労働力調査（European Labour Force Survey：LFS）で示された就労状況に関する概要、3) 各国の政策指標を5分野において強みと弱みを指摘する。

労働市場に関する統計

　LFS 調査からデータを用いて、ここでは 2 つの水準で分析を行っている。まず、過去 3 年間における第三国市民と加盟国市民の就労状況を概観し、そして 4 分の 1 ごとに内訳を見ていく。どちらの場合も分類方法は、LFS に従った。これによって、次のような内容を示すことになる。1) 15 から 64 歳の就業率、2) 経済的参加率、3) 失業率、4) 長期間失業率、5) 技能水準、6) 契約の種類、7) これまで受けた教育・研修水準。

　EU がこの時期、25 カ国まで拡大したことは留意する必要がある。これは新規加盟国がこれまでの EU15 カ国に対して、政策上、さまざまな経験を重ねていることでもある。この点から、指標の解釈には各国の経済状況を勘案する必要がある。

政策に関する指標

　こちらの指標も同様に平均値で示されており、棒グラフを用いている。各国における移民の経験は、この直線で表現されるわけだが、経年変化についても示される。全体としてレーダー図は、各国の政策指標の成果についてバランスを見ることができ、時に規範枠との比較で、政策上の改革が必要な点を示すことになる。

ドイツの特徴

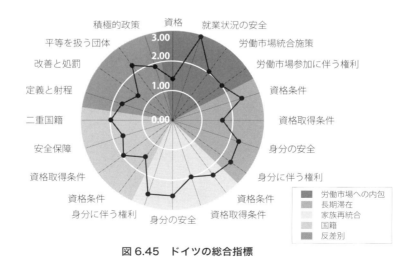

図 6.45　ドイツの総合指標

付録1 移民政策指標 (MIPEX) I 抜粋訳　269

背景

2001年の終わりには、730万人（総人口の8.9%）の外国籍の者が居住し、これには、360万人の外国人労働者が含まれていた。[12] 4分の1はEU市民であったが、外国人労働者の中で大きな集団は、トルコ（26.3%）、旧ユーゴスラビア（8.4%）、イタリア（8.4%）の順であった。約3分の1がドイツに20年以上住んでいた。

労働市場の統計

ドイツ市場では第三国市民の経験は比較的ドイツ人ネイティブのものと近いものだった。しかし特に高度技能職における就職は際立ったものであった。LFS調査によると、2002年には第三国市民の就職率はわずかに下がっていた。

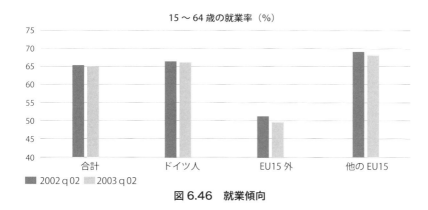

図6.46　就業傾向

2003年の第2四半層の就職率と経済参加率の詳細は、ドイツ国民より第三国市民の方が低いことを示す。

表6.36　就業率の比較
（2003年、第2四半層）

就業率 (%)	64.95
ネイティブ	66.12
第三国市民	49.50
第三国市民のネイティブとの差	25.14
第三国市民の全体との差	23.79

表6.37　経済参加の比較
（2003年、第2四半層）

参加率 (%)	72.06
ネイティブ	72.86
第三国市民	61.50
第三国市民のネイティブとの差	15.54
第三国市民の全体との差	14.65

失業率に関して、第三国市民はドイツ国民より不利な立場にあり、近年には急速な失業率の上昇に見舞われている。

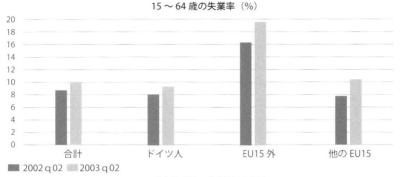

図 6.47　失業率の傾向

全体および長期間の失業率に関するデータを見ると、第三国市民では長期間の失業率が低いことがわかる。

表 6.38　失業率の比較
(2003 年、第 2 四半期)

失業率 (%)	9.87
ネイティブ	9.19
第三国市民	19.52
第三国市民のネイティブとの差	-112.28
第三国市民の全体との差	-97.1

表 6.39　長期失業率の比較
(2003 年、第 2 四半期)

長期失業率 (%)	4.87
ネイティブ	4.53
第三国市民	9.85
第三国市民のネイティブとの差	-117.21
第三国市民の全体との差	-102.19

しかしこれらの全体的な傾向は、技能水準によって大きく異なる。低技能層では、第三国市民との格差は目立たず、中程度の場合はわずかに見られ、上級技能の者において最大の格差を示している。

表 6.40　技能水準別就職率の比較 (2003 年、第 2 四半期)

	低い	中間	高い
就業率 (全体)	42.56	68.98	82.94
ネイティブ	41.96	69.24	83.90
第三国市民	40.87	61.15	61.42
第三国市民のネイティブとの差	2.59	11.69	26.80
第三国市民の全体との差	3.96	11.35	25.95

第三国市民は、ドイツ国民より一時的な業務に就く傾向が強く、他の EU 諸国よ

りも強い傾向である。

表 6.41 契約別就業率の比較（2003年、第2四半層）

	終身雇用	一時雇用
契約別の比率（全体）	87.23	12.18
契約別の比率（ネイティブ）	87.51	11.91
契約別の比率（第三国市民）	82.22	16.78
第三国市民のネイティブとの差	6.05	-40.95
第三国市民の全体との差	5.74	-37.86

教育・研修に関しては、ドイツ国民と第三国市民の両者とも強い相関が見られた。

表 6.42 調査前4週間における研修受講経験の比率（2003年、第2四半層）

過去4週間に研修を受けた比率（国全体）	16.38
過去4週間に研修を受けたネイティブ	16.52
過去4週間に研修を受けた第三国市民	16.37
第三国市民のネイティブとの差	0.94
第三国市民の全体との差	0.05

スウェーデンの特徴

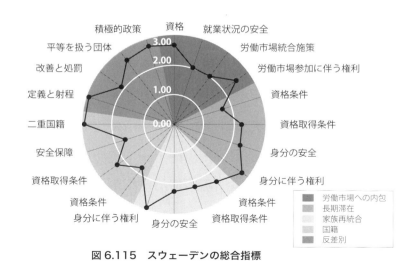

図 6.115 スウェーデンの総合指標

背景

 2001年の段階で、スウェーデンには47.6万人（人口の5.3%）の外国人が居住しており、そのうち22.2万人が外国人労働者であった。[13] EU諸国以外からの外国人の最大集団は、イラク（36,200人）、旧ユーゴスラビア（20,700人）、イラン（13,500人）の順であった。出身国からもわかるように、スウェーデン国内の第三国市民は国内の経済ニーズと同程度、国際危機と関連していた。スウェーデンの移民政策は、外国人の基本的人権と移民受け入れ制限の間における均衡に従っていた。1980年代には移民政策について大きな議論があり、それは続いた。

労働市場の統計

 LFS調査によると、第三国市民の経験は就業に関して有意に低い経験を持ち、スウェーデンのネイティブより低い経済参加である。

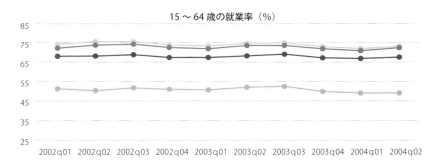

図6.116　就業傾向

表6.84　就業率の比較
（2003年、第2四半期）

就業率（%）	73.57
ネイティブ	74.41
第三国市民	51.75
第三国市民のネイティブとの差	30.47
第三国市民の全体との差	29.67

表6.85　経済参加の比較
（2003年、第2四半期）

参加率（%）	77.95
ネイティブ	78.54
第三国市民	63.11
第三国市民のネイティブとの差	19.65
第三国市民の全体との差	19.04

 したがって、就業率について第三国市民とその他の間では、強い相関が見られる。第三国市民の失業率は、近年は国全体の平均とは反対に上昇している。

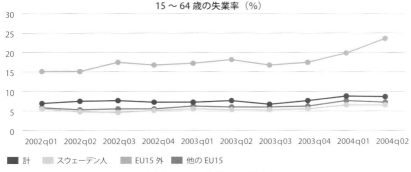

図 6.117　失業率の傾向

2003年における第2四半層の長期失業と全体の失業を細かく見ると、第三国市民の長期失業は1人あたりだと低い（4.44％）が、国全体の平均からは1％以内の差である。

表 6.86　失業率の比較
（2003年、第2四半層）

失業率（％）	5.63
ネイティブ	5.26
第三国市民	18.01
第三国市民のネイティブとの差	-242.62
第三国市民の全体との差	-220.24

表 6.87　長期失業率の比較
（2003年、第2四半層）

長期失業率（％）	0.91
ネイティブ	0.81
第三国市民	4.44
第三国市民のネイティブとの差	-450.956
第三国市民の全体との差	-389.93

全体の就業水準はすべての種類の就業をとおして共通である。しかし、これらの差異をよそに、高度技能を持つ第三国市民の就業率が低技能と中間よりも高い点は注目すべきである。

表 6.88　技能水準別就業率の比較（2003年、第2四半層）

	低い	中間	高い
就業率（全体）	56.99	79.10	85.86
ネイティブ	57.72	79.70	86.78
第三国市民	40.14	60.98	63.07
第三国市民のネイティブとの差	30.45	23.49	27.32
第三国市民の全体との差	29.56	22.90	26.55

契約別にみると、第三国市民はスウェーデン国民より一時的な契約ベースのものが多いことがわかる。

表6.89　契約別就職率の比較（2003年、第2四半層）

	終身雇用	一時雇用
契約別の比率（全体）	84.44	15.56
契約別の比率（ネイティブ）	84.80	15.20
契約別の比率（第三国市民）	69.56	30.44
第三国市民のネイティブとの差	17.97	-100.26
第三国市民の全体との差	17.62	-95.66

研修は、全体としてスウェーデンの労働市場の強みを発揮する場面であり、第三国市民にとっても有益なものとなる。スウェーデン国民より第三国市民の方が直近ではより多くの研修を受けていることがわかる。

表6.90　調査前4週間における研修受講経験の比率（2003年、第2四半層）

過去4週間に研修を受けた比率（国全体）	35.77
過去4週間に研修を受けたネイティブ	35.82
過去4週間に研修を受けた第三国市民	39.58
第三国市民のネイティブとの差	-10.50
第三国市民の全体との差	-10.64

注

1　この資料は、本研究に関係する部分の抜粋訳である。ここでは本研究に関係する部分、すなわち全体の結果とドイツおよびスウェーデンの結果を掲載しておく。また、図表の番号は原文を参照できるように、オリジナルのままとした。

2　詳細は、報告書原文 p.21-23 を参照。そこで示されている文献には、次のようなものがああある。原注12 See for example, Kees Groenendijk, Elspeth Guild, Robin Barzilay, The legal status of third country nationals who are long-term residents in a Member State of the European Union (Nijmegen, Centre for Migration Law, 2000) および原注13 See International Federation for European Law, Migration and Asylum Law and Policy in the European Union,

付録 1 移民政策指標（MIPEX）I 抜粋訳 275

FIDE 2004 National Reports, Edited by Imelda Higgins, General Rapporteur Kay Hailbronner, CUP 2004. For antidiscrimination see, Isabelle, Chopin, Janet Cormack and Jan Niessen (Eds.), The implementation of European antidiscrimination legislation: work in progress (MPG, 2004).

3 原注 5 Third Country Nationals are persons who do not hold the citizenship of any EU country.
4 原注 2 The Amsterdam Treaty set out the foundations for a European 'Common Space' for Freedom, Justice and Security. Within the 'Common Space', there is a single standard of EU citizenship, with standard rights and obligations associated with it. This was followed up at the Tampere Summit, see Presidency Conclusions, 1999 Tampere European Council, 15-16 October.
5 原注 4 For example, the 1951 United Nations Convention Relating to the Status of Refugees (known as the 'Geneva Convention').
6 原注 6 See European Commission COM (2004) 811, Green Paper on an EU approach to managing economic migration.
7 原注 7 Two EU directives on antidiscrimination of 2000, EU Directive on the Status of Long-Term Residents of 2003, EU Directive on Family Reunification of 2003, Council of Europe Convention on Nationality, MPG and ILPA's Amsterdam Proposals and the Starting Line.
8 原注 8 For example, please see Rita Süssmuth and Werner Weidenfeld (Eds.) (2004). Managing Integration. The European Union's responsibilities towards immigrants; Groenendijk, Guild, Barzilay (2000) The legal status of third country nationals who are long term residents in a member State of the European Union; International Federation for European Law, Migration and Asylum Law and Policy in the European Union (2004) FIDE 2004 National Reports, edited by Imelda Higgins, General Rapporteur Kay Hailbronner, CUP.
9 原注 9 European Commission COM (2004) 508 First Annual Report on Migration and Integration.
10 原注 10 In the antidiscrimination strand, the indicators could also have a score of 1, 2 or 3, but this depended on the number of grounds of discrimination covered by the measure. 3 points were given when an anti-discrimination measure covered three discrimination grounds, namely race/ethnicity, religion/belief and nationality. 2 points were given when the indicators covered two out of three discrimination grounds. 1 point was given when the indicators covered

only one discrimination ground or in exceptional cases none.
11 原注23 Eurostat has a complicated set of definitions in order to categorise lowskilled, mediumskilled and highskilled work, contract type etc. For more information, visit http://epp.eurostat.cec.eu.int
12 原注36 Data in this paragraph is drawn from OECD, *Trends in International Migration, Annual Report 2003* (Paris, 2003), pp158?161.
13 原注54 Data in this paragraph is drawn from OECD, *Trends in International Migration, Annual Report 2003* (Paris, 2003), pp158-161.

付録2. 移民政策指標（MIPEX）Ⅲ　抜粋訳

移民統合政策指標－Ⅲ[1]

はじめに

移民統合政策指標とは

　移民統合政策指標（Migrant Integration Policy Index: MIPEX）は、統合政策へアクセスし、比較し、改善することを目的とした、参照であり完全な相互作用的道具である。欧州と北米の31カ国の統合政策を測定している。148の政策指標を用いて政府の統合に対する関与を測定することで、移民の社会参加を多面的に捉えるものである。政策とその実施を測定することで、すべての住民が平等な権利、責任、機会に保障されているかがわかる。

第3版にあたり

　MIPEX第三版は、前より多くの参加国とより多くの政策をカバーしている。経年による分析の他、統合政策の変化についても確認している。欧州連合25カ国に加え、ブルガリア、ルーマニア、米国、スイス、ノルウェー、カナダが参加している。従来の指標に40の指標が追加されたほか、移民の子どもの教育に関連して新たに27の政策指標も加えてある。

MIPEXでわかること

　MIPEXは、国の政策、変化、国際動向について、一般の知識と認知度を高めることによって、透明性を促進する。この事業は、政府の目標、進捗状況、結果に関する議論を刺激し、統合に関わる人たちが実際にどのように社会統合が進められるかを証拠を持って示すことになる。

　MIPEXは、すべての住民が法的に平等で、責任を持ち、現実に機会平等を達成するために必要な特別な配慮を支持する。また、制裁などの強制的な仕組み、質の高い団体とその使命、非政府組織と社会的連携と役割に関する質問に答えるものである。そうした仕組みが存在しないならば、その構築が求められるし、すでに存在するなら、より効果的な運用が求められる。

MIPEX の作者

　MIPEX 事業は、ブリティッシュ・カウンシルと移民政策グループによって率いられている。そこには、37 の国レベルの団体、多くのシンクタンク、非政府組織、財団、大学、研究機関などがブリティッシュ・カウンシルとともに、欧州 31 カ国とカナダおよび米国において関係している。調査研究は、研究パートナーたちとの協力のもと、移民政策グループによってデザイン、調整、実施されている。また、全体の結果や国別報告書については、グループが担当している。ここでは、全体の結果について概観する。フィンランド、フランス、ドイツ、イタリア、オランダ、ポーランド、ポルトガル、ルーマニア、スペインの MIPEX 調査の結果は、それぞれの言語で公開されている。すべての結果、特にインタラクティブな Web ツールについては、次の URL を参照されたい：www.mipex.eu

MIPEX における最高位の基準とは

　各 7 分野（労働市場の流動性、家族再結合、教育、政治参加、長期滞在、国籍取得、反差別）について、MIPEX は、権利およびすべての住民の責任と機会の平等を達成することを目指した欧州の、あるいは国際的な基準を用いている。EU は、自由・安全・正義に関する 2010-2014 プログラムを実施しており、事業はその目的「すべての者に対する比較可能な権利、責任、機会の付与は、欧州の協力と統合の中核にある」を再確認することになっている。最高位の基準は、欧州評議会または EU 指令から転用され、最小限の基準しかない場合には、欧州で広く共通の政策勧告が用いられている。

MIPEX はいかに数値化されているか

　MIPEX 事業において、移民の統合に関する政策指標は 148 にも及ぶ。最高基準に対する現在の法律と政策を、最先端の研究者と研究機関の協力によって、専門的な研究を参照にし、数値化している。7 つの政策分野のうちの 1 つには、具体的な政策要素となる設問が用いられ、各項目に対する回答は 3 段階の尺度となっている。

　これら 7 つの政策分野の中では、政策の同じ側面を検証する 4 つの次元の点数を平均化している。これらの次元は、国別に総合数値を導く 7 分野のそれぞれの点数を示す。順位や比較のために、3 段階の尺度は 0 から 100 にプロットされ、そのため 100％が最高点となる。

データ収集の方法

専門家によるコメントとは異なり、MIPEX は法律、政策、研究を根拠にしている。各国において、移民の法律、教育、反差別に関する独立した研究者と実践家が、2010 年 5 月の段階で扱うことの可能な各国の資料にもとづいて各指標の点数化を行った。2007 年 3 月の点数も、新たな分野となった教育に関しては作成された。すべての点数は、他の専門家によるピア・レビューを経た。移民政策グループは、すべての不一致を修正し、分野と国の経年変化に関して一貫性の設問もチェックした。最後に、国別の専門家が、政策の変化とその背景についての情報提供を行った。

政策はどのように統合に影響するのか

MIPEX は、各国の福祉に移民が貢献でき、就職と教育において平等になり、家族と安全に暮らし、積極的な市民となり、差別から保護されるような法的環境の整備の創成をより良くするには、どうすれば良いかを示している。政策が統合に影響する 1 つの要因であることから、MIPEX は政策変更が実際に統合をどのように改善するかを評価できるようにする。この情報は公的な統計、予算、事業、科学的根拠、政府の報告、非政府組織からの情報、法定、移民たちから提供される必要がある。さらなる研究は、政策が実際に機能しているか、そして統合政策が次のような側面でどう変化しているかを示す。

1. エビデンスと国際基準
2. 資金と実施
3. 受益者にとっての評価
4. 社会に広く与えるインパクト分析
5. 新たなエビデンスによる改善

主な知見

強みと弱み

MIPEX 参加した欧州および北米の 31 カ国は、平均的に言って、統合政策はおよそ半分程度が望ましい状態にある。50％前後の点数とは、政策が、移民が平等な社会成員となる機会と障害を作り出しているという状態である。移民労働者、再結合した家族、長期滞在者は、基本的人権、安全、差別からの保護が得られている。

3つの大きな障害とは、国籍取得または政治参加であり、子どもたちにとっては学校で一緒に学ぶことである。

順位

　望ましい政策等を持つ上位10カ国は、Benelux諸国（ベルギー、オランダ）、北米（カナダ、米国）、北欧諸国（フィンランド、ノルウェー、スウェーデン）、そして南欧（イタリア、ポルトガル、スペイン）であった。スウェーデンは、家族再結合の見直しにもかかわらず、より良い実施のために力を注いでおり、権利と責任の平等の面から良い結果を示した。ポルトガルは、スウェーデンに次いでEU基準による移民の身分を保障する方法を確保している（ベルギーとエストニアも参照）。移民受け入れの歴史の長短にかかわらず、良い統合政策を持つ国では、伝統や経験だけでなく、政策的意図が重要であることがわかった。オーストリア、チェコ、中央ヨーロッパ、バルト三国はまだ全体的に遅れている。

変化

　統合政策は少しずつ変化しているが、人々の生活に潜在的に大きな影響を与える。ほとんどの国がMIPEXの100点満点のうち、ほぼ1ポイント上昇を占めていたが、それぞれの危機的状況はほとんど政策変更を生まなかったほか、予算削減がその実施と移民への影響を妨害したのかもしれない。大きな改革のおかげで、統合機会がわずかに改善した国もあった。たとえば、ギリシャ（+10）、ルクセンブルク（+8）で、英国では逆に悪化した（-10）。2007年から2010年の分野別変化を見た場合、6つの分野では、6カ国ではM IPEXの半分程度に追いつき、10カ国はそれ以上の改善を見せた。最近変動した国々ではほとんど変化は見られなかった（+0）。今回のMIPEXで追加された新たな条件によって、トップ集団にいた4カ国はわずかに変化が見られた。

傾向

　MIPEXは分野間における統計的な正の強い相関を示している。ほとんどの国で、統合の1つの分野で良い点数だと、他でも良いことがみられた。

　労働市場の流動性と家族再結合：移民家族は、すべての新参者を補助する国では、より良く再結合し、社会参加し、適切な仕事を見つけている。それらの国は、労働移民を呼び寄せることに長けており、新旧問わなかった。

労働市場の流動性と教育：成人移民がキャリア、技能、資格を改善できる国では、その子どもたちの具体的ニーズと機会を確認しやすい。

国籍取得、政治参加、反差別：新参者が市民権を得るよう奨励されている国では、政治参加しやすい。市民にとって政府が唯一の責任者の場合、移民が市民になることは難しい。帰化を促進する国も、その国籍により多くの差別から住民を守る傾向がある。

家族再結合と長期滞在：安全で平等な権利を家族と長期滞在者に保障する国。滞在許可の条件：新参者の中で滞在または家族呼び寄せを希望する場合、帰化するために必要とする滞在年数が多くの高い条件を課す国が増えている。

政策を改善するためのエビデンスの利用

統合政策を数値化された事実として捉える国は多くない。移民の数、点数などに焦点をあてることは、その社会が時間とともに統合されていっているとは言えない。統合傾向を示す統計について追いかけている政府もいくつかあるが、それがどの程度インパクトを持っているのか評価できる政府はほとんどないのである。エビデンスは、ほとんどの場合、移民の就業と教育について使われている。政党が統合を選

主な知見

順位	国名	MIPEX-Ⅲ	MIPEX-Ⅱ	順位	国名	MIPEX-Ⅲ	MIPEX-Ⅱ
1	スウェーデン	83	(-1)	15	フランス	51	(0)
2	ポルトガル	79	(+5)	16	ギリシャ	49	(+10)
3	カナダ	72	(+1)		アイルランド	49	(+1)
4	フィンランド	69	(0)	18	スロベニア	48	(0)
5	オランダ	68	(0)	19	チェコ	46	(+4)
6	ベルギー	67	(+4)		エストニア	46	(+2)
7	ノルウェー	66	(-1)	21	ハンガリー	45	(+3)
8	スペイン	63	(+3)		ルーマニア	45	
9	米国	62		23	スイス	43	(0)
10	イタリア	60	(-1)	24	オーストリア	42	(+3)
11	ルクセンブルク	59	(+8)		ポーランド	42	(+1)
12	ドイツ	57	(+1)	26	ブルガリア	41	27
	英国	57	(-10)		リトアニア	40	(+1)
14	デンマーク	53	(+2)	28	マルタ	37	(0)
	EU平均	52					

挙で勝つための道具として使った場合、成功とは教育の結果と一般市民の認知によって評価される。統合が重要であろうとなかろうと、国の変更は国際法と他国の事例によってしばしば正当化される。欧州において、EU の法令に準拠する（たとえば、家族再結合、長期滞在、反差別）ことで、国の政策は望ましいものとして判断されるのである。

労働市場の流動性

最良の場合：これは、31 カ国のうち少なくとも 1 つで 2010 年 5 月の段階で見つかった国レベルの政策の一部である。その国では労働市場において移民が他の皆と同じように、終了および生活の機会を得ることができる。最初の日から、移民自身とその家族は公的であれ民間であれ、どのような仕事にも申し込むことができる。国外で得た資格もその国では認められる。研修と奨学金によって技能を改善することができる。国は、たとえば専門に特化した言語研修など個別ニーズに対応することで、移民の就業と研修を奨励する。就業メンターと専門スタッフが移民の持つ技能を判定し、公的就業サービスへ用いる。就職した後は、その国のすべての勤労者と同じ権利を持つ。

最悪の場合：これは、31 カ国のうち少なくとも 1 つで 2010 年 5 月の段階で見つかった国レベルの政策の一部である。移民は、その国の経済活動に完全には貢献できず、他の国民と同じ就業、開業、または勉強する権利を所有するまで 5 年待たないといけない。5 年後においても、多くの産業セクターからは締め出されている。同時に、自ら開業する際には特に支援はない。国外で取得した資格が認められないため、どのような仕事を見つけたとしても、自分のキャリアはあきらめないといけない。雇い主は他の従業員と同じ業務条件や社会保障を提供する必要はない。

平均の場合：仕事を見つける際、外国人は労働市場、教育システム、就労サービスへの完全で平等なアクセスを持たない。たとえば、欧州における EU 国民だけが、公的セクターにおける平等な機会や非 EU 学位を認証する手続きを所有する。ほとんどの移民は公的な職業安定所を利用できる。ほとんどの国では重点化している大きな分野での支援が提供されている。特に移民の女性と若者向に、専門的ニーズに対応するサービスが存在する。移民が仕事を見つけた時、国民と同様の労働条件お

よび組合へのアクセスを持つべきである。これらの労働者は税金を完全に支払うが、社会保障制度には組み込まれていない。

　移民によって構築された国においては、移民はより良い条件や専門的支援を所有している。同様に、アクセスを制限する国は、移民の専門技能を応用しようとはしない国である。これらの傾向の例外として、ベルギー、フランス、ルクセンブルクは特別な支援を提供し、しかし多くのセクターを閉ざしていることで、多くの非EU市民の経済的潜在性を浪費している。最近になって移民へ依存する国（チェコ、イタリア、エストニア、ポルトガル）は、彼らを勤労者として同様に扱うだろうが、得てして外国生まれの者の個別の課題については忘れがちである。エストニアとルーマニアは、将来の移民ニーズにわずかに準備している、唯一の中央ヨーロッパ諸国である。

課題と傾向

　2007年から2010年にかけて、10カ国においては労働市場に関する移民への支援は拡大した。合法的居住者が今後、仕事や研修で平等なアクセスを得る国は、新た

労働市場の流動性

順位	国名	MIPEX-III	MIPEX-II	順位	国名	MIPEX-III	MIPEX-II
1	スウェーデン	100	100		英国	55	55
2	ポルトガル	94	80	17	ベルギー	53	53
3	オランダ	85	85		スイス	53	53
4	スペイン	84	79	19	ギリシャ	50	45
5	カナダ	81	77	20	フランス	49	49
6	ドイツ	77	77	21	ルクセンブルク	48	45
7	デンマーク	73	64		ポーランド	48	45
	ノルウェー	73	76	23	リトアニア	46	46
9	フィンランド	71	71	24	スロベニア	44	44
10	イタリア	69	69	25	マルタ	43	48
11	ルーマニア	68		26	ハンガリー	41	36
	米国	68		27	ブルガリア	40	
13	エストニア	65	65		アイルランド	39	42
	EU平均	57		29	ラトビア	36	27
14	オーストリア	56	44	30	キプロス	21	21
15	チェコ	55	55		スロバキア	21	21

な移民の国（ギリシャ、スペイン、ポルトガル）および中央ヨーロッパ（ハンガリー、ポーランド、ラトビア）である。EUの法令を用いて、それらの国は登録に関して改善を行う。移民によって構築された国は、すべての国で一般的に弱い分野である、専門的支援策を進める。オーストリアとデンマークの移民は、いくつかの新たな専門的支援を受けるだろう。カナダ、ポルトガル、ルクセンブルクでは、移民の資格がより認められるだろう。

家族再結合

最良の場合：これは、31カ国のうち少なくとも1つで2010年5月の段階で見つかった国レベルの政策の一部である。再度一緒になることに成功した家族は、社会に参加するだけの社会文化的安定が見られる。欧州では、国境を越える非EU市民家族でも、EU市民家族と同様の権利と責任を持つ。到着すると、新参者は配偶者・パートナーと子どもたち、扶養する両親や祖父母のために申請を行う。その手順は無償で短いものである。当局は不正がないこと、保安上の脅威がないことを確認し、その申請を拒否する理由を持たない。学校、仕事、社会的プログラムを支援することで、国家は家族の統合を促進する。

最悪の場合：これは、31カ国のうち少なくとも1つで2010年5月の段階で見つかった国レベルの政策の一部である。居住するコミュニティへ統合するための見込みがほとんどないまま、その移民は家族と分離された状態である。長期滞在の許可を得るためにも何年も待たされる。配偶者は、政府の支援なしに、難しい条件を通過しないといけない。高収入、安定した職業、言語・統合試験の高得点を持つ者だけが、家族とともに住むことができる。その手続きは長く、高額で、一貫性がない。法律は、一緒になった家族の者が公共サービスの利用も、仕事も認めないため、申請した移民への依存を強いる。その移民が死去、離婚、家族の者へ危害を与えたとしても、家族は自立的な許可を得ることができない。

平均の場合：欧州と北米におけるほとんどの移民は、自身と家族の統合にやや望ましい、家族再結合の法的権利を持つ。家族・親族について厳しい定義を持つ国は、収入源などの重い条件を課す傾向がある。包含的な定義を持つ国は、家族生活に配慮した条件を持つ。申請者は「安定していて十分な」収入を証明する必要があり、

しばしば社会保障受給者よりも曖昧で厳しい条件となることがある。言語あるいは統合条件を課す国はほとんどない。しかし、最近は配偶者が到着する前にそれらを課すように拡大してきている。家族は、安全な滞在許可と権利の平等を得る傾向があるが、自立的許可を得るまでには、十分に時間と条件がかかる。

　安全な家族との生活は、北米、北欧、北西ヨーロッパ、労働移民を受け入れ始めた新しい国々において統合の最初の要点である。これらの国でも次の国々では家族の定義と条件がより内包的である：米国よりカナダ、ノルウェーよりスウェーデンとフィンランド、ポルトガルとイタリアよりスペインが挙げられる。中央ヨーロッパの法律での望ましい条件は、自由裁量によって定められている。

課題と傾向

　2007年以降、欧州へ呼び寄せられた非EU市民の家族にとって将来が見えないまま、ほとんど改善は見られなかった。5カ国において改善が見られたものの、11カ国では悪化した。最近ではギリシャ、ルクセンブルク、スペインが、EUの法令に準拠する形で基本的人権と滞在保障を行っている。だがこれらは最低限の基準で

家族再結合

順位	国名	MIPEX-III	MIPEX-II	順位	国名	MIPEX-III	MIPEX-II
1	ポルトガル	91	89	17	ドイツ	60	62
2	カナダ	89	89		EU平均	60	
3	スペイン	85	76	18	リトアニア	59	59
4	スウェーデン	84	89	19	オランダ	58	59
5	スロベニア	75	75	20	英国	54	56
6	イタリア	74	78	21	スロバキア	53	53
7	フィンランド	70	70	22	フランス	52	53
8	ベルギー	68	70	23	ブルガリア	51	
	ノルウェー	68	72	24	ギリシャ	49	47
10	ルクセンブルク	67	53	25	マルタ	48	50
	ポーランド	67	67	26	ラトビア	46	46
	米国	67		27	オーストリア	41	43
13	チェコ	66	66	28	スイス	40	40
14	エストニア	65	65	29	キプロス	39	39
	ルーマニア	65		30	デンマーク	37	37
16	ハンガリー	61	56	31	アイルランド	34	36

あるため、それ以下の状態はほとんど見られない。家族再結合への条件を適用する方法についてはほとんどの意思決定者が反対しているのである。望ましい政策を持つ国（ベルギー、ポルトガル、スウェーデン）は、その国のすべての住民が持ちうる状態にもとづいて、収入や居住条件を設定している。しかし、増加傾向なのは、移民で構築された国々が、多くの国民にとって無理な条件を移民に求めることである。たとえば、低年齢での婚姻でないこと（英国）、高収入（オーストリア）、より多くの試験（オランダ）、さらに国外にいる配偶者にも課す（オランダ、ドイツ、フランス、デンマーク）場合やそれらの多くは高い手数料とわずかな支援を伴うに過ぎない。家族再結合と実際の統合を促進しない条件は、EU 法（2003/86/EC）により正当化されないだろう。そのため、移民は国の裁判所や欧州裁判所に証拠を持ち込み始めている（例：オランダの Chakroun 判例）。

教育分野

最良の場合：これは、2010 年 5 月の調査時の段階において参加した 31 カ国のうち実際に見られた国の政策の 1 つである。その国に在住するどの子どもも幼稚園から大学へ通うことができ、可能な限り到達できる。同じ社会経済的背景を持つ他の級友と同じように、教育政策のメリットを受けるのである。仮に、自身のまたは移民家族の経験によって異なる要求を持つならば、その子どもは追加的支援を受けることができる。教師はそうした要求を把握するように研修を受けており、また他の子どもと同様の期待をかけている。言語の習得についても、その子どもは特別な授業を受けるようになっている。進学・進級の各段階において保護者は積極的な役割を担い、同時に学校に対して新たな機会を提供する。他の子どもたちも、学校でその子どもの言語と文化を学ぶことができる。学校カリキュラム、教科書、年次行事、実践において、学校は国際的手法を取ることになる。他の子どもと教職員とともものに、多様化した社会の中でどのように生活し、学ぶかを勉強する。

最悪の場合：こちらも同様に、国の政策の 1 つである。学校は移民の生徒が統合するための原動力とはなっておらず、その国に住む多くの子どもは完全な教育権を持っていない。社会統合を扱うのは限られた学校、または臨時のプロジェクトだけである。ほとんどの時間、移民の子どもは同年代の他の子どもたちと同様に扱われているか、さらにひどいことに、教師はその子どもを問題としてしか捉えていない。

異なる言語と背景によって、保護者には支援の方法が提供されていない。その子どもは、言語の支援に欠けるかそれが無いため、自分の家族が使用する言語、または受入社会の言語を正しく学ぶことができない。学校で悪い成績を取る他の移民の生徒とともに学校を終える。教職員は多様性を身につけることはなく、学校の多様性を扱うこともできない。多様な背景を持つ人々に敬意を払うことも、一緒に働くことも、すべての生徒は学ぶことはない。

平均の場合：教育は今回のMIPEXから新たな指標となっているが、多くの国における統合政策の弱点を示す大きな分野である。ニューカマーの子どもたちが学ぶことを専門的に評価する、教育制度はほとんど無い。ほとんどの子どもたちは、幼稚園や義務教育へ入る最低限の権利を有するほか、不利な状況下の子どもたちを支援する一般的な施策が存在する。

それでも、移民の生徒は学校においてさまざまな理由によって他の生徒よりも課題に直面している。ここで、学校が、移民の生徒の他、教員、保護者のそれぞれの要求を示す裁量を保っている、そして結果を把握している。明確な必要条件あるい

教育分野

順位	国名	MIPEX-Ⅲ	順位	国名	MIPEX-Ⅲ
1	スウェーデン	77	17	ドイツ	43
2	カナダ	71	18	ギリシャ	42
3	ベルギー	66	19	イタリア	41
4	フィンランド	63		EU平均	39
	ノルウェー	63	20	キプロス	33
	ポルトガル	63	21	フランス	29
7	英国	58		ポーランド	29
8	米国	55	23	アイルランド	25
9	ルクセンブルク	52	24	スロバキア	24
10	デンマーク	51		スロベニア	24
	オランダ	51	26	ルーマニア	20
12	エストニア	50	27	ラトビア	17
13	スペイン	48		リトアニア	17
14	スイス	45	29	マルタ	16
15	オーストリア	44	30	ブルガリア	15
	チェコ	44	31	ハンガリー	12

は資格が無い状態で、生徒たちは国を越えて、進路選択で求められる支援を得ることはなく、それは特に多くの移民がいる、または資源がほとんど無いコミュニティにおいて顕著である。移民は言語を学ぶための支援を得る資格を持つが、他のカリキュラムで示されるほど頻繁でも十分でもない。多様性を持つ学校または教職員へ向けた教育制度を持つ国はそれほどない。そのため、多様な生徒集団によってもたらされる新たな機会を活かすことができない。

　欧州で移民の現実に対応した教育制度は限られている。ほとんどの場合、北米、北欧、ベネルクス諸国である。英国は移民の大きな国であり、ポルトガルは移民の新たな国で最も良い。同様に中央ヨーロッパのチェコ、バルト海のエストニアである。他の国々は50％以下のスコアで、フランス、アイルランド、ラトビア、リトアニア、ブルガリア、ハンガリーはそれよりはるかに低い。

政治参加

最良の場合：これは、2010年5月の調査時の段階において参加した31カ国のうち実際に見られた国の政策の1つである。政治的機会を開放した場合、すべての住民は民主的生活に参加できる。移民は、地方選挙で投票し、立候補できるし、合法的な滞在を限られた年数を経た後、他の国民と同様に基本的な政治的自由を所有する。また、地域の選挙においても投票権を持ち、当選することも、自身の地域や全国レベルで独立した移民の諮問機関を主導することも可能である。国家は政治的権利について正式に伝達し、移民の市民社会の出現を支援する。

最悪の場合：これは、2010年5月の調査時の段階において参加した31カ国のうち実際に見られた国の政策の1つである。移民は、自分に影響のある市、地域あるいは国の政治的決定に貢献することができない。国家は、その者の市民としての基本的権利を制限する。政治団体を形成することも、政党に参加することも、ジャーナリストとして働くことも認められない。国民（EU加盟国やEU市民）だけが選挙権を持つ。移民と協議することもない市に住むことになる。国家は、民主的生活に参加するよう奨励する方策を取らない。移民の利益を代表する団体は、国家の補助金をあてにできない。

平均の場合：ほとんどの移民にとって、日常生活に影響する政策を知らされる、改

善する機会がほぼない。主に中央ヨーロッパの 11 カ国は、移民の基本的な政治的自由を否定する法律を持っている。欧州では、非 EU 市民は、13 カ国において市議会へ立候補でき、地方選挙での投票は 19 カ国、地域選挙には 7 カ国、国政選挙には 2 カ国（ポルトガルと英国）で可能とされている。協議機関は、地方レベルで 15 カ国、国レベルでは 11 カ国で存在する。政策改善のために移民には半分程度の機会が与えられているにすぎない。約半数が移民の政治活動に補助金を出しており、3 分の 1 が政治的権利について周知している。

　政治的な市民権を開放することは、移民政策について自信を持っている証拠である。移民で構築された、あるいは移民を最近受け入れるようになった国では、この点については多様である。中央ヨーロッパ諸国、バルト三国、キプロス、マルタにおける移民はこれらの権利をほとんど持たない。アイルランドとポルトガルは、上位に位置する北欧や北西ヨーロッパのように、多くの政治的機会を開放している。移民で構築された国の中で、憲法改正（オーストリア、ドイツ、イタリア、スペイン）または大きな政治的決断（カナダ、フランス、英国、米国）について特に投票権に関しては、あまり望ましい状況ではない。

課題と傾向

　移民の政治的機会はあまり改善されていない。唯一目立った進展を見せたのは、ギリシャ（+15）で、国籍法を改革し、地方の政治機会を広く開放した。この例は、MIPEX で見られたとおり、投票権にとって協議機関が代替するわけではないことを示す。投票権を拡大する国は、協議機関を設置しがちである。

　政治参加は、統合戦略の一部である。協議機関と投票権は、1970 年代に最初に現れ、欧州と北米において常に議論の対象となった。MIPEX による点数が改善した直接的な主な理由は、EU 法や欧州評議会 Convention n.144 によるものではない。国と欧州の裁判所が基本的な市民の権利を保障する（オーストリア、スペイン）。移民が新たに流入している国では、協議機関への関心を高めている場合（フランス、アイルランド、イタリア、スペイン、ポルトガル）やいくらかの投票権を認めている場合（チェコ、エストニア、リトアニア、スロベニア、ルクセンブルク、スロバキア、ベルギー、ギリシャ）がある。MIPEX の結果は、政府が重視している時なら通常、協議機関は来て（ルクセンブルク、ポルトガル、チェコ）、行く（ベルギー、デンマーク）ことになる。投票権には変化はない、つまり獲得することは困難で、それを破棄することは一層困難である。

政治参加

順位	国名	MIPEX-III	MIPEX-II	順位	国名	MIPEX-III	MIPEX-II
1	ノルウェー	94	94		EU平均	44	
2	フィンランド	87	87		ギリシャ	40	25
3	アイルランド	79	79	18	カナダ	38	38
	オランダ	79	79	19	オーストリア	33	33
5	ルクセンブルク	78	76		ハンガリー	33	33
6	スウェーデン	75	75	21	エストニア	28	28
7	ポルトガル	70	69		スロベニア	28	28
8	ドイツ	64	64	23	キプロス	25	25
9	デンマーク	62	66		リトアニア	25	25
10	ベルギー	59	61		マルタ	25	25
	スイス	59	58	26	スロバキア	21	21
12	スペイン	56	56	27	ラトビア	18	18
13	英国	53	53	28	ブルガリア	17	
14	イタリア	50	50		チェコ	13	13
15	米国	45			ポーランド	13	13
	フランス	44	44	31	ルーマニア	8	

長期滞在

最良の場合：これは、2010年5月の調査時の段階において参加した31カ国のうち実際に見られた国の政策の1つである。ある程度の段階で、すべての合法移民はその国に永続的に滞在するか否かを自身で決定できる権利を持つ。申請者にとって、単に不正がないか、安全上での脅威でないかの確認が重要であるため、手続きは無償で短いものである。受け入れられれば、その身分は保障され、生活のほとんどの場で同じ権利と責任を持ち、他の国民と平等に扱われる。

最悪の場合：これは、2010年5月の調査時の段階において参加した31カ国のうち実際に見られた国の政策の1つである。外国人として、移民は常に「永続的な一時滞在」身分を持ち、統合のための平等な機会を持たない。たとえ各種基準や滞在要件を満たしていても、長期滞在のためには多くの合法移民の許可が必要になる。移民は無償の授業や教材がない中、高価な言語と統合試験を受けることさえしない。最終的に受け入れられても、その滞在許可の根拠は薄い。母国への帰省は短期間し

か認められず、そこの発展や自身の生活に貢献する計画を立てることは困難である。

平均の場合：家族再結合によって、長期滞在はその国の統合政策の相対的強みとなる。これらの滞在者は、他の国民と同じように勤労し、勉学し、引退し、生活することができる。移民はいくつもの必要条件などを乗り越えないといけないが、その程度には違いが見られる。5年以上滞在し続けた者であっても、申請できない場合もある。市民としての条件は長期滞在に必要なものであることが多いが、長期滞在の条件は申請者の成功をより奨励することもある。基礎的な言語の知識によって個人の能力はわずかながらも証明され、学習コースなどでそれは強化される。個人の環境が考慮されるべきであるが、長期滞在の許可を拒否したり、取り上げる国もある。

　ほとんどの住民は、西ヨーロッパと北欧では安全な身分と権利の平等が保障されている。カナダでも同様であるが米国ではそうではない。英国、チェコ、ドイツ、フランス、オーストリアでは新参者は最も困難な条件と要求に直面していると言えるだろう。キプロスとギリシャにおいても負担となる条件があるが、手続きが高度に自由裁量に任されているものの、ほとんどの新参者にはそうした困難が該当しない。

課題と傾向

　長期滞在を求める者は、2007年で見られたように、2010年においても同じ機会と障害に直面している。EUの最低限の法的基準が適用される変更はほとんど見られない。点数の上では、伸びた国（ベルギー+15、ポルトガル+14、スペイン+6）と減少した国（英国-43）があった。1999年には、EU加盟国の中でドイツだけが言語の要件を持っていたが、現在は言語と統合条件が、欧州の移民で構築された国々（デンマーク、ドイツ、英国）から、近年に移民受け入れを始めた南欧と東欧諸国（キプロス、チェコ、イタリア、ポルトガル）へと広がっている。他の変化については結論づけることはできない：ルクセンブルクや英国とは異なり、オーストリア、デンマーク、ポルトガルとスペインは留学生に卒業後も残って欲しいと取り組み、他方、スペインやポルトガルは国外追放に反する保護を長期滞在者には与えている。その他、ポイント制度（英国、デンマーク、イタリア）や不明瞭な安全上の理由（エストニア）、二重懲罰（英国）などの移民の拒否や取り下げのための理由を作っている。

長期滞在

順位	国名	MIPEX-III	MIPEX-II	順位	国名	MIPEX-III	MIPEX-II
1	ベルギー	79	64		EU 平均	59	
2	スペイン	78	72	17	オーストリア	58	54
	スウェーデン	78	78		フィンランド	58	58
4	ポルトガル	69	55	19	ブルガリア	57	
	スロベニア	69	69		リトアニア	57	57
6	オランダ	68	68	21	ギリシャ	56	56
7	エストニア	67	68		ルクセンブルク	56	57
8	デンマーク	66	64	23	ルーマニア	54	
	イタリア	66	69		ドイツ	50	50
10	チェコ	65	65		スロバキア	50	50
	ポーランド	65	65		米国		27
12	マルタ	64	64		フランス	46	46
13	カナダ	63	60	28	アイルランド	43	43
14	ノルウェー	61	61	29	スイス	41	41
15	ハンガリー	60	54	30	キプロス	37	41
16	ラトビア	59	51	31	英国	31	74

国籍取得

最良の場合：これは、2010年5月の調査時の段階において参加した31カ国のうち実際に見られた国の政策の1つである。すべての居住者は、国籍取得のために完全な支援を受けることができ、平等に一般的な生活を送ることができる。すべての市民は二重国籍が可能である。他の子どもたちと同様、その国に生まれた移民は誕生時に国籍を得ることができる。外国生まれの者でも、3年の居住をもって市民権を得ることができる。最近の犯罪歴がないなど、法的条件がそろえば、国籍取得の申請が可能となる。基本的な言語テストで合格することが条件で、そのための研修は無料で、柔軟かつ専門的な対応がなされる。新たな市民として、他の国民と同様の市民権の保護を持つ。

最悪の場合：これは、2010年5月の調査時の段階において参加した31カ国のうち実際に見られた国の政策の1つである。国籍取得を奨励しない国家は、長期間の民

主的、社会的、経済的困難を抱えている。移民の子どもたちと孫たちはいつまでも外国人として扱われる。その国に12年済まないと移民は適格者として認められない。二重国籍は認められないが、元々の国民の二重国籍は問題ない。他の条件は多くの居住者にとって、国民にとっても、通過することが極めて面倒である（例：収入、1,500ユーロの手数料）。申請者は骨の折れる、一貫性のない、高値の言語・統合テストを受けなくてはならない。新規の市民として、無国籍になろうとも、前の国籍を放棄しなくてはいけない。

平均の場合：二重国籍と出生地主義は移民の国々にとって規範となってきている。手続きのほとんどの部分では、まだ申請を奨励していないが、長期滞在許可の要件のため欧州の移民は平均で7年待つことになる。申請者は、その国の言語を知っている必要があり、それは時に高度であったり、不確かな水準であったりする。やや面倒な手続きの後、申請者は無国籍や申請取り下げからある程度の保護を受けることができる。

　伝統的な出生地主義の国（カナダ、米国、アイルランド、英国、フランス）と最

国籍取得

順位	国名	MIPEX-III	MIPEX-II	順位	国名	MIPEX-III	MIPEX-II
1	ポルトガル	82	82	16	スペイン	39	39
2	スウェーデン	79	79	17	スイス	36	36
3	カナダ	74	74	18	ポーランド	35	35
4	ベルギー	69	69	19	チェコ	33	33
5	ルクセンブルク	66	34		デンマーク	33	33
	オランダ	66	65		スロベニア	33	33
7	イタリア	63	65	22	キプロス	32	32
8	米国	61		23	ハンガリー	31	28
9	フランス	59	59	24	ルーマニア	29	
	ドイツ	59	52	25	スロバキア	27	39
	英国	59	75	26	マルタ	26	26
12	アイルランド	58	60	27	ブルガリア	24	
13	フィンランド	57	54		オーストリア	22	22
	ギリシャ	57	18	29	リトアニア	20	20
	EU平均	44		30	エストニア	16	15
15	ノルウェー	41	41	31	ラトビア	15	16

近改革した国（ベルギー、ドイツ、ギリシャ、ルクセンブルク、スウェーデン、ポルトガル）は市民権に向けた望ましい道筋を与えている。国籍に関する政策は、バルト海諸国、中央ヨーロッパ、オーストリア、キプロス、デンマーク、マルタ、ノルウェーといった多くの新規移民国で社会統合の面で望ましくない。

　新しい国籍法において統合条件が非常に改善された国は、ギリシャ（+39）とルクセンブルク（+32）であった。しかし英国（-16）およびスロバキア（-12）では悪化した。その他、市民になるためのほとんどが変わらなかった。移民に課されるテストは専門的になった国（ドイツ）や研修によって改善された国（ドイツ、エストニア、オランダ）があったものの、他方では有料であった国も見られた（アイルランド、イタリア、英国、米国）。実際の統合において、関係者が引き続き在住のための要件、条件、安全が促進されているか、または阻害されているかで分断されているといえる。滞在年数と条件強化が、統合指標の弱い点（ギリシャ、当初のポルトガル、ベルギー）または「インセンティブ」として機能するか（ルクセンブルク、スロバキア、英国）が見られた。条件の裁量、取り下げ、無国籍化（ドイツ、ギリシャ、ハンガリー、ルクセンブルク）によって、新たな保護を得られた新規の市民はわずかにすぎなかった。しかし、スロバキアと英国（2007年）における新たな安全と、ベルギー、フランス、オランダ、米国における法案は、新規の市民に安全保障を連結させることになるだろう。外国の出自を持つ者から市民権を取り上げるか否かについての議論の焦点は、社会をより安全で統合されたものに変えるだろう。

反差別

最良の場合：これは、2010年5月の調査時の段階において参加した31カ国のうち実際に見られた国の政策の1つである。すべての居住者は、出自にかかわらず、差別と戦い、機会平等により便益を得ることが可能である。その国では、あらゆる形の差別、人種または憎悪による不利益に対して訴訟を起こすことができる。これらは、就労から教育、公共空間、家庭内、社会的保護などすべての生活空間において合法となっている。ある被害者は、法令により認められているため、正義を求めるようエンパワーされている。独立した平等を担保する団体、NGOは、そうした手続きを手伝う。法廷は差別を防止し、阻止し、是正するための幅広い制裁を用いる。国家は、他の機関が開かれることを奨励する前向きな義務と行動を適用する。従事

する者をより勘案して、仕事や契約のために最適な者を見つける。

最悪の場合：これは、2010年5月の調査時の段階において参加した31カ国のうち実際に見られた国の政策の1つである。人々は、純粋に人種、宗教、国籍によって他人の機会を否定することが自由である。ある被害者は、法的補助、通訳、NGOからの支援もなく、訴訟を起こすことになる。差別を防止するために、その人自身が証明しないとならない。長期間にわたる手続きに耐えたとしても、すでに象徴的な制裁を受けている。周辺には平等を促進するために行動を取る政府が存在しない。政府が設置し、統制する平等を求める団体は弱く、それらに支援されることはない。

平均の場合：欧州と北米では、統合政策のほとんどの分野において反差別について良い状態にある。生活のほとんどの場において、人種、民族、就業をもとにして人を差別することはできない。万一、それが国籍あるいは複数の背景をもとにしている場合、それは困難あるいは不可能になる。一般的に被害者は、犠牲にされること、証明を負担すること、財政支援および通訳を得ることに対して正当な便益を得るこ

反差別

順位	国名	MIPEX-III	MIPEX-II	順位	国名	MIPEX-III	MIPEX-II
1	カナダ	89	89		ノルウェー	59	59
	米国	89			スロバキア	59	47
3	スウェーデン	88	88		EU平均	59	
4	英国	86	81	19	リトアニア	55	50
5	ポルトガル	84	84	20	ギリシャ	50	50
6	ブルガリア	80		21	スペイン	49	49
7	ベルギー	79	70	22	ドイツ	48	48
8	フィンランド	78	77		ルクセンブルク	48	47
9	フランス	77	74	24	デンマーク	47	42
10	ハンガリー	75	75	25	チェコ	44	20
11	ルーマニア	73		26	オーストリア	40	40
12	オランダ	68	68	27	マルタ	36	27
13	スロベニア	66	66		ポーランド	36	35
14	アイルランド	63	55	29	エストニア	32	18
15	イタリア	62	62	30	スイス	31	31
16	キプロス	59	59	31	ラトビア	25	25

とができる。平等を扱う NGO は被害者を代弁する強い法的根拠を持っており、共同訴訟や状況検分を行うことができる。多くの場合、弱い点は平等に関する政策である。国家は、日常的な労務において就労者やサービス提供者が平等に扱われることを保障できない。被害者を救うための法的根拠や独立性を完全に持つ団体はほぼ皆無である。

　差別の被害者は、北米および欧州では英国、スウェーデン、ベルギー、フランスにおいて最も保護されている。指導者は法令をより使いやすく、力を持つようにしている。ポルトガル、ルーマニア、ブルガリア、ハンガリーは完全な法的根拠を新たに用いること始めている。バルト諸国、マルタ、オーストリアは、EU が求める最低限の水準しか持たない。ポーランドとスイスはこれらの基準から非常に低い状態にある。その他（チェコ、ドイツ、デンマーク、スペイン）は、平等に関する政策が弱いため、幅広い保護はまだ非効率的で、中間に位置する。

課題と傾向

　国が差別と平等に関する政策を改善すると、統合政策は明らかにそして確実に改善している。欧州ではそれが最も顕著である。画期的な EU の規制が通過した 2000 年段階では、反人種に関する法令を持つ EU の国は 6 カ国だけだった。その後、MIPEX の 4 側面すべてにおいて、すべての国が追いつくことになった。最も改善が見られたのは、移民の新しい国でと中央ヨーロッパであった。MIPEX-Ⅱの段階では、これはドイツ、ギリシャ、ルクセンブルク、スロベニアで、MIPEX-Ⅲになると、エストニア（+14）とチェコ（+24）となった。他の国々は EU 法に従って小さな改善を行った。MIPEX-Ⅲでは、ベルギー、デンマーク、フィンランド、フランス、リトアニア、ルクセンブルク、マルタ、ポーランドにおいて改善が見られ、保護の強化（例：アイルランド）、平等について弱い政策や資金援助の低下（例：アイルランド）、訴訟へのアクセスが弱まるような政治的主導（例：フランス）が見られた。

ドイツ

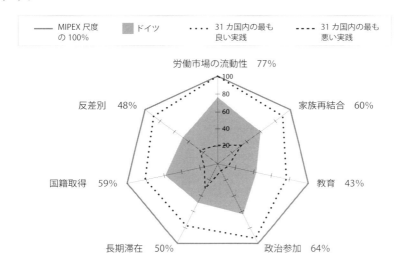

概要

　移民の流入・流出の大きな国では、移民と亡命者は1995年以降、減り続けている。新参者の統合政策はこの3年ではほとんど改善されておらず、しかし半分程度に望ましく、そして他の大きな国との比較が可能となっている。ドイツの点数は、教育および家族再結合の政策において欧州の平均となっており、しかし平等に関する政策と長期滞在条件についてははるかに下回っている。2007年のEU-Richtlinienumsetzungsgesetzでは、社会への本当の参加を求め、促進することを目的としていた。確かに、より客観的な市民テストはドイツ全土で帰化の比率を高めた。しかし、新たな国外で行われるドイツ語テストは、配偶者が国外で受けることが可能なもの以上を要求している。このため、夫婦の統合を促進せず、家族再結合を鈍化させることになるかもしれない。テストの点数は、移民の抱えるドイツへの統合の気持ちや測定困難な技能の多くを示すには不十分な指標かもしれない。今後の研究はこうした知見を扱う必要がある。

　MIPEXでは、ドイツの政策は、公共の評価（例：学習コース）、各州とNGO（例：National Action Plan）との連携をとおして、改善している。移民は国レベルより地域および地元レベルで協議の機会を持っている。教育のような分野は、実際の肩

書きよりも意図やうまく評価された事業が見られる。課題として、国レベルのコンセンサスを作ることが行政当局に求められている。

統合状況

指標変化（%）	MIPEX III	MIPEX II
労働市場の流動性	77	77
家族再結合	60	62
政治参加	64	64
長期滞在	50	50
国籍取得	59	52
反差別	48	48
合計（教育含まず）	**60**	59

主な知見

- 平均的な教育政策：各州における資格・許可よりも暫定的予算および事業。
- 最も専門的な「市民性テスト」だが、その言語の要求水準は高すぎる。
- 差別に関する法律では平等を扱う団体や関与が弱く、潜在的被害者に対する救済は他国の方が良い。
- 移民の多い国々と同様の明確な市民権への道筋は明確である。
- 資格認証を除き、労働市場の統合に向けた施策のいくつかは最も良い。
- 国外にいる配偶者を対象とするドイツ語テストは促進させられるだろうが、さもないとドイツでの統合を妨げる。
- 北部欧州として家族に対して安全な居住と平等の権利。
- 欧州と北米の中でも長期滞在については、最も制限がある。
- 地元や地方選挙において外国人はある程度の政治機会を持つが、国レベルの選挙や政治ではない。

国際的に整理された移民統計[2]

人の移動（2009）[157]	-13,000
第三国からの流入数（2008）[158]	237,901
最も大きい第三国出身地（2008）[159]	トルコ、セルビア・モンテネグロ、イラク
第三国出身者数（2009）[160]	4,655,215
第三国出身者の比率（2009）[161]	5.70%
外国生まれの者の比率（2009）[162]	8.80%
許可を得た家族数（2009）[163]	54,139
労働許可を得た者（2009）[164]	16,667
学習許可を得た者（2009）[165]	31,345
人道的理由で許可を得た者（2008）[166]	37,500
第三国出身者数の多い都市（2004）[167]	ミュンヘン 15.08% フランクフルト 14.89% アウグスブルク 13.75%
第三国出身者の就労率（2006年からの2009年への変化）[168]	48.00% +3.5%
国内の平均就労率（2006年からの2009年への変化）[169]	70.90% +3.4%
第三国出身者の失業率（2006年からの2009年への変化）[170]	18.30% -5%
国内平均失業率（2006年からの2009年への変化）[171]	7.50% -2.3%
国籍取得（2005年からの2008年への変化）[172]	94,470 -22,771

移民の完全な潜在性を認識すること

多くの国が外国で学んだ就労者に平等を保証し、彼らの資質を認知している（例：カナダ、ルクセンブルク、ポーランド）。おそらくドイツも近い将来そうなるだろう。キリスト教民主党とリベラル派は、2009年9月に法改正によって30万人の資格を持つ移民が社会に経済的に貢献し、エンジニア、科学者、医者などの不足を解決するかもしれないと合意した。現在の手順では、各州と専門的組織の間における複雑で時間のかかる協力が必須となっている。同時に多くの州では、さらに統合され効率的な公的セクターが求められ、移民を背景に持つ人々に手を伸ばしている（例：「ベルリンにはあなたが必要！」）。

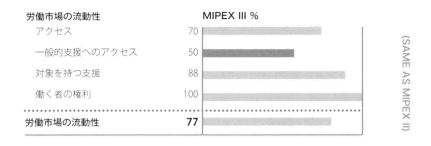

　MIPEX 指標においてほとんど望ましく、6位に位置するものの、ドイツの労働市場の流動性に関する政策は、移民が適切な仕事を自らの技能と資格とマッチさせて見つけることを完全に手助けするだけの改革はまだなされていない。国家統合計画にもとづき、国、地域、地元の政策は、MIPEX 参加国の間では（スウェーデンに次いで）対象を持つ支援を最も提供していた。現行の政策は、（他の MIPEX 参加12カ国と異なり）「緊急の公的必要性」または（他の9カ国と異なり）平等な奨学金がない限り、資格を持つ新参者が公共セクターへ貢献できないといった非効率的な側面をまだ持つ。非 EU 圏の資格を認識しない問題は、「頭脳浪費」であり、非 EU からの新参者をその能力以下の扱いを行うことは、新たな連立の責任を導いた。

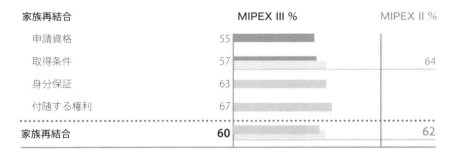

　生活を共にする家族は、新たなテスト（他に4カ国だけ。長期滞在の項を参照）と在外3カ国を除けば、あらゆる側面で平均的な手続きをドイツにおいて経験する。申請者は、他の多くの国よりはるかに長い間（例：8カ国だけが2年以上の滞在を要求）で、異なる家族の者を異なる期間待つことになっている。申請者は、配偶者または同性パートナー（半分の MIPEX 参加国）を成人18歳（他の22カ国）にな

れば再結合が可能である。時に、扶養する成人年齢の子どもや両親を呼び寄せることも可能である（他の17カ国）。平均的な条件がそろえば、家族は比較的安全で平等の権利を持つ。取り下げや拒否は、個人の状況を考慮し、正当に扱われ、訴訟も可能としている。

2007年の法律により、11のEU指令が入れ替えられ、国外におけるドイツ語テストといった関係のない方策が取られた。MIPEXでは、専門家（ゲーテ・インスティテュート）はドイツ語のみを精査し、研修を提供したことから、オランダ（14）より統合への阻害であることは少ない（57）ことがわかった。ただし、まだフランスは無料の研修とテスト（71）を提供しており、統合目標のより良い点数を示している。法律が言及した目標と応募・拒否の比率を用いた評価は、ドイツへ多くの配偶者が来たことを示したが、統合の研修を始めた時により良いドイツ語を伴っていた。これは、別居していた非EU夫婦のすべてにとって「ドイツへの統合を容易にする」ことを意味するだろう。

移民教育の良い実践は、すべての生徒、保護者、教員にとって要件となる。連邦または分権化した他の国では特別なニーズを主流化させた。

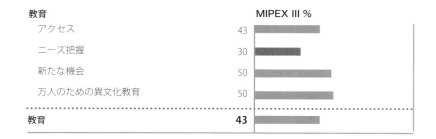

実践から政策へ

新参者は、小学校段階前の「研修前コース」と言語試験を受ける。すべての者が質の高い第二言語としてのドイツ語コースを受けられるわけではない。ドイツ全国において、いくつかの共通言語試験ツール（例:FörMigから）があるが、言語学習、教員養成、評価の基準があるわけではなく（北欧諸国と米国を参照、また異文化教育の実施に支援があるわけでもない（例:ベルギー、オランダ、ポルトガル、英国）。

より多くの移民教師

　ほとんどの州では、移民を背景に持つ人々に教育を学び、教員になることを奨励している。ハンブルクは、多様性の定数を構築し、他の州は移民の言語を話す者に重点を置いている。ノルトライン・ヴェストファーレン州は、特に旧ソ連圏からの帰還者の民族語を対象としている。デンマーク、オランダ、ノルウェー、スウェーデン、英国も参照。

　他のほとんどの欧州諸国のように、ドイツは多様な学校種および進路を持ち、移民の生徒に対して多くの課題を作り出している。家族の移民経験に対して具体的なものもあるが、同じ社会階層の家族の間で共有されるものが多い。完全に予算と政治的意志による事業は、いくつかの学校や進路の一部のニーズを示しているにすぎない。したがって、多くの教育当局は何をすべきで、何をできるかわかっているものの、すべての生徒と保護者を対象にできないこともわかっている。良い評価をされた事業は政策になりうる。国レベルの統合指標と目的は、すでにすべての州の生徒が移民の背景の有無にかかわらず、通学できることを目標としてすでに掲げている。他のいくつかの連邦・地方分権化した国（例：スウェーデン、米国）は、具体的な特別ニーズを持つ移民の生徒すべての資格について同意しており、州と市はそれらをどう確認するかも決めている。

　オーストリア、Benelux諸国、北欧諸国、米国のように、ドイツの州における移民の生徒と保護者は、すべての学校種と進路への参加が奨励されている。つまり、就学前（例：異文化教育、HIPPY、Griffbereit）、中等教育（例：FörMig、'Rucksack' Mercator、基金によるFörderunterricht）、職業訓練（例：KA米国、Netzwerk IQ）、高等教育（例：聴講大学）などである。しかしまだ新参者は適切でない学年や段階に入れられ、これは専門機関（フランスとルクセンブルク参照）が外国で学んだことすべてを評価しないためである。さらに、5つの州でしか登録されていない保護者の子どもの教育権が認められていないため、ドイツに住むすべての生徒が実際に教育へアクセスできるわけでない。MIPEX参加国の半数は、すべての学校段階への平等なアクセスを保障している。

　多くの学校は、新たなニーズおよび教室に多様性を持ち込む機会に対応するか否かについて大きな裁量を持っている。生徒は、もし社会的に不利益を抱える場合、一般的な支援と資金支援を得る。他のニーズのためには、学校は成績と分離のデータ（例：全国教育社会経済パネル）を持っており、しかしすべての生徒、保護者、または教員に追加的な資格を提供することは稀である。学校は多くの方法で移民の

付録2　移民政策指標（MIPEX）Ⅲ　抜粋訳　303

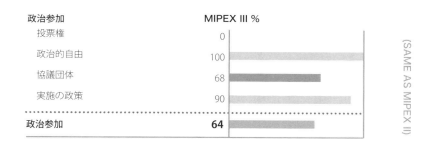

言語を教え（22カ国）、教室内外で時に全生徒を対象とする。カリキュラムは、文化的多様性を高く評価するよう全生徒に教えるが、ドイツの移民文化について具体的に教えることは稀である。

　ドイツは、他の移民で構成される多くの国のように、新参者にある程度の政治的機会を提供するが、民主的または国レベルでの政治においては稀である。1994年から、投票権には（他のMIPEX19カ国と同様）憲法改正の政治的意志が必要とされている（オーストリア、イタリア、スペイン、ポルトガルも参照）。同時に、内部ポストから国籍を持たない者を排除する政党もいくつか見られる。非EU国民は個人の政治的自由を所有し（19カ国）、それには政党への参加も含まれる。また、自らの利益を代表するための支援を行う市民社会も持つ。移民は国レベルより市町村および州政府からより協議の対応を受ける。その構造的で独立し、選ばれた団体は、将来における国レベルの統合協議会の望ましいモデルである。

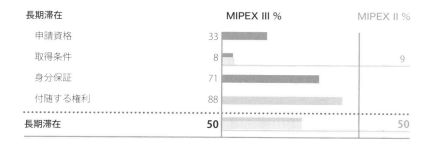

　長期滞在については平均よりおよそ10ポイントの下に位置づくドイツは、完全な市民権に必要な条件を満たさない新参者に許可を与えにくい状態にある。いくつ

かの国（例：オランダ、英国）は、ドイツ（点数8）ほど多くの条件を求めず、他の条件と交換できるような制度を持つ。他に6つしか申請者を勤労者にさせず、デンマークとエストニアがB1水準の言語話者であることを要求している。ほとんどが統合テストを要求せず、基本的な法的収入および基礎的な言語知識を認めている。他には、長期滞在を通して留学生を認めている（例：カナダ、チェコ、オランダ、スウェーデン、最近はオーストリア、ベルギー、スペイン）。最終的に認められたら、北欧および北西欧州諸国のように長期滞在者はドイツにおいてより安全で平等の権利を持つことになる。

質の高い研修はテストに対応するか？

ドイツは無料のテストおよび教材、研修コースを1時間あたり1ユーロで提供している（無料の例：デンマーク、フランス、ラトビア、ポルトガル）。2006年の研修改善の評価によると、言語とオリエンテーション・コースは、合計315時間の提供となっている。学習環境にあまり望ましくない強制力を持つテストは、当局により信頼できる統計を提供している。過去のテストは、合格できると信じた者だけが数えられるなど、強い選択バイアスを持っていた。将来の評価は、これらのコースがすべての申請者にとって成功したか否かにかかわらず調査できるだろう。

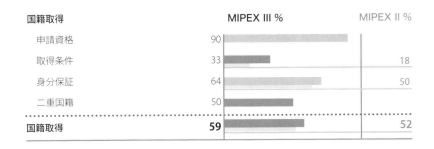

1999年以降、永住者は多くの移民を扱う国々のように明確な市民権を持っている。つまり、第一世代による資格取得（何らかの形で9カ国）、第2世代は生まれながらに有する（14カ国）。申請者は改善され安全な法的手続きを有し、より専門的な「市民テスト」を受ける。滞在要件を短くし、「ターボ帰化」を支持する政党もいくつかある（現在7、8年）。たとえドイツ人になることが統合を早めることになっても、経済的に（他に11カ国のみ）そして言語的に（明確には6カ国）申請

付録2 移民政策指標（MIPEX）Ⅲ 抜粋訳 305

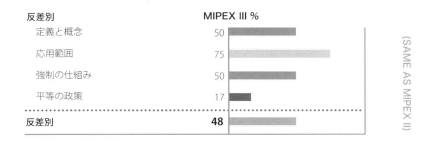

者が統合しない場合は、拒否される。帰化を促進するために、18 カ国は多重・二重国籍を採用している。ドイツは 2007 年以降、それを EU 国民にのみ認めている。改革の必要性により、約 32 万人のドイツ生まれの者は 2 つのうちいずれかを選ばないといけないかもしれない。

ドイツの法律は、潜在的被害者が平等を扱う団体や国家の関与を得ることがないため、反差別に対して非効率的であるかもしれない。その法律は、現行の EU 最低要件を越えるに過ぎないのである。人種的、民族的、宗教的差別は、生活のほとんどの場所で禁止され、国籍差別はいくらかである。2008 年に改善が見られたものの、MIPEX14 カ国のうち、NGO が宝暦役割と行動を取ることは制限されている。連邦反差別機関は、24 カ国のうち弱い力しか持っていない。訴訟の際、調査は限られており、代替手続きを持っておらず（12 カ国）、被害者のため法廷へ訴えることも（12 カ国）、自らの手続きを持つわけでもない（13 カ国）。

一層の安全と客観性

2006 年の連邦憲法裁判所の判決は、帰化の後の詐称を当局が見分けるには 5 年が適切だとした。2006 年には州の内務相は、不平等な扱いや差別被害へとつながっていた帰化要件の標準化および調和を進めた。言語要件を除き、新たな「市民権」テスト（点数 83）が申請者の成功を支援した。無料の研修コースとテスト問題が提供され、より客観的で専門的テストを受けるのである。合格すれば、州の帰化比率は上昇し、収束するだろう。

弱い平等政策

ドイツは、平等への関与が比較的小さい。MIPEX 参加 9 カ国の法律によると、人々

が差別と権利について知ることを保障している。点数の高かったいくつかの国（ノルウェー、スウェーデン、英国）は、国が不利な状態にある個人や企業を奨励する平等の義務を持つことを強く守っている。最近では、ドイツの州は公共セクターの多様化に関心を持つことを表明している（前項参照）。2007年の「多様性宣言」は、フランスの実践を援用し、企業が曖昧な関与を持つため、実践において評価することは難しい象徴的な目標を持っている（例：尊敬の企業文化を作ること、採用手順を再評価すること）。

スウェーデン

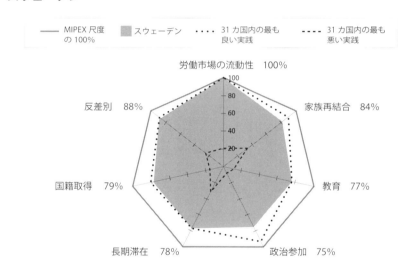

概要

スウェーデンは、国際的な保護を提供する大国である。近年では再結合した家族および留学生をより受け入れている。2008年から2010年の統合戦略では、MIPEX分野の7つに焦点を当てている。

またしても1位であったように、スウェーデンの「主流化」アプローチは、実際の場で平等の機会を改善することになっている。すべての居住者は、差別から解放されており、家族と同居でき、滞在と市民権の保障を受けている。スウェーデン内部の社会モデルでは、具体的ニーズ（例：労働市場への接続、オリエンテーション、

スウェーデン語と母語の研修コース）への支援を受けることが可能となっている。

すべてのスウェーデン居住者は、広く平等の権利と責任を所有している。新参者にとって、スウェーデンのMIPEX点数に影響する変化がほとんどないが、新法によりその実施とインパクトの改善から利益を得るかもしれない。労働者基盤の移民システムと労働市場の導入構造は、移民の自立をより早く手助けするだろう。家族再結合の条件も進むだろう。政府は、障害ではなくインセンティブとしてこれらを機能させたいと考えており、それは家族との生活が平等に重要だという権利意識によるものである。統合政策は、研究者、市民社会、移民自身の評価と連携に対してスウェーデンが関与していることから、強みとなっている。

統合政策の略史

指標変化（％）	MIPEX III	MIPEX II
労働市場の流動性	100	100
家族再結合	84	89
政治参加	75	75
長期滞在	78	78
国籍取得	79	79
反差別	88	88
合計（教育含まず）	**84**	85

主な知見

- スウェーデンの主流化アプローチは、統合には総じて望ましい。それは、平等の権利と義務、実際に平等の機会均等が保障されている。
- 労働市場、家族再結合、反差別において、望ましい政策である。
- 長期滞在、教育、政治的参加、国籍取得においては、やや望ましい政策である。
- 新たな収入・家の所有の条件は、家族再結合の要件である。これはインセンティブか障害か。
- 2009年の労働市場導入法は、（MIPEXで100％）政策が時間とともに新参者へのインパクトとより持つものとなるべきだ。
- 2009年の反差別法は、被害者にとって強力な法で、容易に適用できる政策である。

- 学校は、カナダ同様、スウェーデンの教室における多様性を準備する。
- より多くの国がスウェーデンのように二重国籍を適用している。さらに、2世や3世が生まれた時にも市民権が与えられる。
- 移民の協議団体は、北欧諸国では強いが、スウェーデンにはない。

国際的に整理された移民統計[3]

人の移動（2009）[419]	+63,000
第三国からの流入数（2008）[420]	52,585
最も大きい第三国出身地（2008）[421]	イラク、セルビア・モンテネグロ、トルコ
第三国出身者数（2009）[422]	292,093
第三国出身者の比率（2009）[423]	3.20%
外国生まれの者の比率（2009）[424]	5.90%
許可を得た家族数（2009）[425]	37,890
労働許可を得た者（2009）[426]	18,978
学習許可を得た者（2009）[427]	13,968
人道的理由で許可を得た者（2009）[428]	1,723
第三国出身者数の多い都市（2004）[429]	マルメ 5.93% ヨテボリ 5.54% ストックホルム 5.35%
第三国出身者の就労率（2006年からの2009年への変化）[430]	46.30% +0.8%
国内の平均就労率（2006年からの2009年への変化）[431]	72.20% -0.9%
第三国出身者の失業率（2006年からの2009年への変化）[432]	26.30% +6%
国内平均失業率（2006年からの2009年への変化）[433]	8.30% -1.3%
国籍取得（2005年からの2008年への変化）[434]	30,460 -9,113

比較の中でのスウェーデン

非EUからスウェーデンへやって来た者が新たな移民の国（例：スペイン、イタリア）へ代わりに行った場合、平等のアクセス、支援、権利を持つことができる。だが、外国生まれとしての課題があることから、技能を持つ労働者は大目に見られる（例：資格の認証）。より移民で構成されている国々（例：デンマーク、ドイツ、

オランダ）においては、スウェーデンと同様により具体的な方策から便益を得る。しかし、それらは多様なセクターにまたがり、移民への一般的な支援は閉ざされているため、あまり使いものにならない。

改革のための証拠

法律が施行される前、統計上、特に難民や女性といった新参者は、仕事を見つけるまで長期間待たされた。個人ではなく家族単位で対応され、市町村によって異なるため、彼らは支援策の恩恵を効率的に受けることがない。法律の準備の一貫として、新報は13の都市で速習のスウェーデン語学習の経済的支援をパイロット施行した。法律の定期評価においては、「導入ガイド」がその成果と移民の結果によって補われた。

すべての労働者は、それぞれのニーズによって平等に扱われ、必要な支援を受ける。最低1年の滞在許可を得ると、スウェーデンの労働市場はスウェーデン人、EUまたは非EU国民の間で区別をしない。たとえば、奨学金は家族内の保育を含め、誰でも働く者に対応する。新参者は、導入プログラム、組合、NGOパートナー、多言語ウェブサイト（MIPEXの半分にも満たない）をとおして、労働法のもとの権利について知らされている。2008年のスウェーデン移民法は、搾取や不公平な競争（こちらも半分に満たない）に対抗できる平等の権利をすべての労働者が持つことを保障している。スウェーデンへの移民は、移住経験と経済的潜在性の稀な組み合わせと捉えられている（例：カナダ、ポルトガルおよびBOX参照）。

100%の点数でスウェーデンは、この主流化アプローチをうまく実行するよう努力している。新しい労働政策は、具体的な労働市場モデルとその中の異なる種類の新参者の状況を改善することを目指しており、最近の評価では、「新しい仕事の始め」

「試行機会」「仕事と場所の誘発」などから移民は利益を得ていることがわかっている。数千人が、自らの技能に応じたパートの仕事とスウェーデン語研修コースの組み合わせでなる「ステップ・インの仕事」に参加している。

　2009年の労働市場導入法は、新参者がスウェーデン語をより早く学び、自らの技能にあった仕事を見つけ、最終的により内包的な社会の中で自助できるよう目指している。その新たな構造は、約1億ユーロをかけて、「専門的支援による個人の責任」と呼ばれている。行政は、個人が参加できる良い機会を持つ一方で、地域の良いサービスを提供する。スウェーデン公共就職サービスは、新参者の技能を評価する責任を持つ（例：デンマーク、フランス、ポルトガル）。紹介の間、そのサービスによって彼らは必要な一般的かつ特別な支援について知ることになる（例：ドイツ、ベルギーのフランダース地方）。新参者は、紹介手順を記し、どこに住もうともこれらの施策から平等に便益を得る個人の権利を持つ。仕事を見つけることを手伝う「紹介ガイド」も自由に選ぶこともできる。市町村は、導入・語学コースの他、住居と家族イニシアチブおよび新たな市民オリエンテーション・プログラムを提供する。

主流化アプローチ：すべて労働者と家族、およびほとんどの 　　　　　　子どもにおける平等の権利、責任、機会

モニタリング目標

　亡命者の増加、失業者および増加する統計を用いて、法律2009/10:77は、非EU国民が自身の基本的な収入と家族の住居を証明することを要件としている。協議を経た人道的組織は、家族の福祉に対する否定的インパクトを恐れている。政府は、スウェーデンがEU法のもと望ましい条件を示す「唯一の」EUの国であると回答している。さらに、子どもの権利と国際的な保護においては最高であるとする。これらの集団と永住者は免除対象であり、約10％がそれに影響している。2010年夏までに、2％が影響を受け、1％が拒否された。

改善の余地

　未登録の子どもは、すべての教育段階で問題を抱えていることがわかっており、MIPEX参加国の半数で、全体の教育システムに含まれている。フランスとルクセンブルクの新参者は、国外で学んだことを確認され、それと同等の学校段階に移行

できるようになっている。他の国では、スウェーデン国家教育委員会のような団体が学校誘導を行っている（例：カナダ、フィンランド）。あるいは学校と教員の多様化（例：デンマーク、ドイツ、ノルウェー、英国）、もしくは教員養成である（例：デンマーク、エストニア、ルクセンブルク、オランダ、英国）。

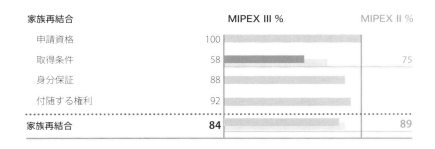

スウェーデンは広く新参者の生活が迅速に社会の一部となるよう保障している（例：ノルウェー、フィンランド、労働移民の諸国）。政策は多くの家族形態を内包するようになっており、平等で安全な権利を提供し、無料の自主的な導入プログラムを改善しつつある（前項参照）。収入と居住の新たな要件は、スウェーデンの点数と方向性において変化が見られるが、大きな変化ではない。政府は（ベルギーとポルトガルと同様）、家族再結合を阻害し、法的困難を増やすような（オランダ参照）、条件化を決めていない（デンマーク、フランス、ノルウェー同様）。目標を勘案し、すべての新参者が家族と離れて働くインセンティブとして条件が機能するか否かを見定めることが可能である。

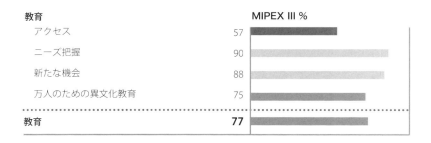

MIPEX31カ国でトップであるスウェーデンのやや望ましい政策は、ほとんどの生徒に多様な学校と社会において最善を尽くすよう奨励している。システム内のすべての生徒は、一般的かつ特別な支援を受ける。それらには、新規の家族を歓迎する通訳から個人のニーズと新たな機会を受け取ること、「平等な尊敬と寛容」カリキュラム、高い水準の第二言語としてのスウェーデン語と母語教育などが含まれる。だが、移民の生徒と保護者が学校生活にいかに組み込まれるかは、全国の市町村によって異なる。市町村立の就学前学校から、教員の多様性キャンペーンや、たとえば「良い結果と小さくなった相違」などの国家教育委員会の事業から、便益を得ることになる。

国家から地元の協議へ

国家当局は、人種差別対策センターを通して移民の代表と協議を行ってきた。民族のための協力グループ機関を通して、今も移民組織を支援している。近年は、NGOや市町村、各種当局が、排除が見られる38の都市開発での仕事のより良い調整に向けて連携している。

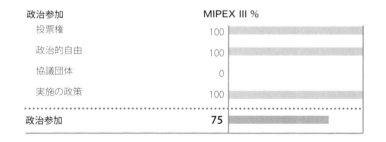

MIPEXで6位であるスウェーデンは、一般的に政治への参加機会をすべての者に保障している。地方・地域の選挙で投票できる他、団体、メディア、政党の立ち上げや参加もできる。新参者は、政策で保障していることおよび市民生活へ彼らの団体を内包していることから、ベルギー、フィンランド、ドイツ、ノルウェー、ポルトガルのように、権利を行使できる。スウェーデンは、他の北欧諸国のように正式な移民協議団体を支援するため、高得点となっており、この傾向は欧州の他の14カ国に渡っている。今日のスウェーデンでは、当局は政策変更があると市民社

会と協議を行うことが一般的である。また、移民とともに動く NGO とも、代理にはなれないが、国および地方レベルで連携している。

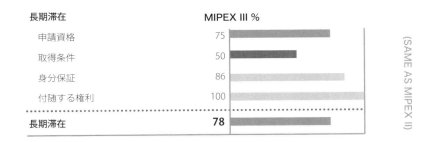

 長期滞在者になることは、EU 法の一部によって、ほとんどの欧州諸国で参加する良い機会を新参者に与えることになっている。近年これらの基準は、他の高得点の国（例：ベルギー、ポルトガル、スペイン）においても、スウェーデンほどに安全な国の状況を作り出している。スウェーデンは、国内の登録済み在住者のほぼすべてに平等な身分を提供する。欧州の平均であるが、滞在する多様な理由に適切な条件を満たすものとなっている。労働のために来た移住者は、その理由と証明し、4 年の滞在の後に基本的な費用と支払う。スウェーデンへの個人的関連をすでに証明した者は、2 年後に家族と、難民の場合はただちに同居できる。

 スウェーデンは、平等に対して新たな単一のアプローチを採用している。他の上位国は現実に近づける平等の法令を用いている。

出生時における市民権への動向
 移民受け入れの大きな国および改革中の国は、出生時の市民権についてある程度の要件を課している（MIPEX12 カ国、近年のドイツ、ポルトガル、ルクセンブルク、ギリシャ）。確かに、移民の子孫の二重国籍は、回避が困難になっており、国際法をとおして規制することは容易になってきている。これらの改革は、時に世代間における社会的排除の可能性を除外し（例：ギリシャ、ポルトガル）、社会の変化に対応するものである（例：ドイツ、ルクセンブルク）。

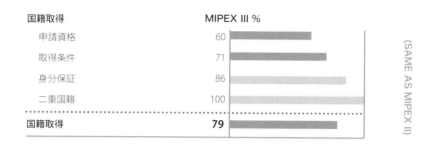

　2001年以降スウェーデンは、国際法の動向をふまえ、市民権取得への手続きを明確で矛盾のないようにしてきた。新参者は法的に保障され（MIPEX9カ国同様）、それは5年を必要として（7カ国同様）、同じ保障された市民権（例：チェコ、フィンランド、イタリア、ポーランド）と二重国籍（17カ国）を認めている。スウェーデン（とベルギー、アイルランド、イタリア）は言語知識を要件としていない。ほとんどの国が行うが、すべての申請者がうまくいくように効果的な支援を行っていない（カナダ、ノルウェー、ポルトガル、米国参照）。スウェーデン生まれの子どもは、その法的な保護者が条件を満たしていない場合があるため、自動的にスウェーデン人として認知されてない。出生時における市民権の傾向は、簡素かつ明確な資格であり、1世代か2世代で平等を作り出すものである。

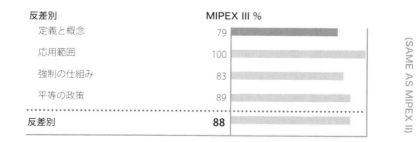

　スウェーデン居住者は、平等に関する規制、団体、義務が身近なため、差別と対策についてよく知っているかもしれない。他の先進的な国（ベルギー、カナダ、フ

ランス、英国、米国)のように、スウェーデンは差別についての対策の実施を改善し続けている。2009年の反差別法は、平等オンブズマン(他の5カ国同様)を持つ4つの団体と7つの法令を置き換えた。この1つのアプローチは、社会のより広い分野におけるすべての事柄についてより効果的かつ包括的に機能させることを目的にしている。法廷では、より多くのNGOが被害者を支援し、裁判官はより大きな補償と抑制で判決を下す。政府は、積極的施策(英国も参照)に必要な要件を更新し、過去のインパクトと将来の潜在性について調査する予定である。

MIPEX-Ⅲ 付録：MIPEX 140 指標リスト

1. 労働市場の流動性
1.1 アクセス
1. 就職への迅速なアクセス、2. 第三セクターへのアクセス、3. 公共セクターへのアクセス、4. 自営業への迅速なアクセス、5. 自営業へのアクセス

1.2 一般的支援へのアクセス
6. 公共セクターの就職、7. 教育と職業訓練、8. 資格認証

1.3 対象を絞った具体的な支援
9. 国家が資格認証を促進する、10. 第三国国民の経済的統合の施策、11. 若い移住者および女性の経済的統合の施策、12. 公共セクターの就職への支援

1.4 労働者の権利
13. 労働組合へのアクセス、14. 社会保障へのアクセス、15. 就労条件、16. 情報管理に関する方針

2. 家族再結合
2.1 申請資格
17. 期間と書類の考慮、18. 配偶者等と年齢制限、19. 少数派の子どもたち、20. 扶養家族、21. 扶養家族と子ども

2.2 身分保障の条件
22. 出発前の統合条件、23. 到着時の条件、24. 滞在先、25. 経済資源、26. 最大の期間、27. 費用

2.3 身分保障

28. 有効な期間、29. 却下、取り下げ、拒否の根拠、30. 個人的環境への配慮、31. 法的保護

2.4 身分に伴う権利

32. 配偶者等と子どもの自主権、33. 未亡人、離婚、死別、暴行等の場合、34. 他の家族の者、35. 教育と研修へのアクセス、36. 就職と自営業、37. 社会的便益

3. 教育

3.1 アクセス

38. 就学前教育へのアクセス、39. 法的権利としての義務教育、40. 学習経験の認定、41. 中等教育へのアクセス、42. 職業技術訓練へのアクセス、43. 高等教育へのアクセス、44. 助言とガイダンス

3.2 具体的なニーズ

45. 包摂プログラム、46. 教授言語における支援、47. 生徒のモニタリング、48. 移民の生徒の教育状況、49. 教員養成

3.3 新たな機会

50. 移民の言語の学習選択、51. 移民の文化、52. 統合の促進と分離のモニタリング、53. 保護者とコミュニティへの支援策

3.4 万人のための異文化教育

54. 学校カリキュラムにおける包摂、55. 国家による情報イニシアチブへの支援、56. 多様性を反映したカリキュラムの更新、57. 日常生活の応用、58. 教職員への移民の登用、59. 教員養成・研修

4. 政治参加

4.1 投票権

60. 国政選挙への投票権、61. 地域の選挙、62. 地元の選挙、63. 地元における被選挙権

4.2 政治的自由

64. 団体形成の権利、65. 政党、66. メディアの設置

4.3 協議団体

67. 国レベルでの協議、68. 地域レベル、69. 首都レベル、70. 地方都市レベル

4.4 実施政策

71. 情報政策、72. 移民の国レベルの団体に対する公的資金援助、73. 地域レベルの団体、74. 首都における地元のレベル、75. 地方都市レベル

5. 長期滞在

5.1 資格
76. 滞在と書類の配慮による必要とされる時間、77. 生徒として数えられる時間、78. 不在前の許容時間

5.2 申請資格の条件
79. 言語と統合の条件、80. 経済的資源、81. 手続き期間、82. 費用

5.3 身分保障
83. 有資格期間、84. 更新許可、85. 不在期間、86. 却下、取り下げ、拒否の根拠、87. 強制送還前の個人的環境の配慮、88. 強制送還の免除、89. 法的保護

5.4 身分に伴う権利
90. 退職後の居住、91. 勤労と条件、92. 社会的便益、93. 資格認定

6. 国籍取得

6.1 資格
94. 第1世代移民の滞在期間、95. 不在期間、96. 配偶者等の国籍、97. 第2世代の出生時の市民権、98. 第3世代

6.2 資格のための条件
99. 言語、100. 市民権・統合、101. 経済的資源、102. 犯罪歴、103. 性格、104. 手続きの最大期間、105. 費用

6.3 身分保障
106. 拒否の追加的根拠、107. 拒否における裁量権、108. 拒否前における個人的環境への配慮、109. 法的保護、110. 取り下げの根拠、111. 取り下げの時間制限、112. 無国籍

6.4 二重国籍
113. 第1世代の二重国籍、114. 第2・3世代

7. 反差別

7.1 概念の定義
115. 直接・間接的な差別、ハラスメント、差別への指導を含む定義、116. 集団による、特定の特徴を根拠とする差別、117. 出自と法律への帰着、118. 公共セクターへの申請、119. 法的禁止事項、120. 平等を妨げる団体の自由の制限、121. 多元的差別

7.2 法の範囲
122. 人種、民族、宗教、信条、国籍を根拠にする就職と職業を扱う反差別に関

する法令、123. 教育、124. 社会保険を含む社会的保護、125. 社会的利益、126. 住宅を含む公共財とサービスの提供へのアクセス、127. 保健の内包

7.3 強制力の仕組み

128. 対応する手続き、129. 争議の決断の代替、130. 根拠、131. 期間、132. 立証責任、133. 状況の検証と統計データ、134. 迫害、135. 国家の支援、136. 法的主体の役割、137. 法的行為の範囲、138. 制裁、139. 差別的動機

7.4 平等の政策

140. 設立された特別な平等機関、141. 被害者支援、142. 準司法的な機関としての行為、143. 法的根拠、144. 手続きを早め、検証を行い、知見を強化する、145. 国家が情報を分類し、対話を促す、146. 関連する政府単位の国レベルでの順守を保障する仕組み、147. 機能と契約における平等を促進する公的機関、148. 積極策

このリストは要約であることを留意のこと。完全なリストは、次のURLで提供している。www.mipex.eu

注

1　この資料は、本研究に関係する部分の抜粋訳である。ここでは本研究に関係する部分、すなわち全体の結果とドイツおよびスウェーデンの結果を掲載しておく。また、注記等の番号は原文を参照できるように、オリジナルのままとした。

2　原注：157: Eurostat。
　　158, 159, 160, 161, 162, 163, 164, 165: 同上。
　　166: OECD SOPEMI 2010
　　167: Urban Audit。
　　168: Eurostat。
　　169, 170, 171, 172: 同上。

3　原注：419: Eurostat。
　　420, 421, 422, 423, 424, 425, 426, 427, 428: 同上。
　　429: Urban Audit。
　　430: Eurostat。
　　431, 432, 433, 434: 同上。

参考文献

[欧文]

Agai, B. (2007). Islam and Education in Secular Turkey: State Policies and the Emergence of the Fethullah Gülen Group, In Hefner, R.W., & Zaman, M. Q. (Eds.), *Schooling Islam: the Culture and Politics of Modern Muslim Educaiton* (pp.149-71). Princeton University Press.

Ahmed, A.K. (2005). Ibn Khaldun and Anthropology: the Failure of Methodology in the Post 9/11 World. *Contemporary Sociology*, 34 (6), 591-96.

Akpınar, A. (2007). The Making of Good Citizen and Conscious Muslim through Public Education: the Case of Imam Hatip Schools. In M. Carlson et al. (Eds.) Education in "Multicultural" Societies Turkish and Swedish Perspectives (pp.161-178). *Transactions, 18*. Swedish Research Institute.

Akşit, B. (1991). Islamic Education in Turkey: Medrese Reform in Late Ottoman Times and Imam-Hatips Schools in the Republic. In R. Tapper (Ed.) *Islam in Modern Turkey: Religion, Politics, and Literature in a Secular State.* (pp.145-70.) I.B. Tauris.

Aksit, N. (2007). Educational reform in Turkey. *International Journal of Educational Development*, 27, 129-37.

Akyüz, Y. (2008). *Türk Eğitim Tarihi*. Pegem Akademi.

Al-Azmeh, Aziz & Fokas, Effie. (Eds.) (2007). *Islam in Europe: Diversity, Identity and Influence*. Cambridge: Cambridge University Press.

Alba, R., Schmidt, P., & Wasmer, M. (Eds.) (2003). *Germans or Foreigners ? Attitude toward Ethnic Minorities in Post-Reunification Germany*. Palgrave Macmillan.

Anderson A. (1975). Equality of Opportunity in a Pluralistic Society: A Theoretical Framwork. *International Review of Education, 21* (3), 287-300.

Apeltauer, E., & Shaw, G. (1993). Multilingualism in a Society of the Future ?, *European Journal of Education, 28* (3), 273-94.

Arat, Y. (2005). *Rethinking Islam and Liberal Democracy: Islamist Women in Turkish Politics*. State University of New York Press.

Aronowitz, Michael (1984). The Social and Emotional Adjustment of Immigrant Children: a Review of the Literature. *International Migration Review, 18* (2), 237-57.

Astone, N.M., Nathanson, C.A., & Schoen, R. (1999). Family Demography, Social Theory, and Investment in Social Capital. *Population and Development Review, 25* (1), 1-31.

Australian Bureau of Statistics. (2002). *Social Capital and Social Wellbeing*. ABS.
Avcı, G. (2008). Comparing Integration Policies and Outcomes: Turks in the Netherlands and Germany. In R. Erzan & K. Kirişci, (Eds.), *Turkish Immigrants in the European Union: Determinants of Immigration and Integration* (pp. 63-80). New York: Routledge.
Bahgat, G. (1999). Education in the Gulf Monarchies: Retrospect and Prospect, *International Review of Education, 45* (2), 127-136.
Baker, D. P., & LeTendre, G. K. (Eds.). (2005). *National Differences, Global Similarities: World Culture and the Future of Schooling*. Stanford University Press.
Baran, Z. (2008). Turkey Divided. *Journal of Democracy, 19* (1), 55-69.
Baum, Fran (1999). Social capital: is it good for your health?, Issues for a public health agenda, *Journal of Epidemiology Community Health, 53*, 195-6.
Bauman, Z. (2001). *Community: Seeking Safety in an Insecure World*. Polity Press.
Bayram, N., Nyquist, H., Thorburn, D., & Bilgel, N. (2009). Turkish Immigrants in Sweden: Are They Integrated?, *International Migration Review*. 90-111.
Beach, C.M., & Worswick, C. (1993). Is There a Double-Negative Effect on the Earnings of Immigrant Women?, *Canadian Public Policy, 19* (1), 36-53.
Benoit, F. (2006). Social Practices and Mobilizations of Kinship: an Introduction. *European Journal of Turkish Studies 4*. (http://www.ejts.org/document629.html)
Berkey, J. P. (2007). Madrasas Medieval and Modern: Politics, Education, and the Problem of Muslim Identity. In Hefner, W., & Zaman, M. Q. (Eds.), *Schooling Islam* (pp.40-60). Princeton University Press.
Berry, J. W. (1991). Imposed Etics, Emics, and Derived Etics: Their Coceptual and Operational Status in Cross-Cultural Psychology. In Headland, Thomas N., Kenneth Pike, & Marvin Harris (Eds.), *Emics and Etics: The Insider/Outsider Debate, Frontiers of Anthropology* Vol.7. (pp.85-99). CA: Sage Publications
Berry, J.W. (1992). Acculturation and Adaptation in a New Society. International Migration, 30, 69-85.
Berry, J.W. (1997). Immigration, Acculturation, and Adaptation Aplied Psychology. *An International Review, 46* (1), 5-34.
Berry, J. W. (2001). A Psychology of Immigration. *Journal of Social Issues, 57* (3), 615-31.
Berry, J. W., Poortinga, Y. H., Segall, M. H., & Dasen, P. R. (1992). *Cross-cultural Psychology: Research and Applications*. NY: Cambridge University Press.

Bezirksamt Nuekölln von Berlin (2008). *Angebote für Migrantinnen und Migranten in Neukölln.* Author.
Bezirksamt Neukölln von Berlin − Verwaltung des Bezirksbürgermeisters Migrationsbeauftragter (2009). *Moscheen in Neukölln und ihre Angebote.* Author.
Bilir, M. (2007). Non-formal Education Implementations in Turkey: Issues and Latest Challenges. *International Journal of Lifelong Education, 26* (6), 621-33.
Bloom, M. (2009). Social Competency. In T.P. Gullotta, M. Bloom, C.F. Gullotta, & J.C. Messina (Eds.), *A Blueprint for Promoting Academic and Social Competence in After-School Programs* (pp.1-19). NY: Springer.
Borou, Christina (2009). The Muslim Minority of Western Thrace in Greece: an Internal Positive or an Internal Negative "Other"? *Journal of Muslim Minority Affairs, 29*(1), 5-26.
Boström, A.-K (2003). *Lifelong Learning, Intergenerational Learning, and Social Capital: from Theory to Practice.* Institute of International Education-Stockholdm University.
Bourdieu, Pierre and Jean-Claude Passeron (1977). *Reproduction in Education, Society and Culture.* Sage Publications.
Bourdieu, Pierre (1986). The Forms of Capital. In J. Richardson (Ed.), *Handbook of Theory and Research for the Sociology of Education.* Westport, Greenwood Press.
Bourdieu, P. & Wacquant, L. (1992). *An Invitation to Reflexive Sociology.* University of Chicago Press.
Boyd, M. (1989). Family and Personal Network in Migration. *International Migration Review, 23* (3), 638-70.
Boyle, H. N. (2007). Memorization and Learning in Islamic Schools, In W. Kadi and V. Billeh (Eds.), *Islam and Education: Myths and Truths* (pp.172-189). University of Chicago Press.
Böltken, F. (2003). Social Distance and Physical Proximity: Day-to-Day Attitudes and Experiences of Foreigners and Germans Living in the Same Residential Areas. In R. Alba, P. Schmidt, & M. Wasmer (Eds.), *Germans or Foreigners?* (pp. 233-254). New York: Palgrave Macmillan.
British Council Brussels (2005). *European Civic Citizenship and Inclusion Index.* Brussels: Author.
British Council and Migration Policy Group (2007). *Migration Policy Index.* Brussels: Authors.
Brady, J.S. Dangerous Foreigners: the Discourse of Threat and the Contours of Inclusion

and Exclusion in Berlin's Public Sphere. *New German Critique*, 92, 124-224.

Brettel, C.B., & Hollifield, J.F. (Eds.) (2008). *Migration Theory: Taking across Disciplines, 2nd ed.* Routledge.

Buğra, A., & Keyder, Ç. (2005). *Poverty and Social Policy in Contemporary Turkey*. Boğazçı Univeristy Social Policy Forum.

Bugra, A. (2007). Poverty and Citizenship: an Overview of the Social-Policy Environment in Republican Turkey. *International Journal of Middle East Studies*, 39, 33-52.

Bundesministreium für Bildung und Forschung (2007). Migrationshintergrund von Kindern und Jugendlichen: Wege zur Weiterentwicklung der amtlichen Statistik. *Bildungsforschung Band, 14*. Bonn: Author.

Burt, R. (1997). The Contingent Value of Social Capital. *Administrative Science Quarterly*, 42, 339-65.

Caraway, T.L. (2004). Inclusion and Democratization: Class, Gender, Race, and the Extension of Suffrage. *Comparative Politics, 36* (4), 443-60.

Carlson, M., Rabo, A., & Gök, F. (Eds.) (2007). Education in 'Multicultural' Societies: Turkish and Swedish Perspectives. *Transactions, 8*. Swedish Reserach Institute in Istanbul.

Castles, S., & Miller, M.J. (2009). *The Age of Migration 4th ed.* Palgrave Macmillan.

Castles, S., & Wise, R.D. (Eds.) (2008). *Migration and Development: Perspectives from the South*. International Organization for Migration.

Cenoz, Jasone (2004). Multilingualism and the Role of English in a Post-9/11 World: a European Perspective. *The Modern Language Journal*, 88 (4), 622-4.

Cesari, Jocelyne (2003). Muslim Minorities in Europe: the Silent Revolution. In Esposito, J., & Burgat, F. (Eds.), *Modernizing Islam: Religion in the Public Sphere in the Middle East and in Europe* (pp.251-69). Rutgers University Press.

Choules, Kathryn (2007). Social Change Education: Context Matters. *Adult Education Quarterly, 57* (2), 159-76.

Christansen, C.C. (2004). Transnational Consumption in Denmark and Turkey: an Anthroplogical Research Project. In M.P. Frykman (Ed.), *Transnational Spaces: Disciplinary Perspectives* (pp.123-37). Malmö University.

Clauss, Susanne, & Nauck, Bernhard (2009). *The Situation among Children of Migrant Origin in Germany*. UNICEF Innocenti Research Centre. (http://www.unicef-irc.org/ publications/pdf/iwp_2009_14.pdf)

Coleman, J. S. (1987). Families and Schools. *Educational Research, 16* (6), 37-8.

Coleman, J. S. (1988). Social Capital in the Creation of Human Capital. *American Journal of Sociology Supplement, 94*, 95-120.

Coleman, James S. (1990). *Foundations of Social Theory*. The Belknap Press of Harvard University Press.

Commission on British Muslims and Islamophobia (2004). (http://www.insted.co.uk/islam.html)

Commissioner for Integration and Migration of the Senate of Berlin (Ed.) (2008). *Encouraging Diversity – Strengthening Cohesion: Integration Policy in Berlin 2007-2011*.

Cook, B.J. (1999). Islamic versus Western Conceptions of Education: Reflections on Egypt. *International Review of Education, 45* (3/4), 339-57.

Coombs, P.H., Prosser, R.C., & Ahmed, M. (1973). *New Paths to Learning for Rural Children and Youth*. NY: ICED.

Council of Europe (2001). *Common European Framework of Reference for Languages: Learning, Teaching, Assessment*. (http://www.coe.int/T/DG4/ Linguistic/Source/Framework_ EN.pdf).

Council of Europe Language Policy Division (2009). *A Platform of Resources and Reference for Plurilingual and Intercultural Education. Author*.; European Commission (http://ec.europa.eu/education/languages/eu-language- policy/doc126_en.htm)

Crepaz, M.M.L. (2008). *Trust beyond Borders: Immigration, the Welfare State, and Identity in Modern Societies*. University of Michigan Press.

Cummins, J. (1986). Empowering Minority Students: A Framework for Intervention. *Harvard Educational Review, 51* (1), 18-36.

Çarkoğlu, A., & Kalaycıoğlu, E. (2009). *The Rising Tide of Conservatism in Turkey*. Palgrave Macmillan.

Çınar, A. (2005). *Modernity, Islam and Secularism in Turkey: Bodies, Places, and Time*. University of Minnesota Press.

Daly, Harman (1996). *Beyond Growth: The Economics of Sustainable Development*. Beacon Press.

Daun, H., & Arjmand, R. (2005). Education in Europe and Muslim Demands for Competitive and Moral Education. *International Review of Education, 51* (5/6), 403-26.

David, K. A. (1994). *Language Planning in Multilingual Contexts: Policies, Communities, and Schools in Luxembourg.* John Menjamins Publishing.

Davis, N.J., & Robinson, R.V. (2009). Egalitarian Face of Islamic Orthodoxy: Support for Islamic Law and Economic Justice in Seven Muslim-Majority Nations. *American Sociological Review, 71* (2), 167-190.

De Wenden, Catherine Wihtol (1998). Young Muslim Women in France: Cultural and Psychological Adjustments. *Political Psychology, 19* (1), 133-46.

Der Beauftragte des Senats von Berlin für Integration und Migration (2007). *Encouraging Diversity − Strengthening Cohesion Integration Policy in Berlin 2007-2011.* Berlin: Author.

Desjardins, R. (2001). The Effects of Learning on Economic and Social Well-Being: A Comparative Analysis. *Peabody journal of Education, 76* (3/4), 222-46.

DeVault, M. (Ed.) (2008). *People at Work.* New York University Press.

Dewey, John (1900). *The School and Society.* The University of Chicago Press.

Dorronsoro, G. (2006). Rules and Resources: Use of the Clan in the Village of Kirazbahçe (Turkey). *European Journal of Turkish Studies 4.* (http://www.ejts.org/document615.html)

Dronkers & de Heus (2013). Immigrant Children's Academic Performance: the influence of origin, destination and community. In Meyer & Benavot, *PISA, Power, and Policy.* pp.247-265. Oxford: Symposium Books.

Drucker, P. F. (2002). *Managing in the Next Society.* NY: Griffin.

Dulger, I. (2004). *Turkey: Rapid Coverage for Compulsory Education − the 1997 Basic Education Program.* World Bank.

Eğitim Reformu Girişimi (2009). *Eğitimde Eşitlik: Politika Analizi ve Öneriler.* ERG.

Entzinger, H., & Biezeveld, R. (2003). *Benchmarking in Immigrant Integration.* Rotterdam: European Research Centre on Migration and the Ethnic Relations (ERCOMER).

Erdoğdu, E. (2002). Turkey and Europe: Undivided but Not United. *Middle East Review of International Affairs, 6* (2), 40-51.

Erel, U. (2009). *Migrant Women Transforming Citizenship: Life-stories from Britain and Germany.* Farnham, UK: Ashgate.

Erzan, R., & Kirişci, K. (Eds.)(2008). *Turkish Immigrants in the European Union: Determinants of Immigration and Integration.* New York: Routledge.

EUMC (2006) (http://eumc.europa.eu/eumc/index.php?fuseaction=content.dsp_cat_content&catid=4520e6a4a53ec)

Euro-Islam.info (2005). *Germany Copes with Integrating Turkish Minority; Immigration Reform on Agenda after Decades of Separate, Unequal Treatmenet* (November 13, 2005) San Francisco Chronicle

European Monitoring Centre on Racism and Xenophobia (2006). *Migrant's Experiences of Racism and Xenophobia in 12 EU Member States* (Pilot Study). Vienna: EUMC.

European Monitoring Centre on Racism and Xenophobia (n.d.). *Islamophobia in the EU After 11 September 2001*. Diane Publishing Co.

Eurydice (2003). *Integrating Immigrant Children into Schools in Europe Country Report: Germany*. Brussels: European Commission.

Eurydice (2003). *Integrating Immigrant Children into Schools in Europe Country Report: Sweden*. Brussels: European Commission.

Eurydice (2004). *Integrating Immigrant Children into Schools in Europe*. Brussels: European Commission.

Eurydice (http://eacea.ec.europa.eu/portal/page/portal/Eurydice)

Eurydice (2006). *Eurybase the Information Database on Education Systems in Europe: the Education System in Germany*. European Commission.

Evans, D.R. (1976). Technology in NFE: a critical appraisal, *Comparative Education Review*, 20 (3), 305-27.

Evans, P. (1996). Government Action, Social Capital and Development: Reviewing the Evidence on Synergy, *World Development* 24 (6), 1119-32.

Ewing, K.P. (2008). *Stolen Honor: Stigmatizing Muslim Men in Berlin*. Stanford University Press.

Faist, T. (2004). The Transnational Turn in Migration Research: Perspectives for the Study of Politics and Polity. In M.P. Frykman (Ed.). *Transnational Spaces: Disciplinary Perspectives*. Malmö Univeristy. (pp. 11-45).

Federal Ministry of Education and Research (2004). *The Development of National Educational Standards*. Berlin: BMBF.

Federal Ministry of Education and Research (2005). Longitudinal Studies for Education Reports: European and North American Examples. *Education Research Volume 10*. Bonn: Author.

Federal Ministry of Education and Research (2008). Developing quality – Safeguarding standards- Handling differentiation. *Education Research Volume 27*. Bonn: Author.

Federal Statistical Office (2006). *Germany's Population by 2050*. Press copy.

Feldman, T.R. & Assaf, S. (1999). *Social Capital: Conceptual Frameworks and Empirical*

Evidence. Social Capital Iniative Working Paper. 5.

Fetzer, J.S. (1998). Religious Minorities and Support for Immigrant Rights in the United States, France, and Germany. *Journal for the Scientific Study of Religion. 37* (1). 41-9.

Fetzer, J.S. & Soper, J.C. (2005). *Muslims and the State in Britain, France, and Germany*. Cambridge University Press.

Fetterman, D. (2001). *Foundation of Empowerment Evaluation*. Sage.

Field, J. (2005). *Social Capital and Lifelong Learning*. Polity Press.

Field, J. (2008). *Social Capital*. Routledge.

Field, J., Tom S., & Baron, S. (2000). Social Capital and Human Capital Revisited, In S. Baron et al. Eds. *Social Capital Critical Perspectives*, 243-63, Oxford University Press.

Fien, J. & Skoien, P. (2002). "I'm Learning…… How You Go about Stirring Things Up — in a Consultative Manner": social capital and action competence in two community catchment groups. *Local Environment. 7* (3), 269-82.

Franker, Qarin (2008). Literacy for Migrants: the Nordic Example. In UNESCO Institute for Lifelong Learning. *Literacy and the Promotion of Citizenship: Discourses and Effective Practices*. (pp.48-53).

Frey, F.W. (1964). Chapter 5. Education - B. Turkey, in R.E. Ward & D.A. Rustow (Eds.), *Political Modernization in Japan and Turkey*. Princeton University Press, pp.205-35.

Friedland, R. (2001). Religious Nationalism and the Problem of Collective Representation, *Annual Review of Sociology*, 27, 125-152.

Frykman, M.P. (2004). Transnational Perspective in Ethnology: from 'Ethnic' to 'Diasporic' Community. In M.P. Frykman (Ed.). *Transnational Spaces: Disciplinary Perspectives*. Malmö Univeristy. (pp.77-100).

Fukuyama, F. (1995). *Trust: the Social Virtues and the Creation of Prosperity*. NY: Free Press.

Fukuyama, Francis, (1999). *The Great Disruption: Human Nature and the Reconstitution of Social Order*, Touchstone.

Fukuyama, F. (2001). Social Capital, Civil Society and Development, *Third World Quarterly* 22 (1), 7-20.

Fukuyama, F. (2006). Identity, Immigration and Democracy. *Journal of Democracy*. 17 (2), 5-20.

Geert, W. & Driessen. M. (2001). Ethnicity, Forms of Capital, and Education Achievement. *International Review of Education*. 47 (6), 513-38.

Gentzkow, M.A. & Shapiro J.M. (2004). Media, Education and Anti-Americanism in the Muslim World. *The Journal of Economic Perspectives*. 18 (3), 117-33.

Giddens, A. (2007). *Europe in the Global Age*. Polity Press.

Giddens, A., Diamond, P. & Liddle, R. (Eds.) (2006). *Global Europe, Social Europe*. Polity Press.

Givens, T.E., Freeman, G.P. & Leal, D.L. (2009). *Immigration Policy and Security: U.S., European, and Commonwealth Perspectives*. Routledge.

Gottschalk, P. & Greenberg, G. (2008). *Islamophobia: Making Muslims the Enemy*. MD: Rowman & Littlefield Publishers.

Göktürk, D., Gramling, D. & Kaes, A. (Eds.) (2007). *Germany in Transit: Nation and Migration 1955-2005*. University of California Press.

Granovetter, M. S. (1973). The Strength of Weak Ties, *American Journal of Sociology* 78 (6), 1360-80.

Griffith, A. I. & Andre-Bechely, L. (2008). Institutional Technologies: Coordinating Families and Schools, Bodies and Texts. In DeVault, M. (Ed.) (2008). *People at Work*. New York University Press. pp.40-56.

Groupe de Sociologie ders Religions et de la Laicite (2003). *Program "Improving the Human Research Potential and the Socio-Economic Knowledge Base" 5th Framwork Research Program Acceompanying Measure*. Islam, Citizenship and the Dynamics of European Integration. Final Symposium Report.

Guarnizo, L.E. (1997). The Emergence of a Transnational social Formation and the Mirage of Return migration among Dominican Transmigrants, *Identities*, 4, 281-322.

Gundara, J.S. (2000). Issues of Discrimination in European Education Systems. *Comparative Education*. 36 (2), 223-34.

Gustafson, P. (2004). More or Less Transnational: Two Unwritten Papers. In M.P. Frykman (Ed.). *Transnational Spaces: Disciplinary Perspectives*. Malmö Univeristy. (pp.64-76).

Halpern, D. (2005). *Social Capital*. Polity Press.

Halstead, J. M. (2004). An Islamic Concept of Education. *Comparative Education*. 40 (4), 517-30.

Hamilton, E. (1992). *Adult Education for Community Development*. Greenwood Pub Group. (田中雅文他訳『成人教育は社会を変える』玉川大学出版部)

Hardt, M. & Negri, A. (2000). *Empire*. Harvard University Press.

Hefner, R. W. & Zamam, M. Q. (2007). *Schooling Islam: the Culture and Politics of*

Modern Muslim Education, NJ: Princeton University Press.

Hefner, R. W. (2007). Introduction: The Culture, Politics, and Future of Muslim Education. In R. W. Hefner & M. Q. Zaman, (Eds.) Schooling Islam (pp.1-39). Princeton University Press.

Held, D. & McGrew, A. (Eds.) *The Global Transformations Reader*. Polity.

Henkel, H. (2008). Turkish Islam in Germany: A Problematic Tradition Or the Fifth Project of Constitutional Patriotism ?, *Journal of Muslim Affairs*. 28: 113-123.

Henze, R. & Davis, K. A. (1999). Authenticity and Identity: Lessons from Indigenous Language Education, *Anthropology & Education Quarterly*, 30 (1), 3-21.

Hernandez, D.J. (2004). Demographic Change and the Life Circumstances of Immigrant Families. *The Future of Children*, 14 (2), 16-47.

Hewer, C. (2001). Schools for Muslims. *Oxford Review of Education*. 27 (4), 515-27.

Heyneman, S.P. (1999). *From the Party/State to Multi-Ethnic Democracy: Education and its Influence on Social Cohesion in the Europe and Central Asia Region*. International Child Development Center-UNICEF Italy.

Hirasawa, Y. (2009). Multicultural education in Japan. In J. A. Banks (Ed.) *The Routledge International Companion to Multicultural Education*. Routledge, pp. 159-169.

Hirschman, A. O. (1970). Exit, *Voice, and Loyalty*. Harvard University Press.（矢野修一訳［2005］『離脱・発言・忠誠』ミネルヴァ書房）

Hofferth, S.L. & Boisjoly, J. & Duncan, G.J. (1998). Parent's Extrafamilial Resources and Children's School Attainment. *Sociology of Education*. 71 (3), 246-68.

Hofsted, G. (2001). *Culture's of Consequences*. London: Sage.

Hollifield, J.F. (1992). *Immigrants, Markets, and States: The Political Economy of Postwar Europe*. Cambridge, Harvard University Press.

Hollifield, J.F. (1998). Migration, Trade and the Nation-State: the Myth of Globalization, *UCLA Journal of International Law and Foreign Affairs*, 3 (2), 595-636.

Horvat, E.M., Weininger, E.B. & Lareau, A. (2003). From Social Ties to Social Capital: Class Difference in the Relations between Schools and Parent Networks. *American Educational Research Journal*. 40 (2), 319-51.

House of Commons, Home Affairs Committee (2005). *Terrorism and Community Relations. Sixth Report of Session 2004-05. Volume 1*. London: The House of Commons.

International Helsinki Federation for Human Rights (IHF)(2005). *Intolerance and

Discrimination against Muslims in the EU. Development since September 11. Author.

Islamische Föderation in Berlin (2007). *Islamische Föderation in Berlin: Die Kinder sind unsere Zukunft*. Berlin: Author.

Jarvis, P. (1987). *Adult Learning in the Social Context*. Taylor & Francis.

Joppke, C (2004). The Retreat of Multiculturalism in the Liberal State: Theory and Policy, *The British Journal of Sociology*, 55 (2), 237-257.

Joppke, C. (2007). Beyond national models: Civic integration policies for immigrants in Western Europe, *West European Politics*, 30:1, 1-22.

Kadıoğlu, A. (1997). Migration Experiences of Turkish Women: Notes from a Researcher's Diary. *International Migration*, 35 (4), pp.537-556.

Kamat, S., Mir, A. & Mathew, B. (2004). Producing Hi-tech: Globalization, the State and Migrant Subjects. Globalisation, *Societies and Education*, 2 (1), 1-39.

Kaplan, S. (2006). *The Pedagogical state: Education and the Politics of National Culture in Post-1980 Turkey*. Stanford Univeristy Press.

Kates, Robert W. et.al. (2001). Sustainable Science, *Science* 292 (45517), 641-42.

Kaya, A. & Kentel, F. (2005). *Euro-Turks: a bridge or a breach between Turkey and the European Union ?*. Brussels: Centre for European Policy Studies.

Kearney, M. (1995) The Global and the Local: The Anthropology of Globalization and Transationalism, *Annual Review of Anthropology*, 25: 547-65.

Keeley, Brian, (2007). *Human Capital: How what you know shapes your life*. OECD.

Keskinkılıç, K. (Ed.) (2007). *Türk Eğitim Sistemi ve Okul Yönetimi*. Ankara: Pegem Akademi.

Khadria, B. (2008). India: Skilled Migration to Developed Countries, Labour Migration to the Gulf, In Castles, S. & Wise, R.D. (Eds.). *Migration and Development: Perspectives from the South*. International Organization for Migration. pp.79-112.

Kilpatrick, S. Field, J. & Falk, I. (2001). *Social Capital: an analytical tool for exploring lifelong learning and community development*. CRLRA Discussion Paper. University of Tasmania.

Kilpatrick, S., Field, J., & Falk, I. (2003). Social Capital: An Analytical Tool for Exploring LIfelong Learning and Community Development. *British Educational Research Journal*. 29 (3), 417-33.

King, A. D. (Ed.) (1991). *Culture, Globalization and the World-System: Contemporary Conditions for the Representation of Identity*, State University of New York at Binghamton.

King, U. (1987). World Religions, Women and Education. *Comparative Education*, 23 (1), 35-49.

Kirdar, M.G. (2009). Explaining Ethnic Disparities in School Enrollment in Turkey. *Economic Development and Cultural Change*. 57 (2), 298-333.

Knack, S. & Keefer, P. (1997). Does Social Capital Have an Economic Payoff ? A Cross-Contry Investigation. *The Quarterly Journal of Economics*. November. 1251-88.

Knowles, M.S., Holton, E.F. & Swanson, R.A. (2011). T*he Adult Learner: The Definitive Classis in Adult Education and Human Resource Development*. 7th ed. Elsevier.

Kogan, Irena (2003). *A Study of Employment Careers of Immigrants in Germany. Working Paper*. Mannheimer Zentrum für Europäische Sozialforschung.

Kojima, Hiroshi (2006). Variations in Demographic Characteristics of Foreign "Muslim" Population in Japan: a Preliminary Estimation. *The Japanese Journal of Population*. 4 (1). 115-130.

Kolukırık, S. & Aygül, H.H. (2009). Refugees and Asylum Seekers in Turkey: Sociological Aspects of an International Migration Movement. *Journal of Muslim Minority Affairs*. 29 (1). 69-82.

Kosnick, Kira (2004). "Extreme by Definition": Open Channel Television and Islamic Migrate Producers in Berlin. *New German Critique*. 92. 21-38.

Kuran, Timur (2001). The Provision of Public Goods under Islamic Law: Origins, Impact, and Limitations of the Waqf System. *Law and Society Review*. 35 (4), 841-98.

Kuzu, B. (2000). Din-vicdan hürryeti ve Türkiye'de laiklik analyişı, in Ensar Foundation (Ed.) *Demokratik Hukuk Devletinde Din ve Vicdan Hürriyet*. Ensar.

Kühnel, S. & Leibold, J. (2003). The Others and We: Relationships Between Germans and Non-Germans From the Point of View of Foreigners Living in Germany. In R. Alba, P. Schmidt, & M. Wasmer (Eds.), *Germans Or Foreigners ?* (pp. 143-162). New York: Palgrave Macmillan.

Larsson, G. & Sander, Å. (2007). *Islam and Muslims in Sweden: Integration or Fragmentation ?*, Berlin: Lit Verlag.

Lauder, H., Brown, P., Dillabough, J.-A., & Halsey, A.H. (Eds.)(2006). *Education, Globalization and Social Change*. Oxford University Press.

Lave, J. & Wenger, E. (1991). *Situated Learning: Legitimate peripheral participation*. Cambridge: Cambridge University Press.

Leclercq, J. M. (2003). *Facets of Interculturality in Education*. Council of Europe.

Levy, F. & Murnane, R.J. (2004). *the New Division of Labor: How computers are creating*

the next job market. NJ: Princeton University Press.
Lewis, B.（2001）. *The Muslim Discovery of Europe.* NY: Norton.
Lewis, B.（2003）. *The Crisis of Islam: Holy War and Unholy Terror.* New York: Random House.
Lewis, G.（1999）. *The Turkish Language Reform: A Catastrophic Success.* Oxford University Press.
Lin, N.（2001）. *Social Capital: a theory of social structure and action.* Cambridge: Cambridge University Press.
Longwe,（1999）. Monitoring and Evaluating Women's Educational Programmes: Concepts and Methodology Issues. In Medel-Anonuevo, C.（Ed.）. *Breaking through: Engendering, Monitoring and Evaluation in Adult Education.* Hamburg: UIE. 5-30.
Luchtenberg, S.（Ed.）.（2004）. *Migration, Education and Change.* Tayler & Francis.（山内乾史監訳［2010］『移民・教育・社会変動：ヨーロッパとオーストラリアの移民問題と教育政策』明石書店）
Luedtke, A.（2009）. Fortifying Fortress Europe？The Effect of September 11 on EU Immigration Policy, In Givens, T.E., Freeman, G.P and Leal D.L.（Eds.）*Immigration Policy and Security*, Routledge, pp.130-147.
Manço. Altay（2005）. Good cities, good practices: systematization of a theoretical and methodological framework for local actions designed to combat religious discrimination. *Migration Letters.* 2（3）. 189-213.
Mardin, Ş.（1977）. "Religion in Turkey", *International Social Science Journal.* 29, 279-97.
Maruyama, H.（2007）. Diversity as Advantage in "Homogeneous" Society: Educational Environment for Muslim in Japan. *Shingetsu Electronic Journal of Japanese-Islamic Relations*, 1: 57-78.（http://www. shingetsuinstitute.com/Maruyama1F.pdf）
Maruyama, H.,（2008a）. Education to Enrich Social Capital for Sustainable Development: A Case Study from Turkey, *Indian Educational Review*, 44（1）, NCERT
Maruyama, H.（2008b）. Non-Formal Education for Sustainable Development in Turkey, *Adult Education and Development*, 70, DVV/IIZ.（www.dvv-international. de/index. php?article_id=734&clang=1）
Maruyama, H.（2009a）. Lifelong Learning for Sustainable Community Development in a Japanese Case, *An International Journal of Educational Policy Analysis and Strategic Research*, 4（1）, 5-18.（http://inased.org/epasad/ v4n1/EPASADv4n1.pdf）
Maruyama, H.（2009b）. A Potentiality of Non-Formal Education beyond the Boundaries of Developed and Developing Countries: from a Japanese Academic Discourse,

Innovative Education Research, 2009（1）pp.11-20.

Maruyama, H.（2014a）. Sustainable Security for Lifelong Learners and Societies, *Journal of International Cooperation in Education*, 15（4）: 139-155.

Maruyama, H.（2014b）. Community Learning in Japan, *Adult Education and Development*, 81: 46-47. Bonn: DVV International.

Maruyama, H. & Sogel, K.（2015a）. Non-formal Education for Sustainable Society: a Case Study of: "Hobby School" in Estonia, *Turkish Journal of Sociology*, 30: 65-77.

Maruyama, H.（2015b）. Non-formal Education for A Culturally Isolated Student in A Remote Area, *Educational Studies in Japan: International Yearbook*, 9: 27-39.

Maruyama, H.（2015c）. How networking can help guide global citizenship in Japan, *Adult Education and Development*, 82: 52-57.

Massey, D.S., Arango, J. Hugo, G. et al.（Eds.）（2008）. *World in Motion*. Oxford University Press.

McClenaghan, P.（2000）. Social Capital: Exploring the Theoretical Foundations of Community Development Education, *British Educational Research Journal*, 26（5）, 565-82.

Meliane, L.（2004）. *Vivre Libre*. Oh! Editions.（堀田一陽訳［2005］『自由に生きる：フランスを揺るがすムスリムの女たち』社会評論社）

Mercan, Faruk（2009）. *Fethullah Gülen*. İstanbul: Doğan Kitap

Migration Integration Policy Index（http://www.integrationindex.eu/）

MIPEX（2007）. *Migration Integration Policy Index*, Brussels: Author.

MIPEX III（2011）. *Migration Integration Policy Index III*, Brussels: Author.

MIPEX 2015（2015）. *Migration Integration Policy Index 2015*: Integration Policies: Who Benefits ?, Brussels: Author.

Mir-Hosseini, Z.（1999）. *Islam and Gender: The Religious Debate in Contemporary Iran*, Princeton University Press.（山岸智子監訳［2004］『イスラームとジェンダー――現代イランの宗教論争』明石書店）

Mitchell, B.A.（1994）. Family Structure and Leaving the Nest: a Social Resource Perspective. *Sociological Perspectives*. 37（4）, 651-71.

Müftüler-Baç, M.（2008）. Turkey's Accession to the European Union: the Impact of the EU's Internal Dynamics. *International Studies Perspectives*. 9. 201-19..

Münz, R. & Ulrich, R.（2003）. The Ethnic and Demographic Structure of Foreigners and Immigrants in Germany. In R. Alba, P. Schmidt, & M. Wasmer. *Germans or Foreigners ? Attitude toward Ethnic Minorities in Post-Reunification Germany*.

Palgrave Macmillan. (19-43).
Napples, N. A. (2008). Economic Restructuring and the Social Regulation of Citizenship in the Hearland. In DeVault, M. (Ed.) (2008). *People at Work*. New York University Press. pp.112-38.
Narayan, D. (1999) *Bonds and Bridges: Social Capital and Poverty*, Policy Research Working Paper, World Bank.
Navaro-Yashin, Y. (2002). *Faces of the State: Secularism and Public Life in Turkey*. Princeton University Press.
Niessen, Jan & Schibel, Yongmi (2004). *Handbook on integration for policy-makers and practitioners*. European Communities.
Nishide, Yuko and Naoto Yamauchi (2005). Social Capital and Civic Activities in Japan, *Nonprofit Review* 5 (1), 13-28.
Noddings, N. (1992). *The Challenge to Care in Schools: An Alternative Approach to Education*. Teachers College Press.
Norland, E. & Somers, C. (Eds.) (2005). *Evaluating Nonformal Education Programs and Settings*, MN: New Directions for Evaluation, 108.
Nussbaum M. C. & Sen. A., (1993). *The Quality of Life*. Oxford University Press. (竹友安彦他訳［2006］『クオリティー・オブ・ライフ』里文出版)
Ogbu, J.U. (1991). Immigrant and Involuntary Minorities in Comparative Perspective, In Gibson, M.A. & Ogbu, J.U. *Minority Status and Schooling*, NY: Garland, pp.3-33.
Organisation for Economic Co-operation and Development (1989) *Reviews of National Policies for Education: Turkey*. OECD
Organisation for Economic Co-operation and Development (2001). *The Well-being of Nations: The Role of Human and Social Capital*. OECD.
Organisation for Economic Co-operation and Development (2004). *Learning for Tomorrow's World -First Results from PISA 2003*, OECD
Organisation for Economic Co-operation and Development (2005). *The Definition and Selection of Key Competencies- Executive Summary*. Paris: Author. (http://www.oecd.org/dataoecd/47/61/35070367.pdf)
Organisation for Economic Co-operation and Development (2006). *Where Immigrant Students Succeed: A Comparative Review of Performance and Engagement in PISA 2003*. Paris: Author.
Organisation for Economic Co-operation and Development (2008) *Growing Unequal ? Income Distribution and Poverty in OECD Countries*: OECD

Organisation for Economic Co-operation and Development (2011). *International Migration Outlook 2011*. Paris: Author.

Organisation for Economic Co-operation and Development-Centre for Educational Research and Innovation (2007) *Understanding the Social Outcomes of Learning*, OECD (教育テスト研究センター監訳［2008］『学習の社会的成果』明石書店)

Oweis, F.S. (2002). Islamic Art as an Educational Tool about the Teaching of Islam. *Art Education*, 55 (2), 18-24.

Ozkan, M. (2011). Transnational Islam, Immigrant NGOs and Poverty Alleviation: the Case of the IGMG, *Journal of International Development*, 23. DOI:10.1002/ jid.1766.

Özdalga, E. (1999) Education in the Name of Order and Progress: Reflections on the Recent Eight Year Obligatory School Reform in Turkey. *the Muslim World*, 29 (3-4), 414-38.

Özerdem, A. & Barakat, S. (2000). After the Marmara Earthquake: Lessons for Avoiding Short Cuts to Disasters, *Third World Quarterly* 21 (3), 425-39.

Pak, S.-Y. (2004). Cultural politics and vocational religious education: the case of Turkey, *Comparative Education*, 40 (3), 321-41.

Pamuk, Ş. (2008). Globalization, industrialization and changing politics in Turkey. *New Perspective on Turkey*, 38, 267-73.

Parcel, T.L. & Dufur, M.J. (2001). Capital at Home and at School: Effects on Student Achievement. *Social Forces*, 70 (3), 881-911.

Parker-Jenkins, M. (1995). *Children of Islam: A Teacher's Guide to Meeting the Needs of Muslim Pupils*. London: Trentham Books.

Peek, L. (2005). Becoming Muslim: The Development of a Religious Identity. *Sociology of Religion*, 66 (3), 215-42.

Pettit, Becky (2004). Moving and Children's Social Connections: Neighborhood Context and the Consequences of Moving for Low-Income Families. *Sociological Forum*, 19 (2), 285-311.

Phillipson, R. (2001). English for Globalisation for the World's People？ *International Review of Education*, 47 (3/4), 185-200.

Portes, A., (1997). Immigration Theory for a New Century, *International Migration Review*, 31 (4), 799-825.

Portes, A. (1998). Social Capital: Its Origins and Applications in Modern Sociology. *Annual Review of Sociology*, 24, 1-24.

Portes, A. (1999). Conclusion: Towards a New World: the Origins and Effects of

Transnational Activities, *Ethnic and Racial Studies*, 22 (2), 463-77.
Portes, A., Guarnizo, L.E. & Landolt, P. (1999). The study of Transnationalism: Pitfalls and Promise of an Emergent Reseach Field, *Ethnic and Racial studies*, 22 (2), 217-37.
Portes, A. & MacLeod D. (1999). Educating the second generation: determinants of academic achievement among children of immigrants in the United States. *Journal of Ethnic and Migration Studies*. 25 (3), 373-96.
Powers, G.F. (1996). Religion, Conflict and Prospects for Reconciliation in Bosnia, Croatia and Yugoslavia. *Journal of International Affairs*. 50 (1), 221-52.
Putnam, R. D. (2000). *Bowling Alone: the Collapse and Revival of American Community*. Simon and Schuster.
Putnam, R.D. (1993). *Making Democracy Work: Civic Traditions in Modern Italy*. Princeton University Press.
Ramberg, Ingrid, (2004). *Islamophobia and Its Consequences on Young People Seminar Report*, Council of Europe.
Rassol, N. (2004). Sustaining Linguistic Diversity within the Global Cultural Economy: Issues of Language Rights and Linguistic Possibilities, *Comparative Education*, 40(2), 199-214.
Richardson, Robin (Ed.) (2004). *Islamophobia: issues, challenges and action-A report by the commission on British Muslims and Islamophobia*, (http://www.insted.co.uk/islambook.pdf)
Rogers, A. (2004). *Non-Formal Education: Flexible Schooling or Participatory Education ?*, Kluwer Academic Publishers. (丸山英樹・大橋知穂他訳 [2009] 『ノンフォーマル教育――柔軟な学校教育または参加型教育』国立教育政策研究所)
Roy, O. (2004). *Globalized Islam*. Columbia University Press.
Runnymede Trust (2003). (http://www.runnymedetrust.org/projects/commissionOn British Muslims.html)
Rychen D.S. & Salganik, L.H. (2003). *Key competencies for a Successful Life and a Well-Functioning Society*, Hogrefe & Huber Publishers. (立田慶裕監訳 [2006] 『キー・コンピテンシー』明石書店)
Safran, William (1986). Islamization in Western Europe: Political Consequences and Hisorical Parallels. *Annals of the Amereican Academy of Political and Social Science*. 485. 98-112.
Said, J. & Jalabi, A. (2000). Law, Religion and the Prophetic Method of Social Change.

Journal of Law and Religion. 15 (1/2), 83-150.

Saktanber, A. (2007). Cultural Dilemmas of Muslim Youth: Negotiating Muslim Identities and Being Young in Turkey. *Turkish Studies*, 8 (3), 413-34.

Sarroub, Loukia K. (2002). In-Betweenness: Religion and Conflicting Visions of Literacy. *Reading Research Quarterly*, 37 (2), 130-48.

Sassen, S. (1991). *The Global City: New York, London, Tokyo*. Princeton University Press

Sassen, S. (1998). *Globalization and Its Discontents*. New Press. (田淵太一他訳［2004］『グローバル空間の政治経済学』岩波書店)

Schmidt, Garbi (2004). Islamic Identity Formation among Young Muslim: the Case of Denmark, Sweden and the United States. *Journal of Muslim Affairs*, 24 (1), 31-45.

Schoeni, R.F. (1997). New Evidence on the Economic Progress of Foreign-Born Men in the 1970s and 1980s. *The Jounarl of Human Resources*, 32 (4), 683-740.

Scott, E. K. & London, A. S. (2008). Women's Lives, Welfare's Time limits. In DeVault, M. (Ed.) (2008). *People at Work*. New York University Press. pp.157-79.

Sen, Amartya (1992). *Inequality Reexamined*. Oxford University Press. (アマルティア・セン、池本幸生他訳［1999］『不平等の再検討』岩波書店)

Sen, Amartya (1999). *Development as Freedom*. Anchor

Sen, Amartya (2006). *Identity And Violence: The Illusion of Destiny*. Norton.

Sensi, Dina (2005). Assessment of the "Faiths and Social cohesion" Project: What one can learn in the fight against discrimination. *Migration Letters*, 2 (3), 366-82.

Shalakany, Amr (2001). Between Identify and Redistribution: Sanhuri, Genealogy and the Will to Islamise. *Islamic Law and Society*, 8 (2), 201-44.

Shaw, Alison (2002). Why Might Young British Muslims Support the Taliban? *Anthropology Today*, 18 (1), 5-8.

Sheaffer, S. (1997). *Participation for Educational Change: a Synthesis of Experience*. UNESCO IIEP.

Sheldon, S.B. (2002). Parent's Social Networks and Beliefs as Predictors of Parent Involvement. The Elementaroy Schol Journal. 102 (4), 301-16.

Shields, M.K. & Behrman, R.E. (2004). Children of Immigrant Families: Analysis and Recommendations. *The Future of Children*. 14 (2), 4-15.

Shipper, A.W. (2008). *Fighting for Foreigners: Immigration and Its Impact on Japanese Democracy*. Cornell University Press.

Silova, I., Johnson, M.S. & Heyneman, S.P. (2007). Education and the Crisis of Social

Cohesion in Azerbaijan and Central Asia. *Comparative Education Review.* 51（2），159-80.

Skutnabb-Kangas, T.（2001）. The Globalisation of（Educational）Language Rights, *International Review of Education,* 47（3/4）, 201-19.

Söhn, J. & Özcan, V.（2008）. The Educational Attainment of Turkish Migrants in Germany. In R. Erzan & K. Kirişci,（Eds.）, *Turkish Immigrants in the European Union: Determinants of Immigration and Integration*（pp. 97-120）. New York: Routledge.

Stevens, M.L.（2001）. *Kingdom of children: Culture and controversy in the homeschooling movement.* Princeton, NJ: Princeton University Press.

Spiegler, T.（2003）. Home education in Germany: An overview of the contemporary situation, *Evaluation and Research in Education,* 17: 179-190.（doi:10.1080/09500790308668301）

Stromquist, N.P.,（1995）. The Theoretical and Practical Bases for Empowerment, In Medel-Afionuevo, C., *Women, Education and Empowerment.* Hamburg: UIE. 13-22.

Stromquist, N.P.（1998）. The Institutionalization of Genger and Its Impact on Educational Policy. *Comparative Education.* 34（1）, 85-100.

Stromquist N. P.（2002）. Education as a Means for Empowering Women. In Parpart, J.L., Shirin M. Rai & Kathleen A. Staudt（Eds.）*Rethinking Empowerment: Gender and Development in a Global/Local World.* London: Routledge. 22-37.

Stromquist, N. P.（2007）. Women's Education in the Twenty-First Century: Balance and Prospects, In Arnove R.F & Torres, C.A.（Eds.）*Comparative Education: the Dialectic of the Global and the Local.* MD: Rowman & Littlefield Pub. 151-74.

Suarez-Orozco, M.M.（1991）. Migration, Minority Status, and Education: European Dilemmas and Responses in the 1990s. *Anthropology & Education Quarterly.* 22（2）, 99-120.

Taeuber, I.B.（1958）. Population and Modernization in Turkey. *Population Index.* 24（2）, 101-22.

T.C. Milli Eğitim Bakanliği.（2001=2009）http://sgb.meb.gov.tr/

T.C. Milli Eğitim Bakanliği.（2001=2009）*Türkiye Eğitim İstatistikleri*（http://sgb.meb.gov. tr/）

Teachman, J.D., Paasch, K. & Carver, K.（1996）. Social Capital and Dropping Out of School Early. *Journal of Marriage and the Family.* 58（3）, 773-83.

Teachman, J.D., Paasch, K. & Carver, K.（1997）. Social Capital and the Generation of Human Capital. *Social Forces.* 75（4）, 1343-59.

Terwey, M. (2003). Ethnocentrism in Germany: Worldview Connections and Social Contexts. In R. Alba, P. Schmidt, & M. Wasmer (Eds.), *Germans Or Foreigners ?* (pp. 69-94). New York: Palgrave Macmillan.

Timmerman, C. (2008). Gender Dynamics in the Context of Turkish Marriage Migration: The Case of Belgium. In R. Erzan & K. Kirişci (Eds.) *Turkish Immigrants in the European Union: Determinants of Immigration and Integration* (pp. 121-139). New York: Routledge

Tonnies, F. (1957). *Community & Society (Gemeinschaft und Gesellschaft)*. (Loomis, C. Trans. 2002). Devon: Dover Publications.

Torres Rosa-Maria (2001). *What Works in Education ? Facing the new century, report for International Youth Foundation.*

Traustadottir, R. (2008). Work, Disability, and Social Inclusion: the Promise and Problematics of EU Disability Policy. In DeVault, M. (Ed.) (2008). *People at Work.* New York University Press. pp.74-93.

UNESCO Institute for Education (1999). *Migrant Education.* A series of 29 booklets documenting workshops helt at the Fifth International Conference on Adult Education.

UNESCO Institute for Lifelong Learning (2008). *Literacy and the Promotion of Citizenship: Discourses and Effective Practices.* Hamburg: UIL.

UNESCO Institute for Lifelong Learning (2010). *Confintea VI : sixth international conference on adult education final report.* UNESCO.

United Nations, (2000). *Replacement Migration: Is It a Solution to Declining and Ageing Populations ?.* UN.

United Nations Development Programme (2007). *Human Development Report 2008.* UNDP.

United Nations Development Programme (2008). *Youth in Turkey: Human Development Report.* UNDP

Uphoff, N.T. (2000). Understanding Social capital: learning from the analysis and experience of participation. In World Bank (Ed.) *Social Capital: a multi faceted perspective.* World Bank (215-49).

van Driel, B. (Ed.), (2004). *Confronting Islamophobia in Educational Practice.* Staffordshire: Trentham Books.

Wadad K. & Billeh, V. (2007). *Islam and Education: Myths and Truths.* Chicago: University of Chicago Press.

Wagner, D.A., Murphy, K.M., & de Korne, H. (2012). *Learning First: A Research Agenda for Improving Learning in Low-Income Countries*. Center for Universal Education. Brookings.

Wahlbeck, Ö. (2004). Turkish Immigrant Entrepreneurs in Finland: Local Embeddedness and Translational Ties. In M.P. Frykman (Ed.). *Transnational Spaces: Disciplinary Perspectives*. Malmö Univeristy. (pp.101-22).

Walerstein, I. (1991). *Geopolitics and Geoculture: Essays on the Changing World System*, Cambridge, Cambridge University Press

Wallraff, G. (1985). Ganz unten, Kön: Verlag Kiepenheuer & Witsch Köln（ギュンター・ヴァルラフ，マサコ・シェーンエック訳［1987］、『最底辺』岩波書店）

Watson-Gegeo, K. & Gegeo, D. (1995). Understanding Language and Power in the Solomon Islands: Methodological Lessons for Educational Intervention. (pp.59-72) In Tollefson, J. (Ed.). *Power and Inequality in Language Education*. Cambridge University Press.

Weldon, S.A. (2006). The Institutional Context of Tolerance for Ethnic Minorities: a Comparative, Multilevel Analysis of Western Europe. *American Journal of Political Science*. 50 (2). 331-49.

Wickens, C.M. & Sandlin, N.A. (2007). Literacy for What ? Literacy for Whom ? The Politics of Literacy Education and Neocolonialism in UNESCO- and World Bank-Sponsored Literacy Programs. *Adult Education Quarterly*. 57 (4). 275-92.

Woolcock, M. (1998). Social Capital and Economic Development: Towards a Theoretical Synthesis and Policy Framework, *Theory and Society*, 27, 151-208.

Woolcock, Michael (2000). Why Should We Care About Social Capital ? *Canberra Bulletin of Public Administration*, 98, 17-19.

World Bank Institute. (2007). *Empowerment in Practice: Analysis and Implementation*. World Bank.

Wrench, J. (2007). *Diversity Management and Dicrimination: Immigrants and Ethnic Minorities in the EU*. Hampshire: Ashgate.

Yang, F. & Ebaugh, H.R. (2001). Transformations in New Immigrant Religions and Their Global Implications. *American Sociological Review*. 66 (2). 269-88.

Yunus, M. (2007). *Creating a World without Poverty: Social Business and the Future of Capitalism*. PA: PublicAffairs.

Yükleyen, A. & Yurdakul, G. (2011). Islamic Activism and Immigrant Integration, *Immigrants & Minorities*, 29 (1), 64-85.

[和文]

アップル、マイケル・W & アウ、ウエイン（2009）「批判的教育の政治、理論、現実」アップル、マイケル・W & ジェフ・ウィッティ、長尾彰夫編『批判的教育学と公教育の再生』pp.10-38、明石書店。

天野正治・木戸祐・長島啓記（2006）『ドイツの教育のすべて』東信堂。

池田賢市（2001）『フランスの移民と学校教育』明石書店。

石井佑可子（2007）「メタ・ソーシャルスキル　測定尺度作成の試み」『京都大学大学院教育学研究科紀要』53: 286-98。

石川真作（2011）「ドイツにおけるトルコ系マイノリティ団体の活動」竹沢尚一郎編『移民のヨーロッパ――国際比較の視点から』pp. 51-75、明石書店。

石田光規（2004）「社会関係資本（Social Capital）――その理論的背景と研究視角」『社会学論考』25: 11-81。

石原浩（2007）「社会関係資本と信頼概念」『情報研究』36: 17-27。

井筒俊彦訳（1957、1958a、1958b）『コーラン（上）（中）（下）』岩波文庫。

板垣雄三（2002）『「対テロ戦争」とイスラム世界』岩波新書。

伊藤亜希子（2007）「ドイツにおける移民支援機関の設立とその社会的背景」『国際教育文化研究』7: 49-60。

今井重孝（1990）「比較教育学方法論に関する一考察――『一般化』志向と『差異化』志向を軸として」『比較教育学研究』16: 19-29。

伊豫谷登士翁（2002）『グローバリゼーションとは何か』平凡社。

伊豫谷登士翁編（2007）『移動から場所を問う――現代移民研究の課題』有信堂高文社。

宇野重昭・鶴見和子編（1994）『内発的発展と外向型発展――現代中国における交錯』東京大学出版会。

江原裕美編（2011）『国際移動と教育』明石書店。

ボスウィック、W（2002）「『移民国家』への転換を図るドイツ」『NIRA 政策研究』15(1): 20-24。

大江宏子（2006）「コミュニティ再生における社会ネットワーク活用に関する一考察――社会関係資本の本質と英国における政策事例から」『社会情報学研究』11（1）: 1-18。

欧州評議会（2004）『外国語教育Ⅱ　外国語の学習、教授、評価のためのヨーロッパ共通参照枠』吉島茂・大橋理恵訳編、朝日出版社。

太田美幸（2009）「成人教育のゆくえ－スウェーデン――公共性をめぐる緊張関係」関啓子・太田美幸（編）『ヨーロッパ近代教育の葛藤』pp. 59-75、東信堂。

小野一（2008）「ドイツ・赤緑連立政権の移民・外国人政策――政策転換をめぐる一考察」『人文・自然研究』一橋大学大学教育研究開発センター、pp. 269-287。

粕谷元（2003）「トルコのイスラーム潮流」小松久男・小杉泰編『現代イスラーム思想と政治運動』pp. 63-83、東京大学出版会。

片倉もとこ（2004）「日本社会とイスラームをめぐって」片倉もとこ・梅村坦・清水芳見編『イスラーム世界』pp. 2-20、岩波書店。

加藤博（2006）『「イスラム vs. 西欧」の近代』講談社現代新書。

門脇厚司（1999）『子どもの社会力』岩波新書。

門脇厚司（2003）『親と子の社会力——非社会化時代の子育てと教育』朝日出版社。

金子郁容（2005）「ローマへの道——社会関係資本と教育政策」『国際交通安全学会誌』30(1): 67-70。

金子勝（1999）『反グローバリズム』岩波書店。

鴨澤巌（1990）「西独のトルコ人移民」『中東研究』345: 21。

川口マーン恵美（2003）「外国人だらけの国ドイツ——苦肉の新移民法で何が起こるか」『草思』4(13): 13-20。

川野辺敏・山本慶裕編（1999）『生涯学習論』福村出版。

菊地栄治（2015）「貧困の連鎖と向き合う高校教育——関係性をつむぐ＜多元的生成モデル＞の可能性」『現代思想』pp. 224-234、青土社。

木戸裕（2001）「EU 統合とヨーロッパ教育の課題」『比較教育学研究』27: 68-79。

工藤正子（2008）『越境の人類学——在日パキスタン人ムスリム移民の妻たち』東京大学出版会。

工藤庸子（2007）『宗教 vs. 国家』講談社現代新書。

ケレシュ、R（1991）「トルコからの海外移民」内藤正典＋一橋大学社会地理学ゼミナール（編）『ドイツ再統一とトルコ人移民労働者』pp. 59-84、明石書店。

厚生労働省（2007）『日雇い派遣労働者の実態に関する調査および住居喪失不安定就労者の実態に関する調査の概要（平成 19 年 8 月 28 日発表）』厚生労働省。

小林真紀子（1995）「ドイツにおけるトルコ人問題——労働者と難民」『現代の中東』19: 41-46。

子安増生編（2009）『心が活きる教育に向かって——幸福感を紡ぐ心理学・教育学』ナカニシヤ出版。

近藤順三（1998）「ベルリンのトルコ人青少年の生活状況と意識——ベルリン市外国人問題特別代表部の調査から」『社会科学論集』愛知教育大学地域社会システム講座、37: 55-135。

近藤順三（2006）「現代ドイツのイスラム組織とイスラム主義問題——トルコ系移民社会を例にして」『社会科学論集』愛知教育大学地域社会システム講座、44: 1-72。

近藤順三（2007）「現代ドイツの『移民の背景』を有する人々と国外移住——移民国ドイ

ツの現状」『社会科学論集』愛知教育大学地域社会システム講座、45: 41-67。
近藤孝弘（2009）「移民受け入れに揺れる社会と教育と教育学の変容」佐藤学・澤野由紀子・北村友人編（2009）『揺れる世界の学力マップ』pp. 50-72。 明石書店。
佐伯胖・佐藤学・藤田英典編（1996）『学び合う共同体』東京大学出版会。
坂口正二郎（2007）「リベラル・デモクラシーにとってのスカーフ問題」内藤正典・坂口正二郎編（2007）『神の法 vs. 人の法』日本評論社。
桜井啓子（2003）『日本のムスリム社会』筑摩書房。
桜井啓子（2006）『シーア派――台頭するイスラーム少数派』中公新書。
サッセン、S（1999）『グローバリゼーションの時代――国家主権のゆくえ』伊豫谷登士翁訳、平凡社。
サッセン、S（2008）『グローバル・シティ』伊豫谷登士翁監訳、筑摩書房。
佐藤郁哉（2002）『フィールドワークの技法――問いを育てる、仮説をきたえる』新曜社。
佐藤郁哉（2012）『フィールドワーク増訂版――書を持って街へ出よう』新曜社。
佐藤成基（2009）「国民国家と移民の統合――欧米先進国における新たな『ネーション・ビルディング』の模索」『社会学評論』60（3）．348-363。
佐藤学（1999）『教育改革をデザインする』岩波書店。
佐藤学（2001）『学力を問い直す』岩波ブックレット No. 548。
佐藤学（2009）「教育の公共性と自律性の再構築へ」矢野智司・秋田喜代美・佐藤学・今井康雄・広田照幸（編）『変貌する教育学』pp. 271-291、瀬織書房。
佐藤学・澤野由紀子・北村友人（2009）『揺れる世界の学力マップ』明石書店。
佐藤裕子（2007）「ドイツの移民テストと主導文化――多文化主義からの離脱」『関西大学人権問題研究室紀要』55: 1-17。
澤江史子（2005）『現代トルコの民主政治とイスラーム』ナカニシヤ出版。
四釜綾子・松尾馨（2006）「多様性に応じたドイツ語テスト」国立国語研究所編『世界の言語テスト』pp. 97-129、くろしお出版。
渋谷英章（2005）「生涯学習における社会的効果に関する研究――社会関係資本の視点からの可能性」『日本生涯教育学会年報』26: 39-46。
白須英子（2003）『イスラーム世界の女性たち』文春新書。
ジンメル、G（1998）『現代社会学体系1　社会分化論　宗教社会学（新編改訳版）』青木書店。
ジンメル、G（1979）『社会学の根本問題』清水幾太郎訳、岩波書店。
杉谷眞佐子・高橋秀彰・伊東啓太郎（2005）「EUにおける『多言語・多文化』主義」『外国語教育研究』10: 35-65。
杉原千秋（2002）「移民と教育――ドイツの首都ベルリン、トルコ人の子どもたち」『月刊

社会民主』7: 36-41。
杉本均（2000）「滞日ムスリムの教育問題——日本におけるもうひとつの異文化」江原武一編『多文化教育の国際比較エスニシティへの教育の対応』pp. 309-325、玉川大学出版部。
鈴木敏正（1995）「北アイルランド成人教育の構造と Non-formal Education の意義」『北海道大学教育学部紀要』68: 1-61。
首藤信彦（2001）『コーラン破棄事件（富山県）に関する質問主意書（平成13年6月12日）』質問第94号。
関啓子他（1996）「座談会ムスリムから見た日本——日本教育の異文化共存体制について考える」内藤正典編『もうひとつのヨーロッパ——多文化共生の舞台』pp. 102-114、古今書院。
園山大祐（2007）「複言語主義に向けた EU の言語教育政策」『比較教育学研究』35: 17-32。
田中宇（2001）『タリバン』光文社新書。
田中信世（2001）「ドイツの人口問題と移民政策」『ITI 季報』46: 18-21。
田中治彦（1991）『学校外教育論』学陽書房。
田中雅文（2003）『現代生涯学習の展開』学文社。
辻村大生（2005）「「社会的資本」論の可能性——地域社会学にいかに貢献しうるか」『現代社会理論研究』15: 359-370。
鶴見和子・川田侃（1989）『内発的発展論』東京大学出版会。
デューイ、J（1975）『民主主義と教育』（上）松野安男訳、岩波書店。
トッド、E（1994=1999）『移民の運命——同化か隔離か』藤原書店（Tod, E. *Le Destin des immigrés*, Seuil, Paris）。
内閣府（2007）『平成19年版国民生活白書「つながりが築く豊かな国民生活」』内閣府。
内閣衆質151第94号（2001）「衆議院議員首藤信彦君提出コーラン破棄事件（富山県）に関する質問に対し、別紙答弁書を送付する」（平成13年7月10日）答弁第94号。
内藤正典（2004）『ヨーロッパとイスラーム』岩波新書。
内藤正典編（2008）『激動のトルコ』明石書店。
内藤正典・坂口正二郎編（2007）『神の法 vs. 人の法』日本評論社。
内藤正典・中田考（2016）『イスラームとの講和——文明の共存をめざして』集英社新書。
中田考（2001）「トルコの『市民社会』思想運動とフェトフッラー・ギュレン」『中東研究』2001年3月号19-28。
長島啓記（2003）「ドイツにおける『PISA ショック』と改革への取組」『比較教育学研究』29: 65-77。
永田佳之（2005）『オルタナティブ教育』新評論。

永田佳之編（2007）『アジア太平洋地域の持続可能な開発のための教育に関する国際研究集会に向けた企画調査による科研費報告書』国立教育政策研究所。

中山あおい（1998）「ドイツにおける異文化間教育——マイノリティの子どもたちの観点から」『比較・国際教育』6: 63-78。

中山あおい（2008）「ドイツの移民児童・生徒に対する支援団体のネットワークと連携（特集＝地域におけるニューカマー支援と連携－異文化間教育学の視座から）」『異文化間教育』28: 21-31。

西川潤（2011）『グローバル化を超えて——脱成長期　日本の選択』日本経済新聞出版社

日本比較教育学会編（2012）『比較教育学事典』東信堂。

野中恵子（1993）『ドイツの中のトルコ——移民社会の証言』柘植書房。

服部美奈（2001）『インドネシアの近代女子教育——イスラーム改革運動のなかの女性』勁草書房。

ハナーズ、U（1991）「周辺文化のためのシナリオ」A・キング編『文化とグローバル化』山中弘・安藤充・保呂篤彦訳、pp. 150-178、玉川大学出版部。

ハンス・ゲオルク・マーセン（2007）「ドイツ移民法・統合法成立の背景と動向」『筑波ロージャーナル』2: 105-125。

林良子（2006）「EUの複言語主義——学力低下と移民児童の増加に対するドイツ教育現場の試み」『近代』96: 35-48。

平高史也（2008）「ドイツにおける移民の受け入れと言語教育——ドイツ語教育を中心として」『日本語教育』138: 43-52。

平塚眞樹（2006）「移行システム分解過程における能力観の転換と社会関係資本——『質の高い教育』の平等な保証をどう構想するか？」『教育学研究』73: 69-80。

広井良典（2001）『定常型社会——新しい「豊かさ」の構想』岩波新書。

広井良典（2009）『グローバル定常型社会地球社会の理論のために』岩波書店。

広井良典（2009）『コミュニティを問いなおす——つながり・都市・日本社会の未来』ちくま新書。

ファクレジャハニ、A（2006）「布のスカーフが盾に——革命と戦争により、家の中から社会に出ることを獲得した女性たち」『現代思想』34(6): 193-201。

布川あゆみ（2009）「受け入れ社会のまなざしと移民のまなざしの交錯——ドイツにおける移民の子どもの『学力』を媒介に」『〈教育と社会〉研究』19: 64-71。

福田浩子（2007）「複言語主義における言語意識教育——イギリスの言語意識運動の新たな可能性」『異文化コミュニケーション研究』19: 101-19。

藤田英典（1995）「社会の認識・倫理の形成」佐伯胖・佐藤学・藤田英典編『共生する社会』pp. 177-226、東京大学出版会。

藤原和彦（2001）『イスラム過激原理主義』中公新書。
プライズ、L（2008）「トランスナショナリズムと移住——社会科学の新しい課題と教育」ジークリット・ルヒテンベルク編『移民・教育・社会変動』山内乾史監訳、pp. 47-90、明石書店。
フリードマン、J（1995）『市民・政府・NGO「力の剥奪」からエンパワーメントへ』新評論。
フレイレ、P（1979）『被抑圧者の教育学』小沢有作ほか訳、亜紀書房。
ブレンダ・ヨー（2007）「女性化された移動と接続する場所——『家族』『家』『市民社会』と交渉するトランスナショナルな移住女性」伊豫谷登士翁編『移動から場所を問う』pp. 149-170、有信堂高文社。
ボスウィック・ヴォルガング（2002）「『移民国家』への転換を図るドイツ」『NIRA 政策研究』15 (1): 20-24。
北海道知事政策部（2006）『社会関係資本の醸成と地域力の向上——信頼の絆で支える北海道』平成 17 年度アカデミー政策研究。
本田由紀（2005）『多元化する「能力」と日本社会』NTT 出版。
牧野信也（1996）『イスラームの原点「コーラン」と「ハディース」』中央公論社。
松下佳代（2014）「PISA リテラシーを飼いならす」『教育学研究』81 (2): 14-27。
丸尾眞（2007a）「ドイツ・ヘッセン州における外国人・移民の現状および統合政策」『ESRI Discussion Paper Series No. 184』内閣府経済社会総合研究所。
丸尾眞（2007b）「ドイツ移民法における統合コースの現状および課題」『ESRI Discussion Paper Series No. 189』内閣府経済社会総合研究所。
丸山英樹（2006）「トルコの教育改革——欧州水準を目指した量的拡大と世俗主義維持の機能」『国立教育政策研究所紀要』135: 137-151。
丸山英樹（2007a）「滞日ムスリムの教育に関する予備的考察」『国立教育政策研究所紀要』136: 165-174。
丸山英樹（2007b）「トルコの第 9 次国家開発計画にみる教育政策のゆくえ」『アジア教育』1: 65-73。
丸山英樹（2008）「つながりから見る ESD 研究——社会関係資本論を用いた『持続可能な発展のための教育』への視座」『国立教育政策研究所紀要』137: 219-231。
丸山英樹（2009）「グローバリゼーション下におけるトルコの教育の宗教保守化」『アジア教育』3: 62-73。
丸山英樹（2010a）「国際的に認知される言語の多様性と欧州の言語教育政策の背景」『国際理解教育』16: 49-56。
丸山英樹（2010b）『欧州におけるムスリム移民の教育と統合に関する研究』科学研究費

補助金報告書。

丸山英樹（2013a）「ユニセフが捉えた先進国の子どもの幸福度」教育と医学の会編『教育と医学』2013年1月号、pp. 4-10。

丸山英樹（2013b）「欧州・中東をみる比較教育学――欧州とアジア、または文化の狭間で」山田肖子・森下稔編『比較教育学の地平を拓く――多様な学問観と知の協働』pp. 358-375、東信堂。

丸山英樹（2014a）「欧州におけるムスリム移民の教育問題――『学力』と『違い』が問いかけるもの」田中治彦・杉村美紀編『多文化共生社会におけるESD・市民教育の可能性』pp28-39、上智大学出版部。

丸山英樹（2014b）「ドイツに暮らすトルコ女性の自立化の現状と課題」吉村・福原裕二編『現代アジアの女性たち――グローバル化社会を生きる』pp. 15-35、新水社。

丸山英樹（2014c）「中東・イスラーム地域にみる多様な教育ニーズ」『アジ研ワールド・トレンド』230: 14-15。

丸山英樹（2015）「キーコンピテンシーと国際理解教育」日本国際理解教育学会編『国際理解教育ハンドブック』pp. 41-48、明石書店。

丸山英樹（2016a）「津波災害後のスリランカにおける持続可能な地域社会の構築――ノンフォーマル教育研究の観点から」『比較教育学研究』52: 168-177。

丸山英樹編（2016b）『ノンフォーマル教育に関する国際比較研究』科学研究費補助金最終報告書（「学習者のウェルビーイングに資するノンフォーマル教育の国際比較研究」研究課題番号 25301053」）上智大学。

丸山英樹（2016c）「移民統合政策指標（MIPEX）にみる諸外国と日本」園山大祐編『岐路に立つ移民教育』pp. 224-238、ナカニシヤ出版。

丸山英樹（2016d）「国際イニシアチブと学力観が描く市民像」佐藤学・秋田喜代美・志水宏吉・小玉重夫・北村友人偏『岩波教育講座第7巻 グローバル時代の市民形成』pp. 45-72、岩波書店。

丸山英樹・太田美幸編（2013）『ノンフォーマル教育の可能性：リアルな生活に根ざす教育へ』新評論。

丸山英樹・太田美幸・二井紀美子・見原礼子・大橋千穂（2016）「公的に保障されるべき教育とは何か：ノンフォーマル教育の国際比較から」『〈教育と社会〉研究』26: 63-76。

ミラー、J・P（1993=1997）『ホリスティックな教師たち――いかにして真の人間を育てるか？』中川吉晴他訳、学習研究社 (Miller, J. P., The Holistic Teacher, Ontario: OISE Press)。

ミール＝ホセイニー（1999=2004）『イスラームとジェンダー』山岸智子監訳、明石書店。

見田宗介（2006）『社会学入門――人間と社会の未来』岩波新書。

見原礼子（2009）『オランダとベルギーのイスラーム教育』明石書店。
宮崎元裕（2003）「トルコにおける世俗主義と宗教教育」江原武一編『世界の公教育と宗教』pp. 277-294、東信堂。
宮島喬編（2009）『移民の社会的統合と排除——問われるフランス的平等』東京大学出版会。
宮島喬（2011）「はじめに　グローバル化のなかの人の移動と民族——教育を考える視点から」江原裕美編『国際移動と教育』pp. 13-28、明石書店。
宮田律（2001）『現代イスラムの潮流』集英社新書。
宮田律（2007）『イスラムに負けた米国』朝日新書。
三輪建二（2000）「ドイツ成人教育の苦悩と課題」黒沢惟昭・佐久間孝正（編）『苦悩する先進国の生涯学習』pp. 117-141、社会評論社。
村上薫（1997）「トルコの教育制度改革」『アジ研ワールド・トレンド』29: 28-29。
村上薫（2006）「トルコの『新しい貧困』問題」『現代の中東』41: 37-46。
森明子（2011）ベルリンのトルコ系移民のしごととソーシャル・ネットワークについて、竹沢尚一郎編『移民のヨーロッパ——国際比較の視点から』pp. 32-50、明石書店。
森千香子（2005）「フランスにおける『イスラームフォビア』の新展開とその争点」『日本中東学会年報』20(2): 323-351。
山内直人（2005）「シビルソサエティを測定する——数量的把握の現状と課題」日本公共政策学会編『公共政策研究』5: 53-67。
山内昌之（2000）『文明の衝突から対話へ』岩波現代文庫。
山岸俊男（1999）『安心社会から信頼社会へ　日本型システムの行方』中公新書。
山崎貴子（2007）「ジェンダーと社会関係資本」『教育・社会・文化—研究紀要』11: 61-69。
山田哲也（2006）「学校教育は互恵的な社会関係を生み出すのか？——教育の社会化機能にみる『格差』是正の可能性」『教育学研究』73: 88-97。
山野良一（2008）『子どもの最貧国・日本』光文社。
山本健兒（2004）「ベルリン在住トルコ人の日常生活と生活意識——ベルリン市外国人応嘱官が実施した社会調査結果の解釈」『地誌研年報』13: 53-82。
結城貴子（2003）「国際協力における社会関係資本の概念の有用性——世界銀行支援イエメン基礎教育拡充プロジェクトの事例分析」『国際教育協力論集』6（1）: 111-121。
ユネスコ・アジア文化センター（2009）『ESD 教材活用ガイド－持続可能な未来への希望』ACCU。
好井裕明編（2005）『繋がりと排除の社会学』明石書店。
ラズロ、E（2005）「『いまこそ必要な知恵』を育む——現代教育の最重要課題」『「持続可能な開発」と 21 世紀の教育』平成 16 年度教育改革国際シンポジウム報告書、pp.

7-21、国立教育政策研究所（http://www.nier.go.jp/symposium/jouhou20050326/j.pdf）。

ルヒテンベルク・S 編（2008）『移民・教育・社会変動――ヨーロッパとオーストラリアの移民問題と教育政策』山内乾史監訳（Luchtenberg, S. 2004. Migration, Education and Change. Tayler & Francis.）明石書店。

レモン、R（2010）『政教分離を問いなおす：EU とムスリムのはざまで』工藤庸子・伊達聖伸訳、青土社。

労働政策研究・研修機構（2006）『欧州における外国人労働者受入れ制度と社会統合――独・仏・英・伊・蘭 5 カ国比較調査』労働政策研究報告書 59。

労働政策研究・研修機構（2008）『諸外国の外国人労働者受入れ制度と実態』JILPT 資料シリーズ 46。

あとがき

　本書は、2012年の秋に上智大学へ提出した博士論文をもとに、その後も継続した研究の成果を追加する形で仕上がっている。まず、上智大学での博士論文の審査においては、杉村美紀先生（総合人間科学部教授）、田中治彦先生（同教授）、北村友人先生（当時、同准教授。現東京大学准教授）、そして池田賢市先生（中央大学教授）からご指導を賜ることができ、心から感謝申しあげたい。先生方からは博士論文のご指導だけでなく、その後の研究において、常にご助言を頂くことができ、より良い研究を進める動機づけとなっている。

　初めてベルリンの調査に入ったのが2008年の秋だったため、本書には8年も前の情報が含まれていることになる。幸いなことに、その間も本研究が注目した「地域の母」事業は継続され、多くの移民女性たちが活躍している。2015年5月から着任した、37歳の女性区長フランツェスカ・ギファイ（Franziska Giffey）氏は、前の区長ハインツ・ブシュコフスキー（Heinz Buschkowsky）氏に続き本事業をさらに支持していくことを表明している（2016年5月7日のインタヴュー）ことから、また本文でも記したように、「母」たちはすべての家庭への訪問を達成していることから、今後はより質の高い事業展開が予想される。

　著者は、ドイツに来る度に、可能な限りベルリン・ノイケルン区に立ち寄った。調査に協力してくれた行政官や移民を背景に持つ人たちの中には、それぞれの人生・キャリアの変化によって、再会できなくなった人たちもいた。だが、何度も繰り返し話を伺うことができた人たちとは顔なじみとなり、ドイツ人からはファーストネームで呼ばれるようになり、「母」たちからは「あの日本人はどうしてるのか」と話題にあげてもらうようになった。

　特に、ノイケルン区の移民室長である、アーノルド・メンゲルコッホ（Arnold Mengelkoch）氏には感謝して止まない。2008年に初めて単独でベルリンを調査する前、アポイントメントを取ろうと必死で試みたが、ベルリン市はおろか、当時トルコ移民についての先行研究が見られたクロイツベルク区からも全く相手にされなかった。今となっては他の方法も思いつくが、当

時の著者を正式に迎えてくれたのは、2015 年 4 月末までノイケルン区長だったブシュコフスキー氏の右腕として、移民に関する方針について専門的知識と経験を蓄えつつあった室長着任 2 年目のメンゲルコッホ氏だった。2011 年 3 月 14 日にもノイケルン区に調査に入る予定だったが、3 日前に発生した東日本大震災と当日の朝に突然始まった計画停電のため成田空港に辿りつけず、調査を 5 月に延期した時にはブシュコフスキー氏からベルリン・ベア（ベルリン各区を示す独自カラーの熊の置物）をいただいた。その時、メンゲルコッホ氏は「私もこんなのもらったことないのに」と漏らしたことは、感謝とともに忘れられない記憶の一つとなった。その後、彼には日本でも講演してもらい、ベルリン取材を求めた NHK に紹介し出演してもらったり、また著者がコペンハーゲンで調査していた時にはテレビに映っている姿を見かけたり、素晴らしいご活躍をされている。2016 年 5 月の連休中に調査に著者が入った時には最終日にスリに遭いカメラごと全ての写真を失ったが、同情してくれたメンゲルコッホ氏とメディアの方から写真の提供をいただき、本書にも掲載することができた。重ねがさね感謝する。

　また、最初の手探り状態だった頃、欧州在住ムスリム移民について既に長く扱っておられた、内藤正典先生（当時、一橋大学教授。現同志社大学教授）に相談に乗っていただいた。ランチ時間も無いほどご多忙だったのに、面識も業績も無い若い研究者の研究計画に耳を傾ける時間を割いてくださった。トルコの状況を踏まえた上で、ベルリンでの調査対象となる候補などを教示いただき、彼の助言が無くては、最初の調査は絶対にうまくいかなかった。当時よりさらに多忙となられた内藤先生とはネットでしか交流できてないが、彼の共有する情報はトルコはじめとした中東地域とドイツなど欧州諸国だけでなく、日本社会にとっても極めて重要であり、ノンフォーマルにご指導いただけたと著者は勝手に思い込んでいる。

　「ノンフォーマル教育」などという古い概念を取り上げることになったのは、偶然のようで必然だったように思う。先進国や国際機関、あるいは非政府組織が発展途上国で支援する国際協力の世界ではノンフォーマル教育は常に語られ、この研究が始まった時に著者が所属していた国立教育政策研究所でもわずかに扱われていた。生涯学習やオルタナティブ教育といった異なる

表現で共有しながら、当時、目黒にあった研究所の先輩たちから様々な応援を得て、この研究を始めることができた。斉藤泰雄先生（当時、国立教育政策研究所国際研究・協力部総括研究官）からは、学校教育こそが解決策の手がかりであると指摘を受け、なぜノンフォーマル教育が重要なのかを考える機会を常にいただいた。永田佳之先生（聖心女子大学教授）からは、国内外で共にフィールドワークを重ねながら研究手法を伝授していただいた。菊地栄治先生（早稲田大学教授）からは、自らの研究成果を通して、研究の臨床的意義が重要であることを教わった。アカデミックな雰囲気を残していた当時の研究所では、他の先生方からも多くのことを教わることができたものである。本研究が走りだし軌道に乗る頃には研究所は霞が関に移転し、研究上の「学習」機会はフィールドワークで出逢った人たちやインタビュー相手から、気づきとしていただくことが増えた。日本の学校教育のように誰か他人が定めたカリキュラムによる教育だけが人を変えるわけではないと身をもって知り得た後、太田美幸先生（一橋大学准教授）との共同研究によって、「ノンフォーマル教育」という概念を用いて整理する必要があると確信に至り、今も他の先生方、専門家とも一緒にノンフォーマル教育研究を継続させていただいている。

　もともと著者はトルコの教育について研究を続けるつもりが、トルコ人を追いかけていくうちに欧州諸国まで来てしまった。欧州諸国を研究対象としている先生方には、著者のような門外漢が、ちょうどトルコ人が欧州諸国で無秩序にケバブ屋を開いたかのように、土足でフィールドを荒らすように見えたかもしれない。しかしながら、ドイツを専門に研究されている近藤孝弘先生（早稲田大学教授）と同じフィールドを歩かせていただいた時は「移民コミュニティなど、私の知らないドイツを見せてくれて、ありがとう」と言われ、感激した。博士論文としてまとめた頃、著者はOECD-PISA運営理事日本政府代表理事に着任することになった。OECD本部における会議の場では欧州における移民の教育課題を他国の理事たちと意見交換し、アンドレア・シュライヒヤー氏（OECD教育・スキル局長）とは「トルコ系移民のパフォーマンスは政策分析における共通の変数として見ることができる」などと意見交換する機会もあり、トルコ研究が無駄でなかったことも感じた。欧

州における移民と学力の観点からは園山大祐先生（大阪大学准教授）の研究チームに入れていただき、多くの示唆をいただくことができた。また、難民受け入れが大きな課題となり、2016年には目まぐるしく変化するドイツの状況をフォローして、本書の完成まで手伝ってくれたのは、布川あゆみ先生（一橋大学特別研究員）である。そして、トランスナショナルな移民と学習は、今世紀の社会のあり方にとって重要な要素であるとご理解くださり、出版の労をとっていただいたのは、明石書店の安田伸氏と松本徹二氏である。今の日本社会における排他的な雰囲気を危機感として、欧州の苦しい経験から日本も学ぶことができるのではないかと課題意識を共有し、著者の執筆を励ましてくださった。

　最後になったが、これまで著者の身勝手な研究生活を忍耐強く支えてくれた妻Özgeに感謝したい。トルコ人である彼女には、ドイツにおけるトルコ人の扱いについての間接的な情報に触れるたびに、ドイツは酷い国だと映った。だが、良い面が数多いトルコ共和国も、完璧な国とは到底言えない。トルコ料理と和食が混在する我が家の食卓で繰り返された相互「学習」の後、改めて考えさせられたのは、当事者にとっての意味は何かであった。

　本研究を通して、異なる文化の共存は大義名分も必要であるが、日常生活の積み重ねであると、食事の度に考えるようになった。どのような環境であれ、温かい食事をともにできる関係性の構築が、ノンフォーマル教育・インフォーマル学習によってより容易になればと期待しつつ、研究を継続していきたい。

●イスタンブル・ボスポラス海峡

●著者紹介

丸山　英樹　（まるやま　ひでき）
1971年生まれ。広島大学大学院国際協力研究科博士課程修了。博士（教育学）。上智大学グローバル教育センター准教授。専門は比較教育学、教育社会学、国際教育協力論。青年海外協力隊を経験した後、文部科学省国立教育政策研究所国際研究・協力部総括研究官を経て、現職。その間、OECDとUNESCOの国際教育事業の実施やJICA識字教育事業の指導に従事。著書に『ノンフォーマル教育の可能性――リアルな生活に根ざす教育へ』(2013年、新評論、共編著）など。

トランスナショナル移民のノンフォーマル教育
―女性トルコ移民による内発的な社会参画

2016年12月23日　初版第1刷発行

著　者	丸　山　英　樹
発行者	石　井　昭　男
発行所	株式会社明石書店

〒101-0021 東京都千代田区外神田6-9-5
電話 03（5818）1171
FAX 03（5818）1174
振替 00100-7-24505
http://www.akashi.co.jp/

装丁　明石書店デザイン室
印刷・製本　モリモト印刷株式会社

（定価はカバーに表示してあります）　ISBN978-4-7503-4450-8

JCOPY 〈(社)出版者著作権管理機構　委託出版物〉
本書の無断複写は著作権法上での例外を除き禁じられています。複写される場合は、そのつど事前に、(社)出版者著作権管理機構（電話　03-3513-6969、FAX　03-3513-6979、e-mail: info@jcopy.or.jp）の許諾を得てください。

異文化間に学ぶ「ひと」の教育
異文化間教育学大系1
異文化間教育学会企画
小島勝、白土悟、齋藤ひろみ編
●3000円

文化接触における場としてのダイナミズム
異文化間教育学大系2
異文化間教育学会企画
加賀美常美代、徳井厚子、松尾知明編
●3000円

異文化間教育のとらえ直し
異文化間教育学大系3
異文化間教育学会企画
山本雅代、馬渕仁、塘利枝子編
●3000円

異文化間教育のフロンティア
異文化間教育学大系4
異文化間教育学会企画
佐藤郡衛、横田雅弘、坪井健編
●3000円

現代国際理解教育事典
日本国際理解教育学会編著
●4700円

比較文化事典
関東学院大学国際文化学部比較文化学科編
●3300円

国際理解教育 VOL.22
日本国際理解教育学会編集
特集・道徳教育と国際理解教育
●2500円

国際理解教育ハンドブック
日本国際理解教育学会編著
グローバル・シティズンシップを育む
●2600円

グローバル化する世界と「帰属の政治」
ロジャース・ブルーベイカー著
佐藤成基、髙橋誠一、岩城邦義、吉田公記編訳
移民/シティズンシップ/国民国家
●4600円

学習社会への展望
日本学習社会学会創立10周年記念出版編集委員会編
地域社会における学習支援の再構築
●2600円

国際移動と教育
江原裕美編著
東アジアと欧米諸国の国際移民をめぐる現状と課題
●3900円

テュルクを知るための61章
エリア・スタディーズ148
小松久男編著
●2000円

ドイツの歴史を知るための50章
エリア・スタディーズ151
森井裕一編著
●2000円

ドイツの歴史【現代史】
世界の教科書シリーズ14
W.イェーガー、C.クイツ編著
中尾光延監訳 小倉正宏、永末和子訳
●6800円

ドイツ・フランス共通歴史教科書【現代史】
世界の教科書シリーズ23
P.ガイス、G.-L.カントロック監修
福井憲彦、近藤孝弘監訳
1945年以後のヨーロッパと世界
●4800円

ドイツ・フランス共通歴史教科書【近現代史】
世界の教科書シリーズ43
P.ガイス、G.-L.カントロック監修
福井憲彦、近藤孝弘監訳
ウィーン会議から1945年までのヨーロッパと世界
●5400円

〈価格は本体価格です〉

社会的困難を生きる若者と学習支援
リテラシーを育む基礎教育の保障に向けて
岩槻知也編著 ●2800円

経験資本と学習
首都圏大学生949人の大規模調査結果
岩崎久美子、下村英雄、柳澤文敬、伊藤素江、村田維沙、掘一輝著 ●3700円

21世紀型スキルとは何か
コンピテンシーに基づく教育改革の国際比較
松尾知明 ●2800円

学習するコミュニティのガバナンス
社会教育が創る社会関係資本とシティズンシップ
佐藤智子 ●4500円

教育と健康・社会的関与
OECD教育研究革新センター編著 矢野裕俊監訳
山形伸二、佐藤智子、荻野亮吾、立田慶裕、籾井圭子訳 ●3800円

学習の社会的成果
健康、市民・社会的関与と社会関係資本
OECD教育研究革新センター編著 坂巻弘之ほか訳
NPO法人 教育テスト研究センター（CRET）監訳 学習の社会的成果を検証する ●3600円

キー・コンピテンシー
国際標準の学力をめざして
ドミニク・S・ライチェン、ローラ・H・サルガニク編著
立田慶裕監訳 ●3800円

ESDコンピテンシー
学校の質的向上と形成能力の育成のための指導指針
トランスファー21編 由井義通、卜部匡司監訳
高雄綾子、岩村拓哉、川田力、小西美紀訳 ●1800円

移民政策へのアプローチ
ライフサイクルと多文化共生
川村千鶴子、近藤敦、中本博皓編著 ●2800円

移民社会学研究
実態分析と政策提言1987-2016
駒井洋 ●9200円

移民の子どもと格差
学力を支える教育政策と実践
OECD編著 斎藤里美監訳 布川あゆみ、本田伊克、木下江美訳 ●2800円

移民の子どもと学力
社会的背景が学習にどんな影響を与えるのか
OECD編著 斎藤里美監訳 木下江美、布川あゆみ訳 ●3200円

移民のヨーロッパ
国際比較の視点から
竹沢尚一郎編著 ●3800円

現代ヨーロッパと移民問題の原点
1970、80年代、開かれたシティズンシップの生成と試練
宮島喬 ●3200円

自治体がひらく日本の移民政策
人口減少時代の多文化共生への挑戦
毛受敏浩 ●2400円

在外日本人のナショナル・アイデンティティ
国際化社会における「個」とは何か
岩崎久美子編著 ●8000円

〈価格は本体価格です〉

生きるための知識と技能6
OECD生徒の学習到達度調査(PISA)2015年調査国際結果報告書
国立教育政策研究所編
●3700円

PISA2015年調査 評価の枠組み
OECD生徒の学習到達度調査
経済協力開発機構(OECD)編著 国立教育政策研究所訳
●3700円

21世紀のICT学習環境 生徒、コンピュータ、学習を結びつける
経済協力開発機構(OECD)編著 国立教育政策研究所監訳
●3700円

教員環境の国際比較 OECD国際教員指導環境調査(TALIS)2013年調査結果報告書
国立教育政策研究所編
●3500円

成人スキルの国際比較 OECD国際成人力調査(PIAAC)報告書
国立教育政策研究所編
●3800円

教育研究とエビデンス 国際的動向と日本の現状と課題
大槻達也、惣脇宏ほか著
●3800円

諸外国の初等中等教育
文部科学省編著
●3600円

図表でみる教育 OECDインディケータ(2016年版)
経済協力開発機構(OECD)編著
徳永優子、稲田智子、矢倉美登里、大村有里、坂本千佳子、三井理子訳
●8600円

21世紀型学習のリーダーシップ イノベーティブな学習環境をつくる
OECD教育研究革新センター編著 木下江美、布川あゆみ監訳
斎藤里美、本田伊克、大西公恵、三浦綾希子、藤波海訳
●4500円

学びのイノベーション 21世紀型学習の創発モデル
OECD教育研究革新センター編著 有本昌弘監訳 多々納誠子、小熊利江訳
●4500円

グローバル化と言語能力 自己と他者、そして世界をどうみるか
OECD教育研究革新センター編著
徳永優子、稲田智子、来田誠一郎、定延由紀、西村美由起、矢倉美登里訳
●6800円

メタ認知の教育学 生きる力を育む創造的数学力
OECD教育研究革新センター編著
篠原真子、篠原康正、袰岩晶訳
●3600円

アートの教育学 革新型社会を拓く学びの技
OECD教育研究革新センター編著
篠原康正、篠原真子、袰岩晶訳
●3700円

多様性を拓く教師教育 多文化時代の各国の取り組み
OECD教育研究革新センター編著 斎藤里美監訳
●4500円

学習の本質 研究の活用から実践へ
OECD教育研究革新センター編著
立田慶裕、平沢安政監訳 佐藤智子ほか訳
●4600円

脳からみた学習 新しい学習科学の誕生
OECD教育研究革新センター編著
小泉英明監修 小山麻紀、徳永優子訳
●4800円

〈価格は本体価格です〉